벌거벗은
위인들

벌거벗은
위인들

초판발행일 | 2017년 9월 15일

지 은 이 | 이영철
펴 낸 이 | 배수현
디 자 인 | 박수정
홍   보 | 배성령
제   작 | 송재호

펴 낸 곳 | 가나북스 www.gnbooks.co.kr
출 판 등 록 | 제393-2009-12호
전   화 | 031) 408-8811(代)
팩   스 | 031) 501-8811

ISBN 979-11-86562-65-9(03230)

※ 가격은 뒤 표지에 있습니다.

※ 이 책은 저작권법에 따라 보호를 받는 저작물이므로 무단 전재 및 복제를 금하며
   내용의 일부를 이용하려면 저자와 가나북스의 서면동의가 필요합니다.

※ 잘못된 책은 구입하신 곳에서 교환해 드립니다.

※ 원고 투고 이메일 : sh119man@naver.com

벌거벗은 위인들

이영철
지음

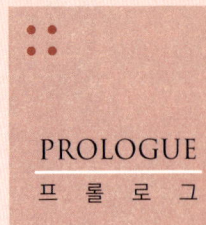

PROLOGUE
프 롤 로 그

어느 해인가?

교회 아이 가운데 하나가 수능에서 영어와 수학을 만점을 받았다. 그런데 평소에 자신 있었던 국어에서 만점이 나오지 않았다. 그 결과 서울대학교에 떨어졌다. 평소에 국어를 잘하던 친구였다. 그래서 선생님께서도 "넌 국어를 잘 하니까... 다른 과목에 더 치중하라"고 말씀하셨기에 방심했던 것이다.

그해 수능 만점자를 인터뷰한 글을 보았다. 수능에서 만점자들은 저마다 비결이 있었다. 그 비결 가운데 하나가 "오답 노트"다. 모의고사 문제집을 풀면서 실수한 부분을 오답 노트에 옮겨서 메모를 해 놓았다. 단순히 문제와 답을 베껴 쓰는 것이 아니라, 실수하게 된 결정적인 포인트만 따로 모은다는 것이다.

왜 틀리게 되었는지, 구체적인 이유, 풀이 과정에서 놓쳤던 부분들을 잘 정리해 두어서 반복된 실수를 하지 않았기에 그들은 결국 수능에서 만점을 기록할 수 있었다고 한다.

참 지혜로운 방법이다.

우리의 신앙생활도 실수 노트가 있다면 참 좋을 것 같다는 생각이 들었다. 신앙생활도 살펴보면 똑같은 실수를 반복할 때가 참 많다.

내 인생의 *실수 노트*를 찾아라!

반복된 실수 때문에 우리는 많은 시간과 에너지와 재원을 낭비하게 된다. 어떤 사람은 정신적인 트라우마가 생기고 그에 따른 스트레스 때문에 시간과 에너지를 소모해 버리곤 한다.

그래서 반면교사라는 말이 있듯이 나의 실수를 통해서 다른 사람들이 나와 똑같은 실수를 안 했으면 하는… 바램으로 이 글을 쓰게 되었다. 필자가 목회 현장에서 실수했던 것들을 쓴다는 것은 부끄럽기도 하고 마치 나의 민낯을 보이는 것 같아 망설임도 많았다. 그러나 나의 실수를 보면서 다른 사람들이 직·간접적으로 배운다면 세월을 낭비하지 않으리라는 생각에 용기를 내었다.

누군가가 이런 말을 한 것을 기억한다.

"인생은 한권의 책과 같다. 어리석은 자는 그것을 마구 넘겨 버리지만 현명한 사람은 열심히 읽는다. 인생은 단 한 번 읽을 수 있다는 것을 알기 때문이다."

철학자 소크라테스는 "다른 사람이 쓴 책을 읽는 일로 시간을 보내라. 다른 사람이 고생을 하면서 깨우치는 것을 보고 쉽게 자신을 개선할 수 있다."

이 책을 읽은 성도들이 필자와 같은 실수나 시행착오를 하지 않았으면 하는 간절한 바람으로 필자의 실수 노트를 펼쳐 보시길 바란다.

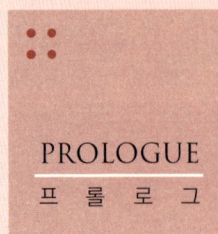

PROLOGUE
프 롤 로 그

   이 책이 나오기까지 기도해 주신 엔터스 코리아 양 사장님과 박 팀장님께 감사를 드립니다. 그리고 우리 교회 멋진 장로님, 권사님, 안수 집사님과 모든 성도님들께 깊은 감사를 드립니다.
   그리고 언제나 기도로 묵묵히 후원해 준 아내와 아빠를 응원하는 사랑하는 아들 호성이와 원식이, 두 딸 에스더, 에스라에게도 감사의 마음을 전합니다.
   우리 모두를 사랑하고 축복합니다.

*Iris Garden*에서
이 영철 목사

CONTENTS

PROLOGUE 프롤로그 ·· 6

PART ❶ 사랑과 욕망의 경계 ··· 13

    01 _ **사랑과 진리를 분별하지 못하다** · 아담 ··· 14
        남자는 여자에 의해서 세워진다 | 선악과나무의 진정한 의미

    02 _ **욕망을 제어하지 못하다** · 르우벤 ··· 23
        끓는 물과 같은 성격 | 한순간에 장자의 권한을 상실하다

    03 _ **자의적 숭배** · 다윗 ··· 36
        자의적 숭배 | 충신을 죽인 성욕

    04 _ **미인을 탐하다** · 삼손의 실수 ··· 44
        나실인의 의미 | 파멸을 부르는 건 사랑이 아니다

PART ❷ 육신의 연약함이 죄를 잉태하다 ·· 51

    01 _ **보상을 원한 육체** · 노아 ··· 52
        육체는 보상을 원한다 | 아들 함을 저주하다

    02 _ **장자의 권위를 무너뜨린 식욕** · 에서 ··· 61
        깨어진 꿈 | 믿음의 꿈을 생생하게 꾸어라

    03 _ **불같은 성정** · 모세 ··· 68
        반석을 두 번 내리치다 | 하나님의 실존을 망각하다

    04 _ **자랑의 유혹** · 요셉 ··· 74
        형들의 허물을 고자질하다 | 하나님의 주권과 섭리를 신뢰하라

    05 _ **하나님보다 중요한 물질** · 가룟 유다 ··· 85
        기회를 기회로 만들지 못한 자 | 생각을 지키라

목 차

PART 3 사람인가, 하나님인가 ··· 93

01 _ 세상 올무에 걸리다 · 아브라함 ···· 94
위협 앞에 신앙의 민낯이 드러나다 | 우리의 정체성을 알아야 한다

02 _ 타인의 시선에 휘둘리다 · 사울 ···· 102
새파란 눈빛 시기 | 아버지의 일이다. (불안 그리고 신경병)

03 _ 지혜와 무지의 사이 · 솔로몬 ···· 110
정략 결혼을 한 이유 | 솔로몬이 몰랐던 것 (존재냐 · 소유냐?)

04 _ 인간의 권력에 압도되다 · 엘리야 ···· 120
죽음을 맛보지 않은 위대한 선지자 | 왕비의 협박에 굴복하다

PART 4 믿음의 부모가 낳은 불신 ·· 131

01 _ 거절감으로 인한 불행 · 가인 ···· 132
살인을 부른 부모의 장남 기대치 | 하나님을 떠나 스스로의 성을 쌓다

02 _ 아버지를 빼닮다 · 이삭 ···· 147
아브라함의 뒷모습을 보고 자란 이삭 | 아버지의 역할

03 _ 인간이 행하는 복수 · 시므온 ···· 155
복수의 화신 | 여동생을 위해 살인 잔치를 행한 사나이

04 _ 방관이 부른 비극 · 엘리 제사장의 아들들 ···· 159
모범 아빠가 낳은 충격적인 망나니 | 부모의 신앙이 왜 전해지지 못하는가

05 _ 듣고 싶은 말만 듣다 · 르호보암 ···· 169
노인들의 지혜를 외면하다 | 젊음, 객기 그리고 잔혹함

CONTENTS

PART 5 하나님의 섭리에 도전하는 인간 ·········· 175

- 01 _ **수단 방법을 가리지 않다** · 야곱 ··· 176
  목적 vs. 수단 방법 | 고난의 연속
- 02 _ **하나님의 권위에 도전** · 미리암 ··· 184
  꾀 많은 여인 | 경계선을 넘어서다
- 03 _ **하나님의 선택은 하나님께 속한다** · 고라 ··· 190
  하나님이 세우신 지도자를 대적하다 | 반란에 대한 모세의 대처
- 04 _ **마땅히 물을 것을 묻지 않다** · 여호수아 ··· 196
  기브온 족속과 화친 조약 | 신앙인의 무신론적 태도

PART 6 믿음의 실수를 저지르지 않으려면 ·········· 211

- 01 _ **정탐꾼들의 실수** (불신) ··· 212
- 02 _ **하나님을 알라** (영생) ··· 217
- 03 _ **감각적인 사실이냐? 진리냐?** ··· 224
- 04 _ **하나님을 경외하라** ··· 231
- 05 _ **십일조** ··· 241
- 06 _ **사람에게 먼저 용서를 구하라** ··· 249
- 07 _ **결혼은 언약이다** (1.2.3.) ··· 258
- 08 _ **모든 영혼에는 절댓값이 있다** ··· 287
- 09 _ **직분과 영향력** ··· 295

EPILOGUE 에필로그 ·········· 306

PART 1

사랑과 욕망의 경계

01 _ **사랑과 진리를 분별하지 못하다** · 아담 | 02 _ **욕망을 제어하지 못하다** · 르우벤 | 03 _ **자의적 숭배** · 다윗 | 04 _ **미인을 탐하다** · 삼손의 실수

:: 01
사랑과 진리를
분별하지 못하다

_아담

"아담아, 오늘은 어디를 다녀왔느냐?"
"하나님! 오늘은 푸른 초장 위로 흐르는 유프라데스 강가에 다녀왔어요. 넓은 강물과 아름다운 고기들을 보고 왔어요."
"아담아, 보니까 어땠느냐?"
"너무 좋았어요. 반짝이는 강물 속에 고기들이 행복하게 노래하고 있었어요."
"그래, 이것이 다 네 것이란다. 넌 이 모든 것을 다스리고, 정복하고 네 마음껏 누려라. 나를 대신해서 온 땅을 왕처럼 다스려라."
"정말요? 하나님, 감사합니다!"

천국과도 같은 에덴동산에서 아담은 하나님과 행복한 시간을 보냈다. 하나님은 아담 앞에 늘 나타나셨고, 이야기하셨고, 사랑하셨다. 하나님이 아담에게 아끼고 내어주지 않으신 것은 하나도 없었다. 창세기에는 천지 만물을 창조하시고 아담과 하와를 지으신 하나님이 세상에 대해 얼마나 큰 애정을 가지고 있는지 드러나 있다. 하나님이 세상을 바라보시며 '심히 좋았다'고 기록되어 있다.

하나님은 당신께서 창조하신 동물들의 이름을 짓는 것도 아담에게 맡기셨다. 아담은 신이 나서 동물들의 이름을 지었고, 하나님은 그가 이름을 붙이는 대로 칭찬하시고 인정해 주셨다.

게다가 그가 홀로 있는 것이 마음에 걸려 그를 잠재운 후 그의 갈빗대를 취하여 여자를 만드셨다. 그저 다른 흙으로 지으시지 않고 굳이 아담의 갈빗대를 취하시는 '번거로움'을 마다하지 않으신 것이다. 사람과 사람이 서로 연합하여 사랑하며 살기를 바라신 하나님의 깊은 사랑을 알 수 있다.

아담에게 모든 것을 내어주신 하나님이 딱 하나 금하신 것이 있다. 바로 선악과다.
"아담아, 저기 동산 중앙에 있는 나무가 보이느냐?"
"네, 하나님. 잘 보입니다."
"그렇지. 저 동산 중앙에 있는 저 나무는 선악을 알게 하는 나무란다."
"저 나무가요?"
"그래, 맞다. 그 나무의 실과는 절대 먹지 말거라. 먹는 날에는 네가 정녕 죽으리라."

자, 아담이 어떻게 했을까? 하나님의 말씀대로 선악과를 따먹지 않았을까? 유감스럽게도 우리 모두가 알고 있는 대로 아담은 하나님이 금하신 행위를 하고야 말았다. 뱀의 유혹에 넘어간 하와가 건네 준 선악과를 먹고 만 것이다. 그리고 그토록 자신을 아껴주신 하나님의 에덴동산에서 쫓겨났다. 하나님의 사랑은 배신당했고, 배신의 결과는 가슴 아픈 이별이었다.

| 남자는 여자에 의해 세워진다.

사는 게 힘이 들고 고단할 때면, 그리스도인들이 농담처럼 하는 이야기가 있다. "아, 진짜! 왜 아담은 선악과를 따먹어서 말이야. 우리를 이렇게 힘들게 하는 거야!" "아담과 하와가 선악과만 안 먹었어도 우리는 지금 에덴동산에서 살고 있을 텐데."

　농담이지만 가끔씩 진짜 궁금해진다. 매일 매일 하나님을 직접 만났던 아담이 어떻게 하나님의 말씀을 '대놓고' 어길 수 있었을까? '정녕 죽는다'는 타협과 해석의 여지가 전혀 없는, 너무도 분명한 말씀을 듣고도 그것을 어긴 이유가 대체 무엇일까?

　창세기 3장에는 아담과 하와가 선악과를 먹은 후 하나님의 낯을 피해 숨는 장면이 나온다. 누군가를 사랑해본 경험이 있다면, 이때 하나님의 마음이 얼마나 찢어지셨을지 어렵지 않게 짐작할 수 있다. 그토록 사랑하고 아끼지 않고 모든 것을 내어주었는데 배신이라니. 갈기갈기 찢어지는 마음에도 하나님께서는 아담을 찾으셨고 그에게 사건의 경위를 물으셨다.

　"내가 너더러 먹지 말라고 명한 그 나무 실과를 네가 먹었느냐?"

　이에 대한 아담의 대답을 보자.

　"하나님이 주셔서 저와 함께하게 하신 여자가 나무 실과를 제게 주어서 제가 먹었습니다."

　하나님의 '내가 너더러 먹지 말라고 명한~'이란 질문에 대한 아담의 답은 '하나님이 함께하게 하신 여자 때문에 먹었다'이다. 자신의 잘못을 하나님께로 돌리는 대담하고도 도발적인 답이다. 그의 대답은 하나님의 마음을 다시 한 번 아프게 했을 것이다.

　여기서, 하와가 아담에게 선악과를 전할 때의 모습을 상상해보자. 뱀의 유혹에 넘어간 하와가 먼저 선악과를 먹은 후 남편 아담에게도 선악과를 건넨다.

　"사랑하는 아담, 이거 먹어봐요."

　"무슨 과일이에요?"

　"동산 중앙에 선과 악을 알게 하는 나무의 과실인데 너무 맛있어요. 당신도 먹어요."

"그래요? 그럼 나도 먹어볼게요."

성경에는 하와로부터 건네받은 선악과를 아담이 어떤 생각으로 먹었는지 나와 있진 않다. 그러나 먹지 않겠다고 다투거나 하와를 야단치진 않았던 것 같다. 그랬다면 그 기록이 되어 있었을 것이다. 아담은 왜 하나님께서 '먹으면 정녕 죽는다'고 하셨던 선악과를 아무런 의식도 없이 냉큼 먹었던 것일까?

아담은 아름답고 사랑스러운 하와에 대한 사랑에 취해 하나님의 말씀을 망각했다. 그래서 하나님의 질문에 대한 그의 답변은 어떤 면에서는 정직하다. 정말 그는 아내의 권유에 아무 생각 없이 움직였다.

오늘날 우리 주변에도 많은 사람들이 분별하는 능력을 잃고 아담과 같은 실수를 한다. '남자는 여자하기 나름이에요'라는 텔레비전 광고가 대히트를 한 적이 있다. 여자는 남자하기 나름이라는 말보다, 남자는 여자하기 나름이라는 것이 훨씬 더 공감을 얻고 있다. 그것이 사실이니까. 왜 남자들은 여자의 말을 듣고 그에 잘 따르는 성향이 있는 것일까?

남녀를 막론하고 사람은 누군가를 사랑하면 중심을 잃고 모든 것을 그 사람에게 맞추게 된다. 세상의 중심이 나에게서, 사랑하는 사람으로 옮겨가게 된다. 특히 남자가 더 그렇다. 남성들은 누군가를 사랑하면 무조건적이고 맹목적이 되어간다. 분별력도 없어진다. 그래서 남자는 돕는 배필이 누구냐가 중요하다. 아내의 내조에 따라 인생의 성공과 실패를 경험하기도 한다.

지혜롭고 현숙한 여인은 가정과 남편을 세우지만 어리석은 여인은 가정을 무너뜨린다. 나는 여기서 성 차별적이고 보수적인 관점을 늘어놓으려고 하는 것이 아니다. 남자와 여자 모두 배우자의 성격에 영향을 받는 것은 동일하다. 그런데 이 때 남자가 여자보다 좀 더 강한 영향을 받는다는 것이다. 여자는 여러 가지의 상황을 복잡하고 정교하게 살피기 때문에 누구 한 사람의 말에 영향을 받진 않지만, 남자는 사고가 단순하기 때문에 아내의 말에 영향을 받기가 쉽다.

목회생활을 하면서 어떤 가정을 만난 적이 있다. 남편과 사별을 하고 두 아들을 키운 어머니가 있었다. 큰 아들은 성품이 착하고 온순해서 늘 엄마의 위로와 기쁨이 되었다. 그런데 둘째 아들은 성격이 까칠하고 무뚝뚝했다. 두 아들 모두 장성하여 결혼을 했다. 누가 행복하게 잘 살 것 같은가? 나는 당연히 큰 아들이 잘 살 것이라 생각했지만 결과는 정반대였다.

변수는 여자였다. 작은 아들은 현숙하고 지혜로웠고 예수 믿고 거듭난 아내를 만났다. 결혼 후 거칠고 모난 성격이 서서히 바뀌기 시작하더니 나중에 가서는 엄마 생각도 할 줄 아는 아들이 되었다. 반면에 큰 아들은 예민하고 신경질적인 아내를 만났다. 매일같이 싸움이 일어났고, 큰아들의 순한 성격이 서서히 변하기 시작했다. 신경질적이고 거칠어졌으며 쉽게 분노하게 되었다. 마시지 않던 술까지 마시던 큰아들은 결국 아내와 이혼하고 말았다. 그의 두 아이는 할머니 손에서 자라게 되었다.

여자가 남자의 인생을 바꾸는 데 지대한 영향을 미친다는 건 힐러리와 클린턴의 일화에서도 엿볼 수 있다. 어느 날 힐러리와 클린턴이 차에 기름을 넣기 위해 주유소에 들렸다. 마침 주유소 사장이 힐러리를 알아보고 인사를 하자 옆에 있던 클린턴이 힐러리에게 물었다.

"여보, 저 친구 누구예요?"

"내 옛날 친구예요. 한때 나를 좋아했던 친구였지요."

"와우! 당신 정말 나한테 시집 잘 왔네요?"

"왜요?"

"저 친구와 결혼 했으면 기껏해야 주유소 사장님 부인이 되었을 테니까."

"여보, 착각하지 마세요. 내가 저 사람과 결혼했으면, 저 사람이 미국 대통령이 되었을 거예요."

힐러리의 대단한 자신감이기도 하지만, 누구도 부정하지 못하는 남자에 대한 여자의 역할을 알 수 있는 이야기이다. '세계를 움직이는 건 남자이고 남자를 움직이는 건 여자'라는 말도 있지 않은가. 남자가 아무리 세계 역사를 만든다며 으스대도, 여자는 그런 남자를 세울 수도 있고 허물수도 있다.

이렇게 이야기하고 나니 마치 남자들은 어떤 일에든 책임이 없는 것처럼 느껴질지도 모르겠다. 전혀 그렇지 않다. 가정에서 일어나는 크고 작은 문제에 대한 모든 책임은 남성이 져야 한다. 하나님은 선악과를 먹은 죄에 대해 아담에게도 분명히 동일한 책임을 물으셨다. 한 가정의 책임은 바로 남성에게 있다. 그러므로 남성은 항상 깨어 있어서 아내가 말을 할 때 분별해서 들어야 한다. 아내의 말을 분별해서 듣되, 아내를 뜨겁게 사랑해야 한다. 성경은 결혼 안에서 남편의 모든 책임을 한 가지 명령으로 요약한다.

"네 아내를 사랑하라!"

아내를 어떻게 사랑해야 하는가? 바로 **"그리스도가 교회를 사랑하신 것처럼"**(엡 5:25)이다.

| 선악과나무의 진정한 의미

선악과를 왜 먹었느냐는 하나님의 질문에 대해 아담은 철저하게 하나님과 하와의 탓을 했다. 그렇다면 하와는 어땠을까? 부창부수라는 말처럼, 하와의 대답도 아담과 별반 다르지 않다. 하나님과 하와의 대화를 보자.

"네가 어찌하여 이렇게 하였는가?"

"뱀이 저를 꾀어서 그렇게 했습니다."

아담은 하와 탓, 하와는 뱀 탓이다. 자신의 잘못을 솔직하게 고백하는 사람은 아무도 없었다.

　두 사람의 변명은 어처구니없다고 생각되지만, 사실 우리가 흔히 저지르는 실수이다. 실수를 저질렀을 때, 솔직히 인정하지 않고 남의 탓을 하는 것이다. 두려움도 있겠지만, 비겁하고 정직하지 않은 것이다. 남의 탓으로 둘러대면 위기를 모면하지 않을까 하는 기대감도 있다. 죄를 저지르면 안 된다는 것을 분명히 알지만 죄의 결과에 대해 떳떳할 수 없어 변명하게 되는 것이다.

　변명에도 불구하고 아담과 하와는 함께 벌을 받았다. 아담은 평생토록 수고해야 땅의 소산을 얻을 수 있게 되었고, 하와는 잉태하고 해산하는 고통을 받게 되었다. 사람의 어떠한 불의 앞에서도 하나님의 정의는 결코 꺾이는 법이 없다.

　에덴동산을 떠나 저주받은 땅으로 나아가게 되는 아담과 하와의 마음은 어땠을까. 절망과 후회가 가득하고 두려움이 눈앞을 가렸을 것이다. 서로를 원망하며 격렬하게 다퉜을 지도 모를 일이다.

　그렇다면 하나님은 어떻게 이 두 사람과의 이별을 준비하셨을까? 인간들의 배신에도 불구하고 하나님의 사랑은 멈추지 않았다. 두 눈이 밝아져 부끄러움을 알게 된 아담과 하와를 위해 하나님은 손수 가죽옷을 지어 입히셨다. 그 가죽옷은 언젠가 인류를 구원하게 될 예수님의 상징이기도 했다. 하나님은 인간의 배신에도 불구하고, 이들을 구원하기 위한 계획을 처음부터 세워두고 계셨던 것이다. 나중에 가인의 이야기에서도 나오겠지만, 하나님은 에덴동산에서 쫓겨난 아담과 하와가 낳은 아이들인 가인과 아벨과도 끊임없이 소통하셨다. 하나님은 아담과 하와가 행한 죄에 대해 벌을 주셨으나 그들과 이별을 하신 건 아니었다. 하나님의 사랑은 여전히 현재 진행형이었던 것이다.

　그런데 하나님은 왜 선악과를 에덴동산에 두셨을까? 아예 선악과를 만들지 않으셨다면 아담과 하와가 그것을 먹는 일도, 하나님이 가슴 아픈 배신을 당하시는 일도 없지 않았을까? 선악과는 구별된 나무다. 피조물과 창조주를 가름하는 나무가 바로 선악과 나무였다. 아담은 선악과나무를 바라볼 때마다 '나는 피조물이고 하나님은 창조주라'는 사실을 기억해야 했다. 선악과나무는 바로 내가 누구인지 나의 신분을 알 수 있는 나무였다.

그런데 이런 경계선이 무너져 버렸다. 피조물인 인간과 창조주이신 하나님과 경계선이 무너져 버렸다. 인간 스스로가 신이 되어 버린 것이다. 그렇기에 선악과를 먹은 죄로 인간은 '정녕 죽게 되는 존재'가 되고 만 것이다.

이 땅을 창조하신 하나님께서 이 땅에 있는 모든 것을 아담에게 위임해 주셨다. 아담은 이 땅에서 왕처럼 하나님을 대신해서 모든 것을 다스리고, 정복하고, 누리며 살 수 있도록 하나님은 당신의 모든 권리를 위임해 주셨다. 엄청난 복을 주셨다. 그러나 인간은 피조물이다. 진짜 왕은 하나님이시다. 인간이 모든 것을 다스리고 정복하고 왕처럼 누리며 살지만 진짜 왕은 하나님이시다. 이것을 가름하는 것이 바로 선악과나무다.

그런데 아담이 실수한 결과로 이제 하나님이 인간의 왕이 아니게 되었다. 아담의 실수로 하나님이 아담에게 부여하셨던 이 세상의 모든 권세는 사단에게 넘어가게 되었다. 빼앗긴 것이다. 진 자는 이긴 자의 종이 되었다. 사단은 원래 권세가 없었던 자였지만, 인간을 속여서 빼앗은 이 세상에 모든 권세를 가지고 세상에서 왕 노릇 하게 되었다.

선악과는 우리 인생의 주인이 누구냐를 가르쳐 주는 것이다. 그래서 선악과나무는 구별된 나무이다. 내 인생의 주인은 하나님이시다. 이것을 잊지 말아야 한다.

"이러므로 한 사람으로 말미암아 죄가 세상에 들어오고 죄로 말미암아 사망이 왔나니 이와 같이 모든 사람이 죄를 지었으므로 사망이 모든 사람에게 이르렀느니라." (롬5:12)

하나님은 아담이 저지른 실수를 만회시키시려고 이 땅에 두 번째 아담인 그 아들 예수를 보내셨다. 예수 그리스도께서는 친히 아담이 빼앗겼던 이 세상의 모든 권세를 원수 마귀에게 되찾아서 우리에게 주셨다. 그 사건이 바로 십자가의 사건이다.

"이는 죄가 사망 안에서 왕 노릇한 것 같이 은혜도 또한 의로 말미암아 왕 노릇하여 우리 주 예수 그리스도로 말미암아 영생에 이르게 하려 함이니라" (롬5:21)

이제 우리는 예수님께서 회복시켜 주신 모든 권세를 가지고 그리스도 안에서 왕 노릇을 해야 한다. 우리는 정복자보다 나은 자가 되었다. 우리는 예수 그리스도 안에서 이미 승리자가 되었다. 하나님께서는 아담의 실수를 예수 그리스도 안에서 퍼펙트하게 다 회복시켜 주셨다. 이제 나의 왕은 예수 그리스도시다. 예수 그리스도는 나의 왕이다. 하나님은 나의 왕이시다. 나의 왕은 하나님이시다. 우리의 왕은 오직 예수 그리스도시다. 예수 그리스도만이 우리의 왕이시다.

아담과 같은 실수를 하지 않으려면 하나님의 존재와 그분의 말씀이 우리의 내면에 가장 소중한 가치로 확립이 되어야 한다. 마음을 다해서 하나님을 사랑하고, 성품과 힘을 다해서 하나님의 말씀을 사랑하게 되면 우리는 어떤 상황에서도 승리하는 자가 될 것이다. 우리 안에 하나님의 말씀에 대한 소중한 가치가 세워져 있다면 어떤 유혹이나 달콤한 상황 속에서도 언제나 바른 선택과 바른 결정을 할 것이다. 참된 진리는 언제나 우리를 자유롭게 한다.

✓ TIP
01. 당신에게 선악과의 의미는 무엇인가?
02. 당신의 진정한 왕은 누구신가?
03. 당신의 인생의 보좌는 누가 주인인가?

:: 02

욕망을
제어하지 못하다

_르우벤

┃끓는 물과 같은 성격

"와우! 르우벤, 형은 정말 멀티야 멀티!"
"야 멀티가 뭔데? 멀티 플레이어. 뭐든지 잘한다는 뜻이야!"

야곱의 큰 아들 르우벤은 다방면에서 탁월했다. 삼사 동네에 소문이 자자했다. 족장들은 르우벤을 모두 사위를 삼고 싶어 했다. 목축일도 잘하고, 농사일도 손이 빨라 남들과 항상 똑같이 시작하지만 다른 사람들보다 두 배정도 성과를 냈다. 사냥도 잘하고, 가무에도 뛰어나 르우벤은 어디서나 분위기를 빛나게 했다. 노래도, 춤도, 거기다가 감성도 있어서 다정다감하다.

그런데 다방면에 탁월한 르우벤이 어느 날 성적인 실수를 한 것이다. 다른 사람도 아닌 서모 빌하와 통간한 것이다. 근친상간을 한 것이다. 사람은 누구나 실수할 수 있다. 어떤 사람은 성격적으로 실수하고, 성품 적으로 실수하고, 때로는 성적으로 실수를 한다. 르우벤의 실수는 바로 성적인 실수이다.

르우벤은 야곱의 장자이다. 부모는 누구나 장자에게 거는 기대가 크다. 야곱 또한 예외가 아니다. 야곱이 르우벤이 서모와 통간한 것을 들었다(창35:22) 야곱은 아득한 천길 절벽으로 떨어지는 듯 했다. 가슴이 무너졌다. 아들이 아비의 침상을 더럽힌 것이다. 어쩌다가 내 아들이 이런 실수를 했을까? 르우벤을 향해 야곱은 "르우벤아 너는 내 장자요 나의 능력이요 나의 기력의 시작이라. 위광이 초등하고 권능이 탁월하도다마는 물의 끓음 같았은즉 너는 탁월치 못하리니 네가 아비의 침상에 올라 더럽혔음이로다. 그가 내 침상에 올랐도다."(창49:3-4)

르우벤은 정말 탁월한 사람이다. 남들보다 다방면에 재능도 있고 힘도 강한 자다. 그런데 성품이 불안정한 사람이었다. 그래서 르우벤은 삶이 안정되어 있지 못한 인물이다. 자주 변하는 인물이다. 어쩌면 오늘 우리 가운데도 르우벤을 닮은 사람들이 많이 있다. 르우벤의 안정되지 못하고 성숙하지 못한 성격 때문에 한 가지 중대한 실수를 한다. 바로 아비의 침상에 오른 것이다. 결과적으로 그는 장자의 명분을 빼앗겨 버린다.

"이스라엘의 장자 르우벤의 아들들은 이러하니라. 르우벤은 장자라도 그 아비 침상을 더럽게 하였으므로 장자의 명분이 이스라엘의 아들 요셉의 자손에게로 돌아갔으나 족보에는 장자의 명분대로 기록할 것이 아니니라."(역상5:1)

| 한순간에 장자의 권한을 상실하다.

르우벤의 장자의 명분이 요셉의 자손에게로 돌아갔다. 안타까운 실수다. 그렇다면 르우벤의 실수는 장자의 명분만 빼앗겼는가? 아니다 죄는 그에게 있던 능력도 특권도 다 빼앗아 버린다. 우리가 르우벤의 실수를 통해서 배워야 할 사실은 내가 가문이 좋고, 스펙이 좋고, 학벌이 좋고, 모든 조건을 갖추었다 할지라도 범죄는 그 모든 것을 빼앗아 갈 수 있다는 것이다.

그렇다면 오늘날 그리스도인들이 성적인 실수를 하면 어떻게 될까? 먼저 구원을 잃어버리게 되는가? 그것은 아니다. 거듭난 사람이 성적인 실수를 했다고 구원이 취소되지는 않는다. 하나님과의 교제가 단절된다. 축복도 거두실 수가 있다. 능력도 잃어버릴 수 있다. 하나님의 은혜의 부요함을 잃어버릴 수 있다. 그러나 구원은 상실하지 않는다. 그리스도인이 실수로 하나님과의 교제가 끊어졌다면 교제를 다시 회복하기 위한 방편은 무엇인가? 약속의 말씀을 믿고 확인하는 것이다.

"우리가 우리 죄를 자백하면 저는 미쁘시고 의로우사 우리 죄를 사하시며 모든 불의에서 우리를 깨끗케 하실 것이요"(요1서1:9)

그리고 그 죄로부터 떠나는 것이다. 르우벤과 같은 실수로 인해 빼앗긴 축복이 있다면 다시 회복되길 바란다. 성적인 실수로 인하여 우리의 인생이 끝나는 것이 아니다. 우리는 다시 일어 설수 있다.

그렇다면 르우벤은 왜 아버지 침상에 오르게 되었을까? 단순히 성적인 욕망과 충동을 참지 못해서였을까? 아니다. 자식은 부모의 뒷모습을 보고 자란다. 오늘 우리 주위에 많은 사람들이 부모님의 비인격적인 모습이나 비윤리적인 모습 때문에 부모를 경멸하는 사람이 있을 수 있다.

오늘 르우벤은 야곱의 장자이다. 그리고 그의 어머니가 레아이다. 그런데 르우벤은 아버지의 첩인 빌하와 동침을 한다.(창35:22) 이것은 아버지를 경멸한 것이다. 그렇다면 르우벤 그가 왜 서모와 동침을 했을까? 왜 그랬을까? 여러분은 생각해 보신 적이 있는가?

르우벤이 서모인 빌하와 동침한 것은 단지 아버지의 여인과 성관계를 한 것 이상이 개입되었다.

야곱의 정실 아내는 레아와 라헬이다. 둘은 자매 지간이다. 빌하는 라헬의 여종이다. 라헬과 레아는 서로 경쟁했다. 야곱이 라헬을 편애한 탓에 경쟁심에 불이 붙어 날로 심해졌다. 야곱은 결혼 초부터 라헬을 편애하여 라헬이 죽을 때까지 계속되었다.

하나님은 남편에게 사랑을 받지 못하는 레아를 보시고 태의 문을 열어 주셨다. 그래서 레아는 임신하여 르우벤을 낳았다. 레아가 르우벤을 낳고서 얼마나 기뻤을까? 그래서 그녀가 보인 반응은 이렇다.

"여호와께서 나의 괴로움을 돌보셨으니 이제는 내 남편이 나를 사랑하리로다."(창29:32)

출산 직후에 산모인 레아의 고백이 한이 서려 있지 않은가? 사랑받지 못한 여인의 한이 서려 있다. 얼마 후 레아는 둘째 아들을 낳았다. 아이가 태어나자 레아는 이런 고백을 한다.

"여호와께서 내가 사랑받지 못함을 들으셨으므로 내게 이 아들을 주셨도다 하고 이름을 시므온(들으셨다는 뜻) 이라 하였다"(창29:33)

레아는 밤마다 남편 야곱을 동생 라헬에게 빼앗기고 눈물로 기도하던 것을 들으셨다는 것이다. 그래서 시므온을 주셨다. 레아는 또 셋째 아들을 낳는다. 출산 후 반응을 보면 점점 깊어가는 레아의 절박한 심정을 알 수 있다.

"내가 그에게서 세 아들을 낳았으니 내 남편이 지금 나와 연합하리로다 하고 그의 이름을 레위(연합했다"는 뜻의 의미)라 했다.(창29:34)

라헬의 입장에서는 언니는 아들을 낳아서 형통한데 자기는 임신하지 못함을 본 라헬은 레아의 우위를 꺾어 놓으려고 수를 쓴다. 그래서 라헬은 자기 여종을 야곱에게 준다.

"내 종 빌하에게로 들어가라 그가 아들을 낳아 내 무릎에 두리니 그러면 나도 그로 말미암아 자식을 얻겠노라"(창30:3)

드디어 빌하에게서 아들이 태어나자 라헬은 이렇게 고백한다.
"내가 언니와 크게 경쟁하여 이겼다"(창30;8)고 한다.

맏아들 르우벤은 어릴 때부터 자기 아버지 야곱의 이런 소행을 다 보고 자란다. 르우벤은 밤마다 눈물짓는 어머니를 보며 마음에 분노가 생기기 시작한다.
"저것도 아버지야! 저건 아버지가 아니야… 어머니를 학대하는 저것은 아버지도 아니야! 저렇게 윤리적으로 부정한 자가 아버지야!"

아버지가 거느리고 사는 여자들의 애증의 갈등 속에서 서로 미워하며 반목과 경쟁하는 것을 다 보았다. 장성한 르우벤은 아버지에게 무시당하며 괴로워하는 어머니를 볼 때마다 마음이 무너졌다. 그래서 르우벤은 어머니를 위해 한 번은 들에 나가 합환채를 구하다가 어머니에게 준다. 그것을 시기한 라헬은 합환채를 받는 대가로 레아에게 하룻밤 야곱과 동침하게 허락해 준다. 야곱의 사랑을 독차지하는 라헬의 수준이 이 정도였다. 야곱도 라헬 허락 없이는 다른데 가서 잠자리를 못 할 정도이다. 그날 밤 야곱이 들에서 돌아오자 레아가 맞으며 말한다.

"내게로 들어오라 내가 내 아들의 합환채로 당신을 샀노라"(창36:16)

이 사건으로 미루어 보아 야곱은 거의 모든 밤을 라헬과 함께 잔 것이 분명했다. 레아는 값을 치러야만 남편을 얻을 수 있었다. 르우벤은 이런 모든 상황을 지켜보며 아버지에 대해서 분노하며 몹시 괴로웠을 것이다. 어머니를 향한 아버지의 냉정하고 무뚝뚝한 행동에 르우벤의 분노는 하루가 다르게 깊어만 갔다.

르우벤은 아버지를 도저히 이해 할 수가 없었다. 그런데 그런 일은 침실에서만 아니라 모든 분야에서 일어났다. 시간이 흘러 라헬이 자식을 낳았다. 그런데 아버지 야곱은 라헬이 낳은 아들만 예뻐한다. 그런 아버지를 지켜보면서 르우벤은 더욱 더 분노가 깊어진다. 아버지는 라헬이 낳은 요셉만 특별 대우한다. 다른 형제들보다 더 편애를 한다. 아버지의 편애를 상징하는 멋진 색동옷까지 입혔다.

20년 만에 야곱이 고향으로 돌아오는 길에도 에서가 400명을 거느리고 그들을 맞으러 오고 있다는 말을 전해 듣는다. 야곱은 두려움에 사로잡혀서 자기 목숨과 자식들의 목숨을 지키기 위해 그룹별로 나누어서 에서를 맞게 한다.

"애들아! 큰 아버지 에서가 400명을 거느리고 오는데… 빌하와 실바에게서 난 애들은 맨 첫 번째 그룹을 지어 가거라. 알겠느냐!"

만일 에서가 가장 앞에선 첫 번째 그룹을 죽이면 야곱은 적시에 도망가기 위해 자기가 제일 아끼는 사람들을 구할 심산으로 그룹을 나눈다. 여종들과 그들의 자식들은 맨 앞에 두고 레아와 그의 자식들은 다음에 두고 맨 뒤에 야곱과 라헬과 요셉을 뒤에 둔다.(창32:2)

여러분 르우벤이 느꼈을 상처나 분노가 상상이 되는가? 레아와 르우벤 모자는 죽을 목숨이 되어 라헬과 요셉 앞에 배치가 된다. 한마디로 전쟁에서 총알받이가 되는 것이다. 르우벤은 시간이 흐르면서 원한도 점점 커진다. 그러던 중 라헬이 둘째 아들을 낳다가 죽는다. 야곱은 몹시 애통해 하면서 라헬의 묘에 비를 세웠다. 이 묘비가 대대로 남게 된다. 그런데 흥미롭게도 성경에 레아의 묘비 이야기는 없다. 이렇게 르우벤은 독한 원한에 사무쳐 있었을 것이다.

라헬이 죽은 뒤 성경은 이렇게 말씀한다.

"르우벤이 가서 아버지의 첩 빌하와 동침하매"(창35:22)

르우벤은 두 여인의 경쟁이 심화되는 것을 보며 고통 속에 살았다. 아버지가 라헬을 편애하고 자기 어머니를 사랑하지 않는다는 사실에 분개했다. 그러므로 르우벤이 라헬의 여종 빌하와 동침한 것은 단지 성관계를 맺기 위함보다는 라헬의 천막에 수치를 부르고 그간 아버지의 행동들 때문에 당한 자신의 상처를 조금이라도 되갚으려는 심산에서였을 것이다.

"끝내자! 여기서 끝내자." 르우벤은 자신도 모르게 중얼거린다.

부덕한 아버지 때문에 르우벤이 고통 속에 몸부림쳤다. 늘 어머니를 울렸던 아버지 야곱, 그런 아버지를 바라보면서 르우벤은 소리쳤을 것이다.

"아버지 해도 너무 하십니다. 아버지 난 당신을 저주합니다. 당신에 대해서 분노합니다. 어머니에게 그토록 상처를 준 당신이 아버지입니까? 난 용서 못합니다! 아버지 난 당신을 절대로 용서 못합니다!! 보십시오. 난 반드시 당신에게 복수하고 말 것입니다."

그리고 라헬이 죽자 르우벤은 그의 몸종이자 아버지의 서모인 빌하를 범하게 된다.

오늘 여러분은 어떤가? 여러분의 아버지가 때로는 부도덕 하실 수 있다. 아니 아버지가 어머니와 나를 버릴 수가 있다. 아버지가 어머니를 학대하고 폭행하고 조강지처인 어머니를 버리고 딴 살림을 차릴 수 있다. 그런 아버지 때문에 어머니가 병이 들어 우울증에 빠졌다.

한 친구 어머니가 남편의 폭행을 견디지 못해 도망쳤다. 그런데 아버지가 찾아와서 죽어라고 때리는 것이다. 친구 어머니는 그날 밤 농약을 먹고 목숨을 끊어 버렸다. 그래서 나는 그런 아버지를 절대로 용서할 수 없다.

여러분 세상을 살다 보면 이런 일이 있다. 혹... 우리 가운데 아버지에 대한 그런 분노를 아직도 가지고 있을 수 있다. 그래서 르우벤처럼 아버지에 대해 복수하고 싶을 수도 있다.

"난! 용서 할 수 없어요. 죽여 버리고 싶어요!!! 아버지는 인간도 아니예요."

그래서 복수의 칼을 품고 있는 자가 있을 수 있다.

하나님은 르우벤에 대하여 뭐라고 말씀하시는지를 살펴보자.

"이스라엘의 맏아들은 르우벤이었다. 그러나 그는 아버지의 첩과 동침하여 아버지를 경멸

했으므로 그의 장자권은 그 동생 요셉의 아들들에게 돌아갔다. 이 때문에 르우벤은 족보에 맏아들로 등재되지 못했다"(대상5:1)

가장 주목해야 할 것은 레아를 무시하고 라헬을 사랑한 야곱의 행동이 잘못되었다는 것이다.

그러나 르우벤의 행동은 어떤 경우든 합리화 시킬 수는 없다. 그는 하나님이 각 자녀의 마음속에 두시는 부모에 대한 존경심을 버리고 원한의 태도를 품었다. 그것이 경멸을 부추겼다. 결국 그는 아버지를 경멸하는 자신의 행동을 정당화했다.

그러나 그 대가는 가혹하리만큼 혹독했다. 그는 가장 소중한 장자권을 잃어버리고 말았으며 소중한 축복권을 잃어버렸다. 르우벤은 장자로써 받아야할 두 몫의 축복을 잃어버리게 되었다. 내 어머니 레아를 향한 아버지 야곱의 행동은 존중할 수 없는 행동이었다. 부당하고 옳지 못한 행동이었다. 그렇다고 아버지를 경멸하는 르우벤의 태도는 정당화할 수 없다. 아버지를 경멸하는 르우벤의 행동은 절대로, 절대로, 절대로 하나님 앞에 인정받을 수가 없다.

자식은 자식으로써 아버지를 존중히 여기고 어머니를 공경하는 것이다. 네 부모를 존경하라. 이 말씀은 부모가 선하든 악하든 존경하라는 것이다. 하나님의 말씀은 조건이 없다. 부모의 행동이 존중 받을 만하면 존중하고 그렇지 못하면 무시하고 부모의 상태에 따라 다르게 반응하지 말아야 한다.

네 부모가 무식하든 유식하든, 돈이 있든 없든 상관없이 네가 해야 할 일은 부모를 존중하라는 것이다.

그렇다면 왜 그래야 하는가? 왜 우리가 부모에게 만큼은 이처럼 절대적이어야 하는가?

이 땅에서 부모는 보이지 않는 하나님을 보이는 하나님으로 우리에게 주신 분이 부모이다. 그래서 부모를 공경하는 자에게 하나님께서 주시는 약속이 있다.

이 명령에 순종하면 보상이 있을 것이고 불순종하면 저주를 받을 것이다.

그렇다면 보상이 무엇인가?

당신이 잘된다. 또 하나는 장수한다. 부모님을 공경하는 자에게 주시는 보상이다. 그런데 우리가 넘어가기 쉬운 선이 여기에 있다. 우리 아버지가 도덕적으로 윤리적으로 잘못하실 수가 있다. 그러면 자식인 내가 아버지를 심판하거나 정죄할 일이 아니다. 그것은 하나님이 하시고 하나님이 다루실 일이다. 우리가 해야 할 일은 그런 아버지를 존중하는 일이다. 무조건 존중하는 일이다. 어머니를 존중하는 일이다. 어떠한 경우라도 존중하는 것이다. 부모님이 옳든 그르든 공경하라. 부모님이 불의하든 부정하든 존중하라. 이것은 만고불변의 하나님의 뜻이다.

오늘 우리가 부모로부터 받은 상처가 있다면 어떻게 할 것인가? 왜 없었겠는가? 부모로부터 받은 아픔이 있을 수 있다. 오래 전에 어떤 친구는 이런 고백을 했다.

"목사님! 저는 도저히 아버지와 첩을 용서할 수가 없습니다."

"……"

"우리 아버지는 우리 마을에 세컨드를 두고 살았습니다. 그녀는 밤마다 우리 집에 찾아와서 죄 없는 우리 어머니를 괴롭히는 것입니다. 우리 집 살림살이를 손에 닿는 대로 때려 부수고, 악을 쓰면서 연약하고 착한 어머니 머리채를 휘어잡고 끌고 다녔습니다. 저는 그때 어려서 무서워서 울고만 있었지요. 무슨 영문인지도 몰랐습니다. 왜 밤마다 그 여자가 와서 우리 어머니를 못살게 했는지를 몰랐습니다. 밤이 무서웠습니다.

그런데… 그런 어머니가 어느 날 내가 학교를 다녀왔는데… 괴로운 나머지 농약을 먹고 죽었습니다. 얼마 전에 아버지의 그 세컨드께서 죽었다고 연락이 왔습니다. 배다른 동생들이 나를 보고 싶다고 연락이 왔지만 전 장례식장에 가지 않았습니다. 전 아직도 그들을 용서할 수가 없습니다…"

그렇다. 사람은 누구를 막론하고 모두 다 용서가 필요한 자들이다. 그래서 하나님은 우리에게 용서를 선물로 주셨다. 그 아들 예수를 우리에게 용서의 선물로 주셨다. 그러므로 우리는 복음이라는 큰 선물을 받고 살아간다. 엄청난 큰 용서라는 선물을 받은 자들이다. 그래서 우리는 이 용서라는 선물을 베풀면서 살아야 한다. 그런데 우리는 용서라는 엄청난 큰 선물을 받고도 남에게 용서를 베푸는데 인색한 것을 본다.

그러므로 르우벤과 같이 실수하지 않으려면 어떻게 해야 하는가?

우리는 매일 용서를 선포하며 살아야 한다. 대상이 누구든지 간에 상관없다. 용서를 매일 선포하며 살아가자. 왜 그래야 하는가? 사실 상처를 주는 가해자는 때로는 생각 없이 행동하고 개념 없이 내 뱉은 말에 우리는 상처를 받게 된다.

그래서 힘들어 하고 아파하는데, 정작 가해자는 자신이 상처를 주었다는 사실조차도 생각하지 않는다. 인생이 바로 그런 것이다. 그래서 우리는 너도 나도 그럴 수 있는 연약한 존재이다. 그렇기 때문에 우리는 끊임없이 용서를 선포하며 살아가야 한다. 용서를 선포하는 이유는 내 마음에 쓰레기가 쌓이지 않게 하기 위해서다. 우리 마음에 쓰레기가 쌓이면 냄새가 난다. 악취가 난다. 그러면 그 쓰레기로 인하여 우리는 분별력을 잃고 바른 선택을 하지 못하게 된다. 우리의 행동이 굴절 될 수가 있다.

우리 인생은 내가 책임을 지는 것이다. 누가 책임을 져 주는 것이 아니다. 매 순간 선택도 결정도 내가 하는 것이다. 그런데 우리 안에 용서하지 못한 것이 있으면 바른 선택과 결정하는데 장애물이 된다.

내 인생은 언제나 내가 선택하며 사는 것이다. 그러므로 선포하라.
나는 오늘 하루도 용서하며 살겠다.
나는 매일 용서를 선포하며 살겠다.

그런가 하면 우리가 어떻게 르우벤과 같은 성적인 실수에서 승리 할 수 있는가? 먼저 마음을 지키는 것이다.

"무릇 지킬만한 것보다 네 마음을 지키라(잠4:23)

우리 마음에는 가만히 있어도 스멀거리는 죄 성이 있다.
그것이 무엇인가?

"마음에서 나오는 것은 악한 생각과 살인과 간음과 음란과 도적질과 거짓 증거와 훼방이니"(마15:19)

우리는 늘 우리 안에 음란한 생각이 자리하지 못하도록 경계하며 깨끗하게 청소를 해야 한다. 어떻게 청소를 하는가?
말씀과 기도로 회개하며 우리의 마음을 새롭게 하는 것이다.

"이 세대를 본받지 말고 오직 마음을 새롭게 해야 한다."(롬12:2)

우리 마음을 새롭게 하는 일은 한 번 했다고 방치하면 안 된다. 우리의 마음은 방과 같아서 날마다 청소를 해야 한다. 청소를 하지 않으면 쓰레기가 쌓이게 된다. 그러면 마음에 품고 있는 생각이 결과로 나타나게 된다.

우리가 성적인 실수에서 승리하려면 어떻게 해야 하는가? 그런 장소와 상대를 처음부터 피하라.(창39:12)

'나는 괜찮겠지 나는 충분히 나 자신을 지킬 수 있어 그래서 그런 장소에 가도 난 괜찮을 거야' 라고 생각하지 마라. 요셉처럼 도망쳐 나와라. 순간의 쾌락 때문에 르우벤처럼 엄청난 축복을 놓치는 어리석은 자가 되지 마라.

요즘 시대는 모두다 성적인 파트너를 저마다 두고 산다고 한다. 그런 친구가 없는 사람을 일컬어 2급 장애인이라고 비웃는다. 그러나 우리는 이 세대를 본받지 말고 오직 마음을 새롭게 해야 한다. 날마다 마음을 새롭게 하라. 그런데 혹시 우리 가운데 이미 성적으로 중독이 되어 있는 사람이 있을 수도 있다. 가정이라는 울타리를 떠나서 이중적인 생활을 하는 자들이 있을 수 있다.

어떻게 할 것인가? 이미 중독 수준이다. 아무도 모를 수가 있다. 어떻게 할 것인가? 이러면 안 되는 줄 알면서도 벗어나지 못하는 경우가 있다. 그런 분이 혹시 계시면 정신과 치료를 받을 수 있다. 그리고 여러분의 셀 모임에 가서 셀 리더와 셀 원들과 함께 그 문제에 대해 도움을 청할 수 있다.

셀은 가족이다.

그래서 셀 원들의 역할은 서로의 연약함을 위해 기도해 주고 상호 책임을 져주는 것이다.

예를 들어 오늘 회사에서 근무하는데 갑자기 미스오가 생각이 난다. 그러면 셀 원들에게 카톡을 날리는 것이다.

'나 지금 미스오가 생각이 난다. 마음을 지킬 수 있도록 중보가 필요함' SOS인 구조 요청을 하는 것이다.

이렇게 셀은 가족이다 나의 모든 것을 나눌 수 있는 것이다.

어떤 사람이 중독이었다. 그런데 이 중독에서부터 해방되고 싶었다. 그런데 그 장소에만 가면 몸이 먼저 반응을 해서 늘 결심이 무너졌다. 이런 사실을 셀 모임에서 고백하고 그런 유혹이 올 때 마다 그는 구조를 요청했다.

그런데 어느 날은 아무도 몰래 발걸음을 했다. 막 그 집 가까이 왔는데 셀 원에게서 카톡이 왔다.

'형제님 지금 승리하고 계시지요.' 깜짝 놀란 형제는 발길을 돌렸다. 그 후로 그는 성적인 중독에서 벗어나는 계기가 되었다. 마지막으로 중독에서 벗어나려면 영적인 생활을 게을리 하지 않아야 한다.

영적인 생활이 없는 사람은 반드시 육신의 욕망과 욕구에 노예가 된다. 내면에 하나님의 말씀과 기도로 채워나가길 바란다. 오늘도 수많은 사람들이 르우벤처럼 성적인 실수를 하고 잘못된 관계에 집착을 하는 사람들이 있다. 그 사람이 아니면 마치 죽을 것만 같아서 때로는 갈등을 하다가 이혼을 요구하거나 남편들은 조강지처를 버리고 떠나간다.

그런데 살아보면 육체의 욕망도 잠시 뿐이다. 상대방이 실행한 것을 기다려 주면… 언제가 제자리로 돌아오는 것을 많이 보았다. 관용을 베풀며 기다려 주어라. 풀과 같은 육체가 시들면 한 때 불장난과 같은 로맨스가 허무하다는 것을 알게 된다.

한 때 잘못된 감정에 사로잡혀 포로가 되어 벗어나지 못하는 자들이 있다면 서서히 추슬러서 제자리로 돌아오시길 바란다. 그리고 매 순간 감정이 요동칠지라도 잘못된 감정을 선택하기 보다는 말씀을 통해서 언제든 바른 선택을 하시기 바란다.

 TIP

01. 나는 매일 용서를 선포하며 살겠다.
02. 나는 모든 사람에게 용서를 베풀며 살겠다.

:: 03
자의적 숭배
_다윗

| 충신을 죽인 성욕

"음…대박이군, 대박!"

다윗은 통일 왕국의 성업을 이루자 마음속에 자부심이 생겼다.

"음… 정말 대단한 일이야, 하나님이 도우셨지만, 사실 통일은 내가 한 것이나 마찬가지지… 나나 되니깐 해 낼 수 있었던 거야!"

어느 날 다윗이 왕궁을 거니는데, 사단이 그의 마음을 격동시킨다.

하나님이 이루신 일, 하나님이 다윗과 함께 하셔서 이루신 일이 마치 다윗은 내 자신이 이룬 것 같은 자기화가 된 것이다. 꼭 내가 이룬 것 같은 생각이 들었다.

왜 아니겠는가? 수많은 크고 작은 전쟁에서 이기고 이룩한 통일이다. 이것은 다윗이 생각할 때 자신의 성과다. 그래서 다윗은 자신도 모르게 은근히 자신이 이룬 업적에 대한 확인을 하고 싶었다. 그리고 이제는 유사시에 싸울 수 있는 인구를 조사하고 싶었다. 그래서 다윗은 요압을 불렀다.

"요압 장군!"

"왕이여 만세 수를 하옵소서. 찾으셨사옵니까?"

"장군! 우리 병력이 얼마나 되오?"

"왕이시여, 웬 병력을 물으십니까?"

"유사시에 칼을 뺄 수 있는 자들이 얼마나 되는지 인구조사를 해보시오."

"왕이여 갑자기 웬 인구조사를…"

"왕의 명령이 요압을 재촉한지라 드디어 떠나서 이스라엘 땅에 두루 다닌 후에 예루살렘으로 돌아와서 백성의 수효를 다윗에게 고하니 이스라엘 중에 칼을 뺄 만 한 자가 일백 십만이요. 유다 중에 칼을 뺄만한 자가 사십칠만 이니라. 요압이 왕의 명령을 밉게 여겨 레위와 베냐민 사람은 계수하지 아니하였더라."(대상21:4-6)

인구 조사가 잘못된 것은 아니다. 그런데 다윗의 중심에 은근히 자신이 이룬 업적에 대한 자고함이 고개를 들었다. 내가 가진 군사적인 힘이 어떠한지 확인하고 싶었다. 다윗은 자신도 모르게 자신을 숭배하고자 하는 자고함이 다윗 자신도 모르게 자리하고 있었던 것이다. 이것이 인구 조사를 하는 동기였다.

하나님은 우리의 동기를 보시고 아시는 분이시다. 이런 다윗을 하나님은 섭섭하고 괘씸히 여기셨다.(대상21:7) 인구 조사가 끝난 다윗에게 하나님은 선견자 갓을 보내어 하나님이 준비한 징계의 선물을 선택하게 한다.

"아니, 선지자님께서는 웬일로 이렇게 오셨습니까?"

"왕이여 하나님이 저를 보내셔서 이렇게 왔나이다."

"…"

"혹 삼 년 기근일지, 혹 네가 석 달을 대적에게 패하여 대적의 칼에 쫓길 일일지, 혹 여호와의 칼 곧 온역이 사흘 동안 이 땅에 유행하며 여호와의 사자가 이스라엘 온 지경을 멸할 일일지 하셨나니 내가 무슨 말로 나를 보내신 이에게 대답할 것을 결정하소서."(대상21:12)

결국 다윗은 자신의 실수를 통감하면서 3가지 선물 중에 온역을 선택한다. 그 결과 온역으로 죽은 자가 칠만 명이었다. 실로 엄청난 일이었다. 다윗은 자신의 자고함 때문에 불쌍한 백성들의 생명이 칠만이나 목숨을 잃은 것이다.

그렇다면 다윗은 왜 이런 실수를 하였는가?

다윗의 인구 조사는 목적이 유사시에 전쟁을 할 수 있는 전력을 알아보기 위한 것이었다. 다윗은 내가 이룬 통일 왕국이라고 생각을 하니 전쟁이 일어나면

동원될 자가 얼마나 될 것인가를 알아보기 위해 한 것이다. 이것이 다윗의 실수였다. 다윗이 인구 조사를 한 결과, 하나님의 진노는 우리가 상상하지 못 할 정도로 무서웠다. 하나님은 왜 인구 조사를 한 다윗을 괘씸히 여기셔서 다윗에게 그토록 무서운 진노를 하셨는가? 왜 인구 조사가 하나님 앞에 죄가 되고 실수가 되었는가?

다윗의 인구 조사는 사실 동기부터 달랐다. 하나님은 사람의 숫자에 관심이 많으신 분이시다. 그런데 다윗이 행한 인구 조사는 성격이 다르다. 어떻게 다른가?

다윗은 이제 하나님보다 자신의 능력을 의지하고 과시하고 싶었다. 하나님보다는 사람의 힘과 숫자를 의지하겠다는 동기가 있었기 때문이다. 이것은 세상 나라들이 하는 짓이다. 이스라엘 나라는 하나님의 언약의 나라로서 이스라엘 나라의 진짜 왕은 하나님이시다. 그런데 지금 다윗이 이 사실을 망각한 것이다. 다윗이 실수한 것은 바로 이것이다.

하나님은 다윗을 통해서 세상 열방 가운데 하나님이 다스리시고 통치하시는 하나님 나라를 세우고 싶으셨다. 그래서 하나님은 다윗을 모델로 열방 가운데 하나님이 왕이신 나라를 세우셨다.

하나님은 왕이시다. 하나님은 우리의 왕이시다. 하나님은 나의 왕이시다.

보통 나라가 세워지려면 3가지 구성 요소가 있어야 한다. 백성과 주권과 영토이다. 하나님은 430년 동안 애굽에서 종살이 하던 이스라엘 백성들을 출애굽 시키셔서 온전히 주권을 회복시켜 주셨다. 또한 하나님께서 예비하신 영토, 가나안을 주셨다. 하나님은 다윗을 통해서 하나님이 다스리고 통치하시는 제사장 나라를 세우셨다.

그런데 다윗이 이런 하나님의 뜻을 망각하고 자신의 왕국인 양 통일 왕국이 되자 마음이 높아져서 하나님보다 사람을 의지하려고 인구 조사를 한 것이다. 다윗의 마음속에 자고함이 생겨 자기 왕국으로 여긴 것이다.

그렇다면 오늘날 우리는 어떤가? 우리도 춥고 배고픈 시절에는 하나님만 의지하며 기도하고 매달린다. 그런데 삶의 형편이 펴지고 가난에서 벗어나면 기도하지 않는다. 하나님을 의지하지 않는다. 그리고 하나님보다 자신을 더 의지하게 된다.

다윗이 했던 이런 실수를 우리가 하지 않으려면 어떻게 해야 하는가? 아무리 세월이 흘러도 진리는 변함이 없다. 우리는 하나님의 말씀을 가장 우선순위에 두어야 한다. 날마다 자기를 부인하지 않으면 사람들은 저마다 이렇게 자기 자신도 모르게 자고함에 빠지게 된다. 그래서 자신을 숭배하게 된다. 마음이 높아지면 많은 사람들이 사단의 유혹에 넘어지고 사단의 미끼가 된다. 그렇다면 우리는 어떻게 해야 하는가? 모든 순간마다 하나님의 영광을 훔쳐서는 안 된다. 그분은 우리의 왕이시다. 우리의 마음에 보좌를 내어 드려야 한다.

이제 예수 믿고 거듭난 사람은 새로운 피조물이다. 내가 아니라 그리스도로 살아야 한다. 그러기 위해서는 날마다 자기를 부인하지 않으면 누구나 할 것 없이 자신을 숭배하게 되는 자고함에 빠진다. 이 자고함은 사실은 나 자신을 숭배하는 것이다. 사단이 가장 잘 쓰는 미끼다.

"그러나 사랑하는 자들아, 너희는 지극히 거룩한 믿음 위에 기초하여 너희 자신을 세우며 진보하고 더 높고 높은 건물처럼 자라고 성령 안에서 기도하고"(유1:20)

우리의 믿음을 거룩한 기초 위에 세워야 한다. 그래서 날마다 믿음 안에서 자라야 한다. 주님은 자꾸만 우리에게 "너 자신을 부인하라"고 말씀하신다. 날마다 자기 십자가를 지라고 하신다. 이것이 우리가 사는 길이다. 자고함이나 자의적 숭배에서 해방되는 길이다.

예수님을 구주로 믿고 하나님을 섬기는 모든 사람들은 기억해야 한다. 그렇지 않으면 누구든지 자고함이나 자의적 숭배라는 사단의 미끼에 걸리고 만다. 이처럼 자의적 숭배를 하는 사람은 이제 하나님의 뜻 보다는 자기 자신이 원하는 대로 행동한다.

| 하나님의 전지전능은 말이 아니다.

다윗이 하나님 앞에 실수한 것 중에 또 하나가 있다. 다윗은 여호와는 나의 목자시니 내가 부족함이 없으리로다.

그런데 다윗이 어느 날 왕국을 거닐다 밧세바가 목욕하는 것을 본다. 다윗은 순간적으로 수컷의 본성을 제어하지 못하고 이웃집 아낙을 불러들인다. 아무도 모르게 부적절한 관계를 맺는다. 그렇게 시작된 불륜의 씨가 자라서 결국 남편 우리야를 계획적으로 살해하게 된다. 사람이 욕심을 잉태하면 죄를 낳고 죄가 장성한즉 사망을 낳게 되는 것이다.

다윗이 행동한 것에 무엇이 문제인가?

결과적으로는 간음이라는 불륜과 살인이다. 도적질한 것이다. 왕이라는 이름으로 한 여성의 순결을 도적질 한 죄요 왕이라는 권세로 충성스런 신하의 생명을 도적질한 죄다. 그렇다면 다윗이 왜 이런 실수를 했는가?

하나님이 어떤 분이시라는 것을 다윗이 잘 몰랐을 리는 없다. 다윗은 하나님을 잘 아는 자이다.

그런데 다윗은 하나님이 '전지전능 하시다'는 것을 지식적으로만 알고 있었던 것이다. 하나님이 전지 하신 분이라는 사실을 다윗은 경험적으로는 잘 몰랐던 것 같다.

왜 그런가?

다윗이 정녕 하나님이 전지하신 분이라는 사실을 경험적으로 알았다면 계획적으로 밧세바의 남편을 살해하지는 않았을 것이다. 한순간 충동으로 실수를 했다 하더라도 어떻게 충성스런 신하를 계획적으로 죽일 수 있었겠는가?

그는 하나님을 노래하고 찬양했지만 실상은 하나님이 전지하신 분이라는 사실을 놓쳤던 것이다. 하나님은 이런 다윗에게 사람을 보내셨다.

"나단이 다윗에게 이르되 당신이 그 사람이라 이스라엘의 하나님 여호와께서 이처럼 이르시기를 내가 너로 이스라엘 왕을 삼기 위하여 네게 기름을 붓고 너를 사울의 손에서 구원하고… 이제 네가 나를 업신여기고 헷 사람 우리야의 처를 빼앗아 네 처를 삼았은즉 칼이 네 집에 영영히 떠나지 아니하리라 하셨고… 너는 은밀히 행하였으나 나는 이스라엘 무리 앞 백주에 이 일을 행하리라 하셨나이다."(삼하12:7-12)

다윗은 바로 회개하며 하나님께 엎드렸다.

"하나님이여 주의 인자를 따라 내게 은혜를 베푸시며 주의 많은 긍휼을 따라 내 죄악을 지워주소서 나의 죄악을 말갛게 씻으시며 나의 죄를 깨끗이 제하소서 무릇 나는 내 죄과를 아오니 내 죄가 항상 내 앞에 있나이다."(시51:1-3)

하나님은 철저하게 회개하는 다윗을 용서하시고 받으셨지만 다윗이 행한 일에 대해서 말씀하신대로 다윗의 가정에 벌을 내리셨다. 밧세바가 낳은 아이가 죽는다.

다윗의 가정에 자녀들이 서로 죽이는 칼부림이 나고 자식들이 아버지를 거역하며 왕위를 탈취하기 위해 반란을 일으킨다. 백주에 아버지의 첩을 간통하게 된다. 그야말로 집안이 쑥대밭이 되었다.

무엇을 말하는가?

하나님이 전지하신 분이시다. 그런데 다윗이 그 하나님을 지식적으로 알았던 것이다. 다윗의 뼈아픈 실수를 통해서 다윗은 하나님이 정말 전지하신 분인 것을 알게 된다.

그래서 그가 고백한 시편을 보자.

"여호와여 주께서 나를 감찰하시고 아셨나이다. 주께서 나의 앉고 일어섬을 아시며 멀리서라도 나의 생각을 통촉하시오며 나의 길과 눕는 것을 감찰하시며 나의 모든 행위를 익히 아시오니 여호와여 내 혀의 말을 알지 못하시는 것이 하나도 없으시니이다"(시139:1-4)

오늘날 우리가 다윗과 같은 실수를 하지 않기 위해서는 어떻게 해야 하는가? 날마다 우리 자신을 말씀 앞에 세워나가야 한다. 이제는 누가 우리를 간섭하거나 가르쳐 주거나 코치를 해 주는 자가 없다. 스스로 상황을 판단해서 결정을 해야 한다. 그런데 다윗처럼 때로는 오작동 될 때가 있다. 그러므로 우리는 날마다 말씀으로 우리의 영을 새롭게 세워가야 한다.

우리에게 본을 보여준 롤 모델이 있다. 바로 광야에서 외치는 자의 소리였던 세례요한이다. 그는 많은 사람들이 와서 집요하게 자신의 정체성을 부추기며 물어도 끝까지 자기 자신을 부인했던 사람이다.

"난 아니요. 그리스도가 아니요, 난 메시야가 아니요."

"당신이 그 메시야 입니까?"

많은 사람들이 그에게 물을 때

차라리 한 번쯤은 묻는 말이 귀찮아서라도 그냥 고개를 끄덕일 수 있으련만 그는 매 순간 철저하게 자신을 부인하는 자였다.

"우리 중에 누구든지 자기를 위하여 사는 자가 없고 자기를 위하여 죽는 자도 없도다. 우리가 살아도 주를 위하여 살고 죽어도 주를 위하여 죽나니 그러므로 사나 죽으나 우리가 주의 것이로다. 이를 위하여 그리스도께서 죽었다가 다시 살아나셨으니 곧 죽은 자와 산자의 주가 되려 하심이니라"(롬14:7-9)

이제 나를 통해서 주님이 일하시고 주님이 영광을 받으셔야 한다. 그렇지 않으면 우리가 천국에 가면 이런 황당한 일이 벌어질 것이다.

"주님 저 왔습니다."

"네가 누구냐?"

"주님 저를 모르시나요?"

"네가 누군데?"

"하나님 제가 수원온누리교회 ○○○ 집사잖아요? 내가 봉사도 하고 전도도

하고 내가... 교회 일을 엄청나게 했지요"

"그래 내가 수원온누리 교회는 알겠는데, 너는 누군지 모르겠다."

"아니? 주님 저를 모르시다니요?"

"여봐라! 이 사람을 당장 저기 저 불 못에 던져라."

예수를 믿었다는 사람들에게 자기 자신을 부인하지 않으면 이런 황당한 일이 일어 날 수도 있을 것이다. 아니 될 일이다.

"그날에 많은 사람이 나더러 이르되 주여, 주여 우리가 주의 이름으로 선지자 노릇하며 주의 이름으로 귀신을 쫓아내며 주의 이름으로 권능을 행치 아니하였나이까... 내가 너희를 도무지 알지 못하니 불법을 행하는 자들아 내게서 떠나가라"(마7:22-23)

오늘날 예수 믿는 성도들이 주의해야 할 부분이다. 무슨 일을 하든지 철저하게 자신을 부인해야 한다. 나를 통해서 주님이 드러나시도록 일하라.

"그는 흥하여야 하겠고 나는 쇠하여야 하리라"(요3:30)

하나님 앞에 자신을 발견한 사람은 사실 자고하지 않는다.

 TIP

01. 자의적 숭배를 아십니까? 주님이 하셨는데 꼭 내가 한 것 같은 경우가 있습니다. 그래서 본의 아니게 내가 영광을 취하게 됩니다.

02. 다윗이 인구 조사를 합니다.
    왜 인구 조사가 하나님의 진노를 샀을까요?

:: 04
미인을 탐하다
_삼손의 실수

| 약점을 보완하라

어느 누구도 인생을 실패하기를 원치 않을 것이다. 그런데 실패를 경험하지 않는 사람은 없다. 실패는 우리 인생에서 가장 보편적인 경험이다. 그런데 성공하는 사람은 성공하는 습관을 가지고 있다. 실패하는 사람은 실패하는 습관을 가지고 있다. 성공은 실패를 올바르게 받아들이는 사람에게 찾아오는 삶의 트로피와 같다.

두 눈이 뽑힌 채로 감옥에서 맷돌을 굴리고 있는 삼손의 모습을 보라. 지금 그의 눈에서 피눈물이 떨어지고 있다.

"삼손! 어쩌다가 이렇게 되었소?"
"내가 내 자신의 약점을 관리하지… 못했소. 통제하지 못해서 이렇게 되었소."
사람은 누구에게나 약점이 있다. 온전한 자가 없기 때문이다. 삼손에게도 약점이 있었다. 삼손의 약점은 바로 여자였다. 삼손은 힘을 쓸 줄 알았으나 그 힘을 통제할 줄 몰랐다. 여자에 대한 약점은 삼손이 청년 시절부터 나타났다.

"삼손이 딤나에 내려가서 거기서 블레셋 딸 중에 한 여자를 보고 도로 올라와서 자기 부모에게 마하여 가로되 내가 딤나에서 블레셋 사람의 딸 중 한 여자를 보았사오니 이제 그를 취하

여 내 아내를 삼게 하소서 부모가 그에게 이르되 네 형제들의 딸 중에나 내 백성 중에 어찌 여자가 없어서 네가 할례 받지 아니한 블레셋 사람에게 가서 아내를 취하려 하느냐 삼손이 아버지에게 이르되 내가 그 여자를 좋아 하오니 나를 위하여 그를 데려 오소서 하니"(삿14:1-3)

삼손은 자신의 정욕을 억제하지 못했다. 삼손이 좋아하는 여자가 하나님을 알지 못하는 이방 여자였다. 삼손은 나실인이다. 구별된 자다. 그런데 어떤 여자를 아내로 삼아야 하는지 하나님이 원하는 바에 전혀 신경을 쓰지 않았다. 아버지가 반대를 하는데도 순종하지 않고 자신이 원하는 대로 행동한다. 삼손의 최대의 약점은 자신의 감정에 따라 행동하는 것이었다. 이런 삼손의 약점은 결정적인 인생의 실패로 드러났다.

"삼손이 가사에 가서 거기서 한 기생을 보고 그에게로 들어갔더니" (삼16:1)

삼손이 한 기생을 보고 그에게 들어가서 동침한다. 아무런 주저함이나 거리낌 없이 이처럼 삼손은 감정이 원하는 대로, 본능대로 행동했다. 이것이 삼손의 모습이다. 그렇다 우리는 연약한 인간이다. 약점이 없을 수 없다. 그러나 자신의 약점을 안다면 그 약점이 우리 인생을 실패로 이끌지 않도록 관리해야 한다.

그렇다면 여러분의 약점은 무엇인가? 그 약점이 우리의 인생을 망치지 않게 잘 관리해야 한다. 이제 들릴라는 눈물을 보이면서 삼손에게 애원을 한다.

"삼손, 당신과 나 사이에 그럴 수 있어요?"

"뭘 말이요?"

"나를 사랑한다면 진실을 말해 주어야 하지 않아요? 나를 사랑한다면 그 증거로 당신의 힘의 근원을 말해 주세요."

"날마다... 그를 재촉하고 조르매 삼손의 마음이 번뇌하여 죽을 지경이라"(삿16:16)

여자에게 약한 삼손이 견디다 못해 진실을 이야기 한다.

"삼손이 진정을 토하여 그에게 이르되 내 머리에는 삭도를 대지 아니하였나니 이는 내가 모태에서 하나님의 나실인이 되었음이라 만일 내 머리가 밀리우면 내 힘이 내게서 떠나고 나는 약하여 져서 다른 사람과 같으리라"(삿16:17)

"호호호 삼손 사랑해요. 그리고 고마워요"

삼손은 이렇게 해서 머리카락이 잘리게 된다. 하나님과 한 서약은 정욕적인 사랑 앞에 여지없이 무너졌다. 이것이 바로 삼손의 실수였다. 그렇다면 왜 삼손은 이런 실수를 하게 되었는가? 삼손은 감각적인 사람이었다. 육신적인 사람이었다. 삼손은 영적인 실재에 대해서 무지했다. 형식적으로 하나님을 믿었던 것이다.

"들릴라가 가로되 삼손이여 불레셋 사람이 당신에게 미쳤느니라. 하니 심손이 잠을 깨며 이르기를 내가 전과같이 나가서 몸을 떨치리라 하여도 여호와께서 이미 자기를 떠나신 줄을 깨닫지 못하였더라."(삿16:20)

여호와께서 이미 자기를 떠난 줄을 삼손은 알지 못했다. 더 이상 하나님께서 사용하지 않으신다는 것을 알지 못했다. 삼손은 자신의 영적인 상태를 알지 못했던 것이다. 삼손은 왜 알지 못했을까? 서서히 무너져 내렸기 때문이다. 오늘 삼손은 비참하게 최후를 맞이한다. 그렇다면 오늘 우리가 삼손처럼 이런 실수를 하지 않으려면 우리는 어떻게 해야 하는가?

영적으로 깨어 있어야 한다. 신앙생활의 가장 큰 위기는 매너리즘에 빠지는 것이다. 그래서 영적인 감각을 잃어버리는 것이다. 영적인 감각이 무뎌져 버린 것이다. 하나님께 헌신하지 않아도 괜찮을 것 같아서 조금씩 주님을 멀리한다. 주일날 교회에 안 나가도 별 일 없다고 느낀다. 기도 안 해도 잘 만 사는 것처럼 여겨진다. 이렇게 영적으로 둔감해지면서 서서히 사망의 잠을 자게 된다. 이런 사람은 영적인 내리막길을 걷다가 어느 날 갑자기 지옥에서 믿음의 잠이 깨어날 수도 있다.

> "... 두렵건대 내가 사망의 잠을 잘까 하오며"(시13:3)

사망의 잠은 어떤 것인가? 영혼의 죽음이다. 시체를 건드려 보면 아무런 반응이나 감각이 없다. 영혼이 죽어 있으면 하나님의 말씀이 선포되어도 듣지 못하고 깨닫지 못한다. 영혼이 소생되지 않는다. 감각적인 영역에서만 반응을 한다. 신앙생활은 하나 실상은 죽은 자이다. 그런가 하면 사망의 잠은 영혼이 마비가 되는 경우다. 이런 자들은 영적인 감각이 없는 자이다. 죽은 것이나 별반 다를 것이 없다.

> "네가 살았다고 하는 이름은 가졌으나 실상은 죽은 자로다."(계3:1)

예배 행위는 있는데 삶의 현장에서, 가정에서, 직장에서, 말씀대로 사는 모습이 전혀 보이지 않는다. 이런 사람은 영혼이 마비가 된 사람이다. 그러므로 우리는 늘 영적으로 깨어 있어야 한다. 현대인들은 하나님에 대해서 진지하게 갈망하지 않는다. 모든 것이 풍족하기 때문이다. 신앙고백도 진지하지 않다. 왜냐하면 우리가 믿고 의지할 수 있는 것들이 많기 때문이다. 그러므로 삼손이 한 실수를 우리도 쉽게 범할 수 있다는 것이다.

그렇다면 어떻게 해야 하는가?

기도를 멈추지 말라. 삼손은 하나님 앞에 헌신된 나실인이었다. 그런데 그는 기도하지 않았다. 왜 삼손이 기도하지 않았을까? 그는 자신을 믿었기 때문이다. 하나님보다 자신이 가지고 있던 힘을 믿었다. 자신의 명철을 믿었다. 아니 재능과 스펙을 믿을 수도 있다. 그래서 자기 마음대로 살았던 것이다.

그런데 삼손이 언제 기도를 하는가? 두 눈이 뽑혀서 앞을 볼 수 없을 때 기도한다. 머리카락이 잘려서 자신의 힘을 쓸 수 없을 때 기도한다. 삼손은 철저하게 자신의 힘으로 아무것도 할 수 없는 절망 가운데 기도를 한다.

"삼손이 여호와께 부르짖어 가로되 주 여호와여 구하옵나니…"(삿16:28)

삼손이 "주 여호와여" "주"는 "아도나이" 주인을 부른 것이다. 삼손이 자신의 삶의 주인인 하나님을 부르는 것이다. 삼손은 하나님의 도우심으로 영광스러운 최후를 맞이하지만 참으로 아쉬움이 남는다. 삼손이 젊고 푸르고 청청할 때 기도하며 하나님의 말씀대로 순종하며 살았더라면 얼마나 좋았을까?

그러나 성경은 말씀하신다.

"미련한 자를 곡물과 함께 절구에 넣고 공이로 찧을지라도 그 미련함이 벗겨지지 아니하느니라." (잠27:22)

인간의 육신의 미련함은 갈 때까지 가봐야 깨닫게 된다. 그래서 수많은 사람들이 하나님을 떠나서 내 마음대로 살다가 도저히 어찌할 수 없는 상황에 이르러서야 하나님께 매달리게 되는 것이다. 어리석은 사람이다. 하나님께서 우리에게 주신 많은 재능과 건강과 재물과 학식과 스펙들을 사용하여 주님께 헌신하여 그분의 영광을 위해 산다면 인생의 끝이 얼마나 아름다울까?

하나님은 삼손의 기도를 들으시고 마지막 순간을 승리하게 하셨다. 삼손은 세상적인 정욕에 노예가 되어 자신의 이기심을 만족시키기 위해 뛰어다닐 때는 기도를 잊고 살았다. 그러나 모든 것을 다 잃고 두 눈에서 피눈물이 흐르는 상황에서 그는 결심을 했을 것이다.

"흑흑흑 하나님 미안합니다. 잘못했습니다. 내가 죽을죄를 지었습니다. 내가 정욕에 눈이 멀었습니다."

그렇다면 오늘 여러분은 어떤가? 지금이 회개할 시간이 아닌가? 더 늦기 전에 돌아와야 하지 않겠는가? 지금 멈추었던 기도를 시작하시지 않겠는가?

"삼손씨 들릴라가 그렇게 아름다웠습니까? 들릴라가 삼손 당신의 마음을 빼앗고, 하나님도 잊어버릴 정도로 아름다웠습니까?"

그러자 삼손이 대답한다.

"네, 들릴라는 아름다운 여자였습니다. 하지만 나는 사단에게 미혹당하고 말았지요!"

"네? 미혹이라구요?"

"네 그것이 음란이라는 것입니다!"

"음란이라구요?"

"네 사단은 남자들을 가장 쉽게 미혹하고 넘어지게 만드는 것이 음란이지요. 음란에 빠지면 남자들은 하나님을 버리게 되고, 하나님을 금방 잊어버리게 만들지요. 네 들릴라는 아름다운 여성이었습니다! 나 삼손의 마음을 빼앗고 하나님을 잊어버리게 만들 정도로 아름다운 외모를 가졌었지요. 그러나 하나님을 잊어버릴 정도로 나의 마음을 빼앗았겠어요? 나의 욕정, 나의 욕망, 나의 욕심으로 사단에게 나의 마음을 빼앗겼기 때문에 그렇게 범죄하고 말았지요."

"삼손씨 지금 현대를 살아가는 성도들에게 한마디 부탁드리겠습니다."

"이 시대 많은 성도들이 쓰러지는 이유 중에 하나가 바로 돈, 명예, 음란 때문입니다. 특히 주의 종들은 더욱 더 조심하셔야 합니다. 사단이 가장 쓰기 좋은 수단과 방법은 바로 음란이라는 사실을 잊지 마시기 바랍니다!"

 TIP

01. 당신의 강점은 무엇인가?
02. 당신의 약점은 무엇인가?

PART 2

육신의 연약함이 죄를 잉태하다

01 _ **보상을 원한 육체** · 노아 | 02 _ **장자의 권위를 무너뜨린 식욕** · 에서 | 03 _ **불같은 성정** · 모세 | 04 _ **자랑의 유혹** · 요셉 | 05 _ **하나님보다 중요한 물질** · 가룟 유다

:: 01
보상을 원한 육체
_노아

"물로 세상을 심판하리라! 내가 창조한 모든 것을…"

하나님은 인간이 죄로 인하여 타락하고 세상에 죄가 관영하자 한탄하셨다. 그래서 하나님은 물로 세상을 심판하시려고 작정을 하셨다. 그런데 그 때 노아는 하나님 앞에 은혜를 입은 자였다. 그렇다면 노아는 어떻게 하나님의 은혜를 입은 자가 되었을까?

"그러나 노아는 여호와께 은혜를 입었더라."(창6:8)

노아가 하나님의 은혜를 입었다는 것이 무슨 뜻일까?

(But Noah found favor in the eyes of the LORD.)

노아는 하나님의 눈 속에 있는 사랑을 본 것이다. 물로 세상을 심판하시겠다고 가슴 아파하시며 한탄하시는 하나님 아버지의 눈 속에 있는 인간에 대한 깊고 끝없는 사랑을 보았다.

"노아야! 어쩌다 나의 형상을 닮은 저들이 이렇게 되었니?"

노아는 한탄하시는 아버지의 음성과 함께 하나님의 눈 속에 지고지순한 사랑을 보았던 것이다. 눈물을 보았던 것이다. 우리는 부모님들의 가슴이 가장 아프고 무너질 때가 언제일까? 자식이 죄에 깊이 빠졌을 때이다. 자식들이 부모의 마음을 헤아리지 못한 채 거역하고 집을 나가서 돌아오지 않고 방황할 때이다.

　노아는 세상을 향한 하나님의 눈 속에 있는 큰 사랑을 본 것이다. 인간을 향한 아버지의 타오르는 큰 사랑을 보았다. 하나님이 물로 심판하시려는 가운데서 이처럼 은혜를 입은 노아를 부른 것이다. 노아는 이런 하나님의 사랑 때문에 필생의 업으로 방주를 만들 수가 있었던 것이다.

　오늘 우리는 어떤가?
　오늘 우리도 그렇다. 누구든지 하나님의 지고지순한 이 사랑만 발견한다면, 어떤 경우든지 좌절하지 않을 것이다. 어떤 경우든지 실망하지 않을 것이다. 어떤 환경 속에서도 승리할 것이다.
　그러므로 당신은 소중한 사람이다. 당신은 존귀한 사람이다. 우리에게는 이런 하나님의 큰 사랑 때문에 우리는 살 이유가 있는 것이다.
　하나님은 그 아들 예수 그리스도를 아낌없이 주셨다. 십자가에서 당신의 생명을 아낌없이 주셨다. 하나님께서 나를 사랑하사 독생자를 주셨는데, 이 사랑이면 우리가 족하지 않을까? 우리가 이 세상을 사는데 이 하나님의 사랑이면 족하지 않겠는가? 사실 이보다 더 큰 사랑은 없다.

　"하나님이 세상을 이처럼 사랑하사 독생자를 주셨으니 이는 저를 믿는 자마다 멸망치 않고 영생을 얻게 하려 하심이니라"(요3:16)

　이 사랑은 나에게만 필요한 것이 아니라 모든 인간에게 필요한 사랑이다. 그러므로 우리는 하나님께 사랑받는 소중한 존재이다. 노아는 하나님의 엄청난 사랑을 받고 120년 동안 방주를 만들었다. 그리고 하나님의 심판을 통과했다. 그런데 이런 하나님의 엄청난 사랑을 받았던 노아가 실수를 한다. 어떤 실수인가? 자기 관리에 실수를 한다. 이 틈을 타서 노아의 세 아들의 본심이 드러난다.

"방주에서 나온 노아의 아들들은 셈과 함과 야벳이며 함은 가나안의 아비라 노아의 이 세 아들로 좇아 백성이 온 땅에 퍼지니라. 노아가 농업을 시작하여 포도나무를 심었더니 포도주를 마시고 취하여 그 장막 안에서 벌거벗은지라 가나안의 아비 함이 그 아비의 하체를 보고 밖으로 나가서 두 형제에게 고하매 셈과 야벳이 옷을 취하여 자기들의 어깨에 메고 뒷걸음쳐 들어가서 아비의 하체에 덮었으며 그들이 얼굴을 돌이키고 그 아비의 하체를 보지 아니하였더라. 노아가 술이 깨어 그 작은 아들이 자기에게 행한 일을 알고 이에 가로되 가나안은 저주를 받아 그 형제의 종들이 되기를 원하노라" (창9:18-25)

┃육체는 보상을 원한다

노아가 농업을 시작하여 포도나무를 심었고 포도주를 마시고 취했다. 사람은 육을 가졌기에 주어진 환경에 영향을 받는다. 그래서 깨어 있지 않으면 우리는 실수할 수 밖에 없다. 노아 홍수 후에 성경은 노아가 농사를 하여 포도나무를 재배하고 노아가 포도주를 마시고 취하였다고 한다.

그렇다면 노아가 왜 술을 마셨을까?

노아 홍수 후에 노아는 어쩌면 깊은 우울증에 빠졌는지도 모른다. 세상 천지에 노아 가족뿐이니 말이다. 노아가 느끼는 삶의 무게는 정말 감당키 어려운 무게였을 것이다. 어디를 가도 황량한 벌판이다. 하나님은 계셨지만 그분은 영이시다. 하나님은 인간의 감각으로 느끼고 함께 바라보고 이야기를 주고받을 수 있는 감각적인 존재가 아니다.

사람은 사람과 더불어 살아야 하는 사회적인 존재이다. 세상 천지에 노아 가족 혼자 살아가는 것은 노아 혼자 감당하기에 그 삶의 무게가 엄청났을 것이다.

노아가 포도주를 마신 것도 어쩌면 노아에게 주어진 엄청난 삶의 무게에서 벗어나고 싶었는지도 모른다. 노아는 세상의 모든 것이 무의미하게 느껴졌는지도 모른다. 노아는 홍수라는 트라우마로 어쩌면 밤마다 불면증에 시달렸는지도 모른다. 그래서 노아가 술로 마음을 달래보고 싶었는지도 모른다. 이것이 육체를 가진 인간의 연약함이다. 자 노아의 실수를 보자 노아는 어떻게 실수를 하는가? 우리 육체는 수고하면 반드시 수고한 대가를 바라는 보상 심리가 있다. 그 보상 심리가 육체적 만족이나 때로는 쾌락을 요구하기도 한다.

일전에 교회 헌당식과 목회자 세미나를 인도하기 위해 도미니카공화국을 방문한 적이 있었다. 빈민가에 세워진 교회를 방문하면서 그곳 사람들의 일상을 듣게 되었다. 그들은 쓰레기를 뒤져서 하루하루 목숨을 연명하며 살아가는 것이 이들의 일상이었다. 정부에서도 아무런 대책이 없었다. 이들은 버려진 널빤지나 양철 조각으로 지붕을 하고 쓰레기 처리장 옆에 거처를 만들어서 산다. 무허가 건물이라 경고장과 함께 철거해 버리면 이들은 다시 짓고 거주를 한다. 정부에서도 별다른 대안이 없기 때문에 이들을 그냥 묵인해 줄 수밖에 없다. 이런 빈민가 속에 복음을 들고 선교사들이 들어가 교회를 세운다. 소망이 없는 이들에게 유치원을 세워서 교육을 한다. 이들에게는 교육만이 가난의 굴레에서 벗어날 수 있는 유일한 대안이다. 이들은 낮에 쓰레기장에서 재활용품을 주어서 생활을 한다.

그곳에서 사역하는 선교사님이 물었다.

"목사님! 이곳 빈민 지역에 가장 많은 범죄가 무엇인지 아세요?"
"글쎄요?"

사람들이 가난한 빈민들이니까. 배고픔을 채우기 위해 먹거리나 음식물을 훔치는 절도 행위가 가장 많지 않을까 싶어서 이렇게 대답을 했다.

"음식을 훔치는 좀 도둑질이나 절도가 많지 않을까요?"
"아닙니다. 성범죄가 제일 많습니다."
"아, 그래요?"

왜 그럴까, 생각하는데 선교사님은 이야기를 계속했다.

"그리고 두 번째는 마약입니다."

도저히 이해가 되지 않았다. 아니 왜 이들에게 당장 먹을 것 입을 것이 필요한 빈민들인데 먹는 것보다 성범죄나 마약 사범이 많을까? 이들은 하루 종일 쓰레기 뒤지는 힘든 일을 하고 나면 심리적으로 육체가 보상받기 원한다. 이들은 육체의 보상으로 육체가 요구하는 육체적인 만족이나 쾌락을 추구하게 된다. 그래서 성적인 쾌락과 마약으로 육체의 보상을 충족시킨다고 한다. 이들은 힘겹게 모은 돈으로 마약을 구입해서 육체의 욕구를 채우고 즐기고 다시 육체가 요구하는 보상에 중독이 되어 마약을 구하기 위해 또 하루 종일 쓰레기장을 뒤지는 일을 한다. 대부분 이런 악순환의 삶이 그들의 일상이라고 한다.

그러던 어느 날 그 빈민가에 교회가 하나 세워졌다. 미국의 어느 한인 교회가 지원을 해서 "물댄 동산"이라는 교회가 세워졌다. 교회는 도시 빈민들에게 많은 위로와 소망과 힘을 주었다. 사람들이 변화 되었다. 그래서 어느덧 간증이 있는 교회가 되었다. 그런데 선교사님은 이 교회를 위해 기도를 부탁했다.

한 형제가 하나님의 은혜를 받고 간증을 했다. 주님을 만나서 변화된 자신의 삶에 대한 간증이었다. 모든 사람에게 도전이 되고 은혜가 되었다. 그 형제는 과거의 삶을 깨끗이 정리하고 새사람이 되었다.

그런데 몇 개월 후에 선교사님이 그 교회를 다시 방문했을 때 일이었다. 교회에서 부흥 집회가 진행 중인데, 어둠속에 한 형제가 걸어 왔다. 선걸음에 인사를 하는데 몇 개월 전에 간증한 그 형제였다. 그런데 분명 전에는 멀쩡했던 형제였는데 오른쪽 다리 하나가 없었다.

어둠속에서 잘못 보았나 하고 다시 보니 형제는 한쪽에 목발을 짚고 있었다.

사연인즉 이랬다.

형제는 하나님의 은혜를 받고 정말 행복하고 좋았다. 그래서 예수를 뜨겁게 만나서 하나님 앞에 간증을 했다. 앞으로 새로운 삶을 살겠다고 결심을 했다. 자신 또한 그렇게 살 수 있을 것 같았다. 그리고 실제로 형제는 마약을 끊었다 그리고 마약을 거래하던 일들을 중단하고 모두 버렸다.

하나님의 은혜가 충만할 때는 죄를 이길 수 있었다. 잘못 길들여진 육체의 습관들이 생각나지 않았다. 가끔씩 찾아오는 유혹도 충분히 승리할 수 있었다. 그런데 어느 날 형제에게 거짓된 생각이 속삭였다. '이봐... 한번만 해봐, 마약 거래, 딱! 한번만... 그리고 다음부터 안하면 되지 않겠어?' 처음에는 찾아온 생각을 거절했다. 그런데 집요하게 속삭이는 생각에 형제는 결심이 무너졌다.

'그래, 딱 한 번만. 이번 한 번만 하고 그만두자.'

그리고 다시 마약에 손을 대었다. 딱 이번에 한 번만 하리라고 생각한 마약 거래. 형제는 마약을 거래하던 날, 돈을 미쳐 손에 쥐어보지 못한 채 상대방이 준비해 온 총에 맞고 말았다.

"탕! 탕! 탕!"

밤하늘에 울려 퍼진 총소리는 형제의 다리를 그대로 관통했다. 그는 결국 다리를 절단해야만 했다. 딱 한 번만 하고 말거라고 생각했던 것이 그의 실수였다.

그렇다면 왜 형제는 그런 실수를 했을까? 왜 그랬을까? 아마 그는 잠시 하나님의 은혜를 잊어 버렸기 때문이다. 하나님께서 부어주신 은혜를 잊어 버렸기 때문일 것이다. 그는 다리 한쪽을 잃어버리기 전에 그가 먼저 잃어 버렸던 것은 하나님의 은혜였다. 은혜를 먼저 도적맞았기 때문이다. 그 결과 그는 자신의 소중한 다리를 잃어 버렸다.

오늘 노아는 술을 마셨다. 홍수로 거칠어진 땅을 일구고 매일 같이 힘써 땅을 개간하는 일은 사실 노아가 방주를 만드는 일보다 결코 쉬운 일은 아니었다. 하루 종일 땀 흘리며 끝없이 넓은 땅을 개간하고 나면 노아 자신의 육체도 보상을 요구했다. 보상을 원하는 육체를 만족시킬 뭔가가 노아에게도 필요했다. 노아는 포도나무를 심어 포도주로 육체가 원하는 욕구를 만족시켰던 것 같다.

"포도주를 마시고 취하여 그 장막 안에서 벌거벗은지라"(창10:21)

그는 마셨다. 그리고 그는 취했다. 그리고 그는 스스로 벌거벗었다.

어느덧 노아는 포도주에 익숙한 자가 되었다. 노아는 그날도 아들과 며느리와 그의 손자들의 눈을 피해 그가 늘 찾던 자신의 장막에 들어가서 술을 마셨다.

"재앙이 뉘게 있느뇨 근심이 뉘게 있느뇨 분쟁이 뉘게 있느뇨. 원망이 뉘게 있느뇨 까닭 없는 창상이 뉘게 있느뇨 붉은 눈이 뉘게 있느뇨 술에 잠긴 자에게 있고 혼합한 술을 구하러 다니는 자에게 있느니라(잠23:29-30)

| 함의 아들 가나안을 저주하다

술에 취해서 쓰러져 자던 노아는 몹시 갈증이 나서 잠에서 깨어나 일어났다. 그런데 평소와는 다르게 하체도 벗겨져 있고 벗겨진 하체에 느낌도 달랐다. 다른 옷으로 하체가 가려진 자신의 모습을 발견했다. 노아는 내가 너무 과음을 했나 싶은 생각이 들었다. 아무래도 좀 이상한 생각이 들어서 노아는 아들들을 불렀다.

"누가, 아비 장막에 들어왔었느냐?"

자초지종을 들은 노아는 화가 났다. 노아는 작은 아들 함이 자신에게 행한 일을 알았다.

"노아가 술이 깨어 그 작은 아들이 자기에게 행한 일을 알고 이에 가로되 가나안은 저주를

받아 그 형제의 종들의 종이 되기를 원하노라"(창9:24-25)

술이 깬 노아는 그 작은 아들이 자기에게 행한 일을 알고 함의 아들 가나안을 저주했다.

왜 노아는 함과 그의 아들 가나안을 저주했을까? 함은 술 취해서 벌거벗고 자는 아버지의 하체를 가지고 부적절한 행위를 한 것이다. 성적으로 장난을 친 것이다. 그 현장에 함의 아들 가나안도 함께 할아버지를 희롱하는 일에 적극적으로 참여했을 것이다. 노아는 이런 함과 그의 아들 가나안에게 저주를 한 것이다.

그런데 문제는 함의 아들 가나안에 대한 노아의 저주다. 이것은 노아의 실수다. 노아가 아무리 화가 났을지라도 함의 아들 가나안에 대한 저주는 끔찍하다. 차라리 따끔하게 혼내주고 끝냈으면 좋았을 뻔하다.

그런데 노아가 왜 이런 실수를 했을까? 그는 하나님의 눈 속에서 보았던 그 사랑, 그 은혜를 노아는 지키지 못하고 잊어 버렸다. 그 사랑을 도적 맞아버린 것이다. 하나님의 눈 속에서 보았던 그 사랑 말이다. 지고지순한 하나님의 그 사랑 말이다.

그 결과 노아는 육체가 요구하는 보상으로 술을 입에 댄 것이다.

사람은 누구나 그럴 수 있다. 하나님께서 부패한 이 세상에 대한 심판이 있은 지 얼마 지나지 않아서 노아도 육체를 가진 인생인지라 술에 취하여 자기 스스로 절제하지 못할 지경에 빠지고 만 것이다. 이것이 육체를 가진 인간의 모습이다.

오늘날 많은 사람들이 예수를 믿고 변화되었다고 하는데 스트레스를 받거나 화가 나는 상황이 주어지면 다시 옛날로 돌아가는 관성이 있다. 때로는 육체가 원하는 보상 심리 때문에 다시 쾌락에 빠진다. 다시 술을 마시고 또 다시 담배를 피우고 다시 옛날 습관으로 되돌아간다. 이럴 때 우리는 속지 말아야 한다.

노아는 하나님의 눈 속에 있는 큰 사랑과 은혜를 잊어버린 결과 소중한 아들 함과 그 아들 가나안을 저주함으로 잃어 버렸다.

그렇다면 오늘 우리가 실수를 줄이는 방법은 없을까? 사람은 항상 은혜 속에 살아야 한다. 하나님의 은혜는 언제나 죄를 이기는 하나님의 선물이기 때문이다. 어떤 상황이 우리에게 주어지면 우리는 언제나 하나님의 은혜 가운데 바른 선택을 해야 한다. 바른 선택은 바로 말씀을 선택하는 것이다.

어떤 상황에서도 진리를 선택하는 것이 실수를 줄이는 최선의 방법이다. 그리고 당신의 자녀를 진정으로 축복하라. 자녀가 성장하는 과정에서 실수를 하거나 잘못을 하면 차라리 회초리를 든 후에 풀어주어라.

노아처럼 저주를 해서는 절대 안 된다. 오직 은혜만이 우리를 변화시킬 수 있는 능력이기 때문이다.

"선줄로 생각하는 자는 넘어질까 조심하라"(고전10:12)

기억하자. 그리고 또 기억하자. 노아뿐만 아니라 함도, 우리도, 사람은 모두 하나님의 은혜로 사는 자들인 것을 절대 잊지 말자.

은혜는 죄를 이기는 하나님의 선물임을 기억하자. 그러므로 은혜 속에 강한 자가 되자.

☑ TIP

01. 당신은 노아처럼 실수를 한 적이 있습니까?
02. 자녀를 저주하지 말라. 모든 인생은 하나님의 은혜가 필요하다. 어떻게 생각하는가?
03. 노아로부터 저주를 받은 함은 그 후 어떻게 되었는가?

:: 02
장자의 권위를 무너뜨린 식욕
_에서

| 깨어진 꿈

꿈을 이루고 싶은가? 당신이 가진 꿈을 생생하게 꾸어라. 생생하게 꾸는 꿈은 반드시 이루어진다. 꿈을 생생하게 꾸면 시각화가 된다. 우리가 인생을 살면서 노력도 중요하고 재능도 중요하다. 그러나 성공하고 싶으면 먼저 꿈을 생생하게 꾸는 자가 되어라

그런 자가 성공한다. 특히 하나님의 자녀들은 하나님께로부터 주어진 꿈과 비전과 유업이 있다. 하나님께는 우리를 향한 꿈과 비전과 계획이 있다. 또한 놀라운 유업이 있다. 엄청난 복을 유산으로 받고도 꿈을 꾸지 않으면 그 꿈은 이룰 수가 없다. 그러므로 믿음의 꿈을 꾸어라!

멀리서 말 한 마리가 뿌연 흙먼지를 일으키며 숨 가쁘게 달려온다. 말을 타고 온 사나이는 얼마나 기쁜지 큰 소리로 아버지를 부른다.

"아버지! 저 왔어요, 오늘은 아버지가 좋아하시는 노루란 놈이 잡혔네요! 잠깐만 기다리세요. 제가... 맛있는 바비큐를 만들어서 올리겠습니다."

"에서? 벌 벌써 왔구나!"

어머니 리브가는 에서를 보더니 소스라치게 놀란다.

"네 어머니, 오늘은 아버지께서 별미를 드시고 저를 축복하신대요."

에서는 잡아온 노루를 어깨에 메고 우물곁으로 가면서 리브가를 향해 소리친다.

"리브가 여사님! 장작불을 좀 부탁합니다."

에서는 한바탕 춤이라도 추고 싶었다.

아버지께서 오늘 나를 축복하신다. 제일 맛있는 그리고 아버지가 제일 좋아하시는 부위를 요리해서 드리리라. 요리를 마친 에서는 한껏 부푼 마음으로 아버지 방에 들어간다.

"아버지 저 왔어요."

"누구냐?"

"저, 에서입니다. 아버지 별미를 가지고 왔어요. 여기 사냥한 고기를 잡수시고 마음껏 축복해 주세요."

"에서라고?"

이삭이 심히 크게 떨며 이미 어두워진 시력을 애써 움직여 보면서 이삭이 말을 잇는다.

"뭐라고... 에서라고?" 이삭이 힘써 자리에서 일어나서 말을 한다.

"넌 조금 전에 사냥한 고기를 가지고 와서 네가 축복을 받지 않았더냐?"

"조금 전에요? 아닙니다. 아버지 제가 아버지의 맏아들입니다. 저는 지금 왔습니다. 아버지 제가 맏아들 에서입니다. 저 지금 왔습니다."

순간적으로 에서는 뭔가 좋지 않은 예감이 스쳐갔다. 혹시, 야곱의 소행이라는 생각이 순간 스쳐지나갔다.

"오오, 아들아 그럼 조금 전에 내게 고기를 가져온 자가 누구였더냐? 너 오기 전에 내가 먹고 그를 위해 축복하였은즉 그가 정녕 복을 받을 것이니라."

에서는 정신이 아득해졌다. 이것은 분명 야곱의 짓이다. 설마 했던 일이 현실이 되어버린 것이다. 그전에 에서가 너무 배가 고파서 야곱이 말하는 대로 팥죽 한 그 릇에 자신의 장자권을 바꾼 기억도 났다.

난 그때 배가 고파 장난으로 그랬었는데... 이 야곱을... 내가 당장 죽여 버리리라. 동생 야곱이 설마 이번에도 자기 몫인 장자의 축복까지도 가로챘다는 생각이 들자 갑자기 욱하면서 분노가 치솟았다.

한편으로는 아버지도 그랬다. 나를 구별 못해서 내 축복을 동생에게 주시다니 섭섭한 마음에 울컥하면서 에서는 아버지 앞에 울분을 터뜨린다. 한번 터진 에서의 울분은 아버지 이삭 앞에서 떼굴떼굴 구르면서 숨이 넘어갈 듯 방성대곡이 되었다.

"안 돼요! 아버지! 안 돼요! 내 몫을 왜 동생에게 주셨나요? 내게 축복하소서, 아버지 내게도 그리하소서."

"오 마이 갓 어쩌다가... 이런 일이"

이삭도 혼란스러웠다. 이게 어찌된 일인가? 아니, 어쩌다가 이런 황당한 일이 일어났을까 싶었다. 하지만 이미 한번 빈 축복은 되돌릴 수는 없었다.

"에서야! 네 아우 야곱이 간교하게 와서 네 복을 빼앗았구나!"

"아버지! 그 놈이 나를 속인 게 한 두 번이 아닙니다. 벌써 두 번째입니다. 아버지께는 나를 위하여 빌 복이 남지 아니하셨나이까?"

"... 내가 그를 너의 주로 세우고 그 모든 형제를 내가 그에게 종으로 주었으며 곡식과 포도주를 그에게 공급하였으며 내 아들아 내가 네게 무엇을 할 수 있으랴"(창27:37)

"아버지여 아버지의 빌 복이 이 하나 뿐이리이까 내 아버지여 내게 축복하소서 내게도 그리하소서."

에서가 방성대곡을 한다. 소리 높여 운다. 지금도 에서의 울음소리가 들리는 듯해서 가슴이 먹먹해 온다.

왜 아니겠는가?

자식이 부모 앞에서 대성통곡하면서 축복해 달라고 애원하며 메 달리는 데...

우리 같으면 '그래 너도 복을 받아라. 하면서 기도해 줄 수 있으련만 이삭은 그렇게 하지 않았다. 왜냐하면 장자권을 계승하는 이 축복은 기분이 아니다.

이 축복은 어떤 허상이 아니다. 이 축복은 실제이기 때문이다. 되돌릴 수 없는 축복권이기 때문이다. 에서의 방성대곡이 이해가 된다.

오늘날 많은 사람들은 영적인 축복을 소홀하게 여긴다. 당장 눈에 보이지 않기 때문이다. 그러나 감각으로 느끼는 현실보다 더 실제적인 세계가 영적인 세계이다. 그럼에도 불구하고 많은 사람들이 영적인 축복을 경홀히 여긴다. 그런데 사람은 실상이 영적인 존재이다.

오늘 에서의 실수는 바로 이것이었다. 보이지 않는 영적인 세계를 경홀히 여긴 실수다. 육신적인 것을 위해 자신에게 주어진 영적인 축복을 가볍게 여겨 동생 야곱에게 팔아버린 것이다. 그래서 오고 오는 세대 속에 후회하지 않도록 성경은 우리에게 교훈한다.

"... 한 그릇 음식을 위하여 장자의 명분을 판 에서와 같이 망령된 자가 없도록 살피라"(히 12:16)

여기서 망령된 자는 어떤 자인가 바로 믿음 없는 자를 가리킨다. 즉 에서처럼 믿음 없는 자와 같이 행동하지 말라는 것이다. 팥죽 한 그릇에 자신의 장자 명분을 팔아버리는 것은 경솔한 행위 이전에 믿음이 없음을 지적한다. 에서가 믿음이 있었다면 그런 행위를 하지 않았을 것이다.

| 믿음의 꿈을 생생하게 꾸어라

인생의 성공을 원하는가? 먼저 믿음의 꿈을 생생하게 꾸어라. 노력도 중요하고 재능도 중요하다. 그러나 그 보다 먼저 당신 안에 성공하고자 하는 꿈이 있어야 한다. 생생하게 꿈을 꾸어라.

우리 청년들은 어떠한가? 믿음의 꿈을 소중하게 여기고 도전하는 친구들이 많았으면 한다.

오늘 에서처럼 꿈이 부서진 사람이 있는가? 이제 믿음의 꿈을 꾸어 보라. 인생을 믿음으로 살아보라고 초대하고 싶다.

믿음은 하나님의 말씀을 믿는 것이다. 이것이 믿음의 실체이다. 믿음은 허황된 이념이나 신념이 아니다. 믿음의 실체는 말씀이다. 하나님의 약속은 신실하다. 그래서 하나님을 경험하고 그분의 신실하심을 아는 자들은 믿음의 꿈을 꾼다. 그것도 생생하게 꾼다. 믿음은 절대 부도나지 않는다.

왜 하나님의 말씀은 약속이기 때문이다. 천지가 없어져도 하나님 당신께서 하신 약속의 말씀은 일점일획도 없어지지 않고 다 이루시기 때문이다. 이 약속을 믿는 믿음이면 당신은 이미 성공한 인생이다. 당신은 능치 못함이 없는 멋진 인생을 살 수가 있다. 영원히 후회하지 않는 인생을 살 수가 있다.

오늘 에서처럼 꿈이 깨어진 자가 있는가?

원치 않게 목표를 이루지 못한 사람이 있는가? 이제는 믿음으로 인생을 도전해 보시지 않겠는가? 먼저 생생한 꿈을 꾸어 보아라.

다음은 여러분이 선택하는 문제다.

만약 여러분이 배우자를 선택할 경우 여러분은 다음 중 어떤 사람을 선택하겠는가?

A라는 친구다. 이 친구는 일단 외모가 잘 생겼다. 키가 훤칠하게 크고 몸에는 식스 팩이 새겨져 있고 건장한 체구에 공부까지 잘해 SKY 출신이다. 스펙도 좋고 장래 기대가 되는 대기업의 연구원이다. 그리고 얼굴까지 꽃 미남이다. 거기다가 금수저이다. 그런데 딱 한 가지 아쉬운 것은 이 친구가 예수라면 질색

을 한다.

자기는 절대로 예수는 안 믿겠다는 친구다.

여러분은 어떤가? 배우자로써 그리고 또 당신이 부모라면 사위 감으로 어떤가?

그런데 B라는 친구는 아무것도 없다. 스펙도 없고, 돈도 없고, 직장도 변변치 않다. 생김새는 보통이다. 체구 또한 외소하다. 단지 이 친구는 믿음 하나 확실하게 거듭났다. 성실하고 신실하다. 또한 충성스럽게 일을 한다. 무엇보다도 이 청년은 신앙생활을 가장 우선으로 여기는 믿음이 좋다는 청년이다.

만일 여러분이 배우자로 선택한다면 누구를 선택하시겠는가?

여러분이 부모 입장이라면 여러분은 누구를 사위 감으로 삼겠는가? 대부분의 성도들은 A라는 친구를 사위 삼아서 전도하겠다고 한다. 그리고 B라는 친구는 생각 좀 해봐야겠다고 한다.

여러분은 어떠한가?

에서는 오늘 A와 같은 사람이다. 에서는 근육질의 사나이다. 건장하고 성격도 쿨 하고 외모가 멋진 사나이이다. 여름날 반팔 셔츠를 입으면 구리 빛 살결에 식스 팩, 가슴과 팔뚝에 근육이 울퉁불퉁하게 질서 있게 잘 발달되어 있다.

그런데 이런 외모에도 불구하고 그는 망령되이 행동을 함으로 영원한 축복을 놓쳐 버리는 인간적인 실수를 한다. 바로 영적인 영역에는 관심이 없다는 것이다.

에서는 보이는 육신적인 기반을 중심으로 가치관이 형성되어 있는 사람이다. 그래서 장자권도 별 개념이 없는 사나이다. 그래서 동생이 팥죽을 쑤는데 허기진 배를 채우려고 장자 권을 팥죽 한 그릇에 팔아버린 것이다. 이런 에서의 행동을 성경은 망령되다고 한다. 그렇다면 에서만 그러는가? 오늘날 우리는 어떤가? 우리도 에서와 같은 실수를 하지 않는가? 세상에 물질 앞에 믿음을 저버리지 않는가?

그렇다면 왜 에서가 이런 실수를 하게 되었는가? 에서는 사냥을 좋아하는 들사람이다. 부모에게 한 번도 하나님에 대해서 정확하게 배우고, 학습하고, 훈련하는 시간이 없었던 사람이다. 그래서 에서의 사고 속에는 하나님이 없다. 에서에게 하나님은 관념적인 막연한 하나님이다. 그래서 하나님의 약속, 섭리, 계획도 전혀 모르는 자였다. 특히나 영적인 일에 관심이 없는 친구였다. 오늘 혹시 이런 에서의 모습과 실수를 우리 또한 범하고 있지는 않는가?

예수가 누구신지, 그분께서 행하신 일을 한 번도 생각해 보지 않고, 복음을 정확하게 듣지 못한 채 안다고 여기고 있지는 않는가? 아니면 수 삼년 예수를 믿었다고 하는데 무엇을 믿었는지 그 믿음의 실체가 무엇인지 모른 채 믿음생활을 하고 있지는 않은가?

오늘 에서의 통곡소리가 들리는가?

통곡소리는 에서의 울음소리만으로 충분하다. 더 이상 우리의 인생 여정 속에 대성통곡 하는 일이 없기를 바란다.

 TIP

01. 참된 믿음은 돈으로 살수 없다. 어떻게 생각하는가?
02. 당신의 믿음은 진짜입니까?
03. 감각적인 현실보다 더 실재하는 영적인 세계가 있다. 어떻게 생각하는가?

:: 03
불같은 성정
_모세

| 반석을 두 번 내리치다

"여보, 곧 아이를 출산할 것만 같아요. 그런데 어떻게 하실 거예요?"
출산을 앞둔 요게벳이 남편 아므람에게 건네는 말이다.
"뭘 말이요?"
"태중에 아이가 아들 같은데... 여보, 만약에 아들을 낳으면 어떻게 하실 건가요? 당신 생각이 궁금해서요."
"요게벳! 두려운가?"
"두렵진 않지만, 요즘 바로 왕이 산파들에게 아들을 낳으면 즉시 죽이라고 명을 내렸다고 하네요."
"걱정하지 말아요."

아므람은 나라에서 왕이 뭐라고 하든지 여호와께서 뜻이 있어서 보내 주신 아들이라면 하나님의 명령에 순종하고 싶었다. 위대한 사람 모세는 이런 시대적인 상황 속에서 태어났다. 모세의 어머니 요게벳은 믿음으로 모세를 석 달 동안 감추어서 키웠다.
그렇다 믿음은 '하나님이 지켜 주시겠지' 라고 생각하고 아이를 낳자마자 갖다 버린 것이 아니다. 믿음은 언제나 주어진 상황 속에서 최선을 다하는 것이다. 믿기 때문에 아무것도 안하는 것이 아니다. 아이를 버릴 때도 믿음으로 이들은 최선을 다한다. 아이를 태워 보낼 갈대상자 안팎으로 물이 새지 않도록 역청으로 칠을 했다. 마지막까지 아이의 부모는 믿음으로 최선을 다한다. 이것이 믿음이다.

하나님을 믿기 때문에 아무것도 안하는 것이 아니다. 요행이나 우연을 바라는 것이 아니다. 하나님을 믿기 때문에 우리는 주어진 상황 속에서 언제나 최선을 다하는 것이다. 이런 모세가 바로 왕의 공주에게 발견되어 왕궁에서 40년을 산다. 애굽의 최고의 학문과 지식과 문화를 익히며 바로 왕의 공주의 아들로 산다.

그런 모세가 자기 동족 히브리인과 다투는 애굽 사람을 살인하고 광야로 쫓겨 간다. 모세는 40년 동안 미디안에서 광야생활을 한다. 애굽에서 경험한 화려한 것들을 쓰레기 버리듯이 버리게 된다. 그리고 나머지 40년은 하나님의 부르심을 받고 이스라엘 백성을 인도하는 영도자로써 인생을 산다. 모세만큼 위대한 삶을 살아낸 사람이 없다.

그는 하나님을 대면한 자요. 하나님의 법인 십계명을 직접 수여한자요. 모세오경을 기록한 자요. 종살이 하던 이스라엘 백성들을 애굽에서 인도해 낸 영도자이다. 모세만큼 위대한 인물이 없다. 그는 애굽의 모든 부귀와 영화를 누려보았고, 또 광야에서 40년의 버려지는 삶도 지내보았다. 세상이 주는 최고의 영광도, 광야가 주는 최악의 질고의 삶도 경험해 보았다.

"이 사람 모세는 온유함이 지면의 모든 사람보다 승하더라."(민12:3) 했다.

그런데 이런 온유하던 하나님의 사람인 모세가 하나님 앞에 실수를 한다. 어떤 실수를 하는가?

"여호와께서 모세에게 일러 가라사대 지팡이를 가지고 네 형 아론과 함께 회중을 모으고 그들의 목전에서 너희는 반석에게 명하여 물을 내라 하라 네가 그 반석으로 물을 내게 하여 회중과 그들의 짐승에게 마시울지니라. 모세가 그 명대로 여호와 앞에서 지팡이를 취하니라 모세와 아론이 총회를 그 반석 앞에 모으고 모세가 그들에게 이르되 패역한 너희들이여 들으라 우리가 너희를 위하여 이 반석에서 물을 내랴 하고 그 손을 들어 그 지팡이로 반석을 두 번 치매 물이 많이 솟아나오므로 회중과 그들의 짐승이 마시니라.

여호와께서 모세와 아론에게 이르시되 너희가 나를 믿지 아니하고 이스라엘 자손의 목전에서 나의 거룩함을 나타내지 아니한 고로 너희는 이 총회를 내가 그들에게 준 땅으로 인도하여 들이지 못하리라 하시니라. 이스라엘 자손이 여호와와 다투었음으로 이를 므리바 물이라 하니라 여호와께서 그들 중에서 그 거룩함을 나타내셨더라."(민20:7-13)

출애굽 후 40년 동안 광야 1세대가 다 죽고 광야에서 방황하던 기간이 거의 끝나갈 무렵이다. 이제 새로운 세대가 그 뒤를 이어 가데스 근방에 왔다. 그런데 백성들은 광야 1세대가 했던 것처럼 물이 없음으로 또 모세를 원망했다. 모세는 원망하는 백성들로 인하여 크게 낙심이 되었다.

앞선 세대가 원망하다가 광야에서 다 죽었는데, 새로운 세대 또한 똑같이 원망하며 불평하는 것이다. 그러자 순간적으로 모세는 자기 스스로가 이 백성들을 위해 무엇을 해주어야 한다고 생각했다. 그 결과 지금까지 광야에서 백성들의 곤고함을 들어 주시던 하나님을 잠시 망각한 것이다. 그는 백성들의 원망하는 소리에 화가 났다. 순간적으로 모세의 의가 드러나는 순간이다. 모세는 분노해서 여호와의 이름으로 말미암은 그분의 명령을 온전히 수행하는 데 실패한다. 마치 반석에서 물을 자신이 내는 것처럼 불신앙적인 행동을 한 것이다.

이것은 하나님의 거룩하심을 나타내는 것이 아니었다. 이것은 하나님께서 행하시는 일을 드러내는 것이 아니었다. 이것은 하나님의 영광을 나타내는 것이 아니었다. 왜 그런가, 이런 행동은 이스라엘 백성들이 하나님을 의지하는 것보다 여전히 사람을 바라보게 하는 행위가 된다. 바로 이 므리바 물 사건에서 모세는 하나님의 뜻을 나타내지 아니하고 모세가 총회를 향하여 선포하는 소리를 들어 보자.

"...패역한 너희여 들으라."

모세가 선포하는 말에서부터 실수를 한다. 왜 그런가, 말은 영이다. 말을 어떻게 하느냐가 정말 중요하다. 별스럽지 않는 일에 화를 내어서 말을 던지면 말하는 순간 더 화가 난다. 그래서 사람이 더 가혹해진다.

"이 패역한 자들아!" 모세도 자신이 던진 말로 인하여 순간적으로 더 분노하게 되었고, 그 결과 하나님의 뜻을 저버리고 모세는 분노한 채 지팡이를 들었다. 그리고 반석을 내리치게 되었다.

"팍! 팍!"

순간 모세도 아차 싶었다. 모세도 사실 순간적으로 실수를 한 것이다. 그런데 반석에서 물이 쏟아져 나와 시냇물을 이루었다.

| 하나님의 실존을 망각하다.

'야야 물이다! 물!' 백성들은 물을 보면서 먹고 마시며 기뻐하는데, 모세는 웬일인지 전혀 기쁘지 않았다. 왜 다른 사람은 몰라도 모세 자신은 알고 있었다. 자신이 하나님 앞에서 거룩함을 나타내지 못했다는 것을 알았기 때문이다.

우리가 사역을 하다 보면 이런 실수를 할 때가 있다. 하나님은 나의 불순종에도 불구하고 당신의 백성들 때문에 불순종하는 우리를 통해 역사를 하실 때가 있다. 마치 모세가 범한 실수처럼 말이다. 우리도 성령님의 인도에 민감하지 않으면 모세와 같은 실수를 하게 된다.

하나님은 이때 모세로 인하여 섭섭하셨던 모양이셨다. 이런 실수는 지도자들이 범하기 쉬운 실수다. 바로 모세의 실수였다. 모세가 상황 속에 휩쓸려 분노 때문에 백성들에게 던진 말로 인하여 순간적으로 넘어진 실수였다. 여러분은 어떠신가? 혹시 그런 경험을 한 적이 있는가?

나에게도 사람들의 말 때문에 순간적으로 넘어진 뼈아픈 경험이 있었다. 하나님의 은혜로 생명을 건 40일 금식 기도가 끝이 났다. 목숨만 부지한 채 차에 실려서 하산을 했다. 금식 후에 생각지도 않은 사람을 통해 시험이 찾아 왔다. 남자 집사님 두 분이 찾아 왔다. 겨우 벽을 기댄 채 앉아 있는 나를 두고 그들은 이런 이야기 저런 이야기를 하면서 웃고 히득거렸다.

그런데 한 집사님이 거짓말을 진짜처럼 하는 것이었다. 거짓말을 하는 그들의 이야기를 듣고 있노라니 내 안에서 화가 스멀거리며 올라 왔다. 혈기가 나자 지금 내 몸 상태는 전혀 아닌데, 내 생각과 기분에 힘이 막 생기는 것 같았다. 100미터를 뛰면 10초 안에 주파할 것 같은 기분이 들었다. 이상했다. 현실은 전혀 아닌데, 내 생각이 그랬다. 그리고 높은 건물에서 뛰어 내리면 가뿐이 착지를 할 것만 같았다. 슈퍼맨과 같은 그런 기분이 들었다. 이 건물과 저 건물 지붕을 한걸음에 건너다닐 것 같았다.

집사님들이 돌아간 후 나는 벽을 잡고 일어섰다. 내가 힘을 쓰면 벽이 와르르 무너질 것 같은 생각이 들었다. 나는 문지방을 넘어 부엌으로 갔다. 그리고 보호식으로 한 솥 가득히 끓여 놓은 미역국 한 대접을 떴다. 그리고 아무런 생각 없이 미역국물을 마셨다.

"아아 악!" 하며 나는 순간 배를 움켜잡고 그 자리에 주저앉았다. 대접 속에 손가락 한마디 정도 되는 딱딱한 미역줄기 하나가 들어 있었던 모양이다. 뭔가 딱딱한 것이 입안에 스쳐 지나가는 것 같더니 그냥 넘어간 것이다.

딱딱한 미역줄기가 40일 동안이나 텅 비어 있던 위장에 떨어지는 순간 나는 비명 소리를 지르며 주저앉고 말았다. 천근이나 되는 무게가 내 위장을 짓누르는 것 같았다. 갑자기 눈앞이 캄캄해지면서 얼굴에서 땀방울이 주루룩 흘렀다. 꼭 이대로 식물인간이 되어 버릴 것만 같았다.

나는 한손으로 배를 잡고 겨우 무릎으로 기어서 면벽을 하고 잠깐 잠이든 아내의 어깨를 흔들며 깨웠다.

"여보, 여보, 내가 죽겠어, 나 죽겠어, 여보…"

신음하는 소리에 아내가 화들짝 놀라서 깨어났다.

"여보! 왜 그래요?"

"헉, 헉, 내가 죽겠어."

"왜 그래요?"

"배가 아파, 위장에 구멍이 난 것 같아"

놀란 아내는 땀이 범벅이 된 채 배를 움키고 쓰러진 나를 뉘어 놓고 하나님의 긍휼하심을 구했다. 아내는 기도하면서 울고, 쓰러진 나는 내 자신이 비참해서 한없이 울었다. 신학을 수년을 하고 목사가 되었다. 그리고 목숨을 걸고 40일 금식을 했다. 그런데 금식을 한지 하루도 지나지 않아서 혈기 때문에 쓰러져 구르는 내 모습이 참으로 비참했다. 주님이 아니면 나는 내 혈기 하나 어떻게 할 수 없는 무능한 인간이었다. 나는 분노 때문에 또 그렇게 쓰러졌다.

 TIP

01. 당신이 분노하는 주된 원인이 무엇인가?
02. 당신은 분노를 다스리는 개인적인 방법이 있는가?

:: 04
자랑의 유혹
_요셉

| 형들의 허물을 고자질하다

"내 옷 봐라!"

색동옷을 입고 나타난 요셉은 형들에게 자랑을 한다. 그런 요셉을 보고 있던 시므온이 못 마땅한 듯 입을 연다.

"르우벤 형, 아버지는 요셉만 자식인가 보네요. 우리는 안중에도 없나 봅니다. 형 안 그러우?"

건초 작업을 하던 형들은 잠시 일손을 놓고 요셉을 둘러싼다. 그러자 요셉이 싱글벙글 웃으며 들뜬 목소리로 말을 한다.

"형님들, 내가 꿈을 꾸었는데, 형님들의 곡식 단이 내 곡식 단 앞에 절을 하더군요."

요셉은 형들 앞에서 또 다른 꿈 이야기를 한다.

"그리고 형님들 해와 달과 열 한 별이 다 나에게 절을 하더군. 형님들 이 꿈이 무슨 꿈인지 알아요?"

"개꿈!" 시므온이 뚱하게 말한다.

"모른다. 몰라!"

그러자 요셉은 조용히 말한다.

"이건 비밀인데... 아버지가 그랬어요."

"뭐라고 했는데" 르우벤이 정색을 하고 묻는다.

"어, 해와 달은 아버지와 어머니이고 열 한 별은 우리 열한 명의 형제들이라 했어요."

"그래서" 이번에는 형들이 다 귀를 기울였다.

"형님들 곡식 단이 내 곡식 단에 절하고 열 한 별이 다 나에게 절을 한 것은 앞으로 내가 그렇게 될 사람이라는 뜻이래요."

"뭐야, 요셉 그러면 우리가 모두 네 종이라도 된단 말이냐!"

"요셉 너 정말 못 되었구나! 형들을 무시하다니..."

"보자, 보자 하니까 못할 소리가 없구나!"

"임마! 아버지가 아무리 널 사랑해도 그렇지. 뭐, 우리 열한 명이 다 너에게 가서 절을 해!"

형들이 요셉을 구박하고 쥐어박았다. 결국 요셉은 눈물을 흘리고 만다. 형들은 나만 미워하고 싫어하는 것 같았다. 요셉은 아버지 야곱에게 와서 형들의 소행을 조조히 이야기했다.

"아빠!"

"오오, 내 아들 요셉 어디 갔다 왔니?"

"단과 납달리 형과 갓과 아셀 형들이 양을 치는데 갔었지요. 그런데 아빠, 형들은 나빠요. 날 싫어해서 나빠요. 그리고 르우벤 형은 꿈 이야기를 듣더니 날 때렸어요."

"르우벤이 너를?"

"열한 개의 곡식 단들이 내게 절하더라고 했더니, 저를 때렸어요."

"..."

"그런데 아빠! 르우벤 형 나빠요."

야곱은 하던 일을 멈추고 요셉을 바라보았다.

"요셉, 르우벤 형이 왜? 아까 납달리 형이 그러는데 르우벤 형이 요즘 자기네 집에 자주 와서 자기 엄마를 만난다고 했어요."

"납달리 형이 그러더냐?"

"아빠! 저도 지난 번에 세겜으로 가는 길에 빌하 엄마랑 르우벤 형이랑 수수밭에서 함께 있는 것을 봤는데, 형이 그것 아빠한테 말하지 말랬어요."

요셉은 자기도 모르게 마음속에 있는 말을 야곱에게 다 해버렸다.

"그가 그들의 과실을 아비에게 고하더라."(창37:2)

요셉의 위인 됨이 그랬다. 형들의 허물을 야곱에게 일러바치곤 했다. 이것이 요셉의 인간적인 약점이며 실수였다. 형들은 이런 요셉이 정말 싫었을 것이다. 요셉의 행동이 밉기도 하고 늘 못마땅했다. 그런가 하면 요셉만 편애하는 아버지 야곱에 관해서도 형제들은 원망하며 불평을 했다. 이런 요셉의 언행이 결국은 시기하던 형제의 손에 의해 애굽에 팔려간다.

사람의 모든 행동의 출발점이 마음에서 시작된다. 그래서 사람은 마음이 중요하다. 우리의 마음에 무엇이 담겨져 있느냐가 중요하다. 마음에 담겨져 있는 것이 말과 행동으로 나타나기 때문이다. 그러므로 당신의 말이 곧 당신의 모습이다. 당신의 말이 진짜 당신이다. 만약 어떤 사람의 말에 결함이 있으면 그 사람의 성격도 결함이 있다는 것이다. 말이 부정적인 사람은 그 사람의 성격이 부정적이라는 것이다.

말이 긍정적인 사람은 그 사람의 성격이 긍정적이라는 것이다. 그 사람의 말이 분노에 차 있다면 그 사람의 마음이 분노에 차 있다는 것이다. 말이 부요한 사람은 마음이 부요하다는 것이다. 그 사람의 말이 축복을 말하면 그 사람의 그릇이 축복된 그릇이라는 것이다.

그러므로 당신의 말이 곧 바로 당신이다. 그런데 지금 요셉은 어떤가? 자신이 가진 것은 자랑하고 형제의 허물을 아버지에게 고자질 하는 모습을 보라. 우리의 모습과 똑같이 않은가? 그런데 이런 요셉이 13년 동안 애굽 생활 속에서 말과 행동이 흠잡을 데 없이 변화되었다. 뿐만 아니라 그의 인생이 완전히 역전이 되었다. 그가 소년 시절 꿈꾸었던 그 꿈이 그대로 현실이 되었다. 어떻게 이런 일이 요셉의 인생 가운데 일어났는가? 요셉은 자신의 인생을 어떻게 경영했는가?

| 요셉의 신앙의 롤 모델은?

요셉은 어린 약관의 나이에 애굽으로 팔려갔다. 그는 어떻게 인생 역전을 할 수 있었는가? 노예로 팔렸던 요셉이 사망의 음침한 골짜기를 지나면서 승리할 수 있었던 비결은 무엇이었을까? 그는 자랑하기 좋아했고 남의 허물을 고자질 하는 성격이 13년이 흐른 후에 어떻게 흠잡을 데 없는 믿음의 사람으로 성장할 수 있었을까?

요셉이 신앙적으로 영향을 받은 사람은 할아버지 이삭이었다. 요셉은 어린 나이에 엄마 라헬이 동생 베냐민을 낳다가 죽었다.

요셉은 형제들 속에 언제나 외로운 아이였다. 형제들은 다 엄마가 있는데 요셉과 동생 베냐민은 부를 엄마가 없었다. 함께 형들과 놀다가도 해가 지면 형들은 모두 엄마를 부르며 장막으로 돌아가는데 요셉은 부를 엄마가 없었다. 엄마가 보고 싶어 울 때면 언제나 달려와서 안아준 사람이 있었다. 바로 할아버지 이삭이었다.

요셉은 할아버지 이삭과 함께 어린 시절을 살다시피 했다. 아니 사실 할아버지가 요셉을 키웠다. 아버지 야곱은 요셉에 대한 애절한 사랑은 있었지만 요셉만을 챙길 수 있는 상황이 아니었다.

　요셉은 자연스럽게 할아버지 이삭의 손에서 자란다.

　"요셉아~ 그만 자야지?"

　이삭이 요셉을 사랑스럽게 바라보며 부른다.

　"할아버지, 나~ 또 듣고 싶어요."

　"뭘 말이냐?"

　이삭은 요셉이 무슨 이야기를 듣고 싶어 하는 것을 알면서 물었다.

　"할아버지가 아브람 할아버지랑 함께 모리아 산에 갔었던 이야기 해 주세요."

　"오냐, 그 이야기가 또 듣고 싶은 거로 구나."

　요셉은 할아버지 이삭이 순종해서 자신의 몸을 묶어서 하나님께 받쳤던 이야기를 수없이 듣고 자랐다.

　"요셉아 만약에 하나님이 너를 그렇게 쓰시겠다면 우리 요셉은 어떻게 할까?"

　"저도 할 수 있어요. 할아버지처럼 하나님의 뜻에 순종할 수 있어요"

　이삭은 요셉에게 기회가 있을 때마다 하나님의 계획을 이야기 해 주었을 것이다.

　"요셉아 하나님이 언젠가는 우리 가족들을 모두 애굽 땅으로 인도해서 그곳에서 우리 가족들을 번창하게 해서 큰 민족을 이룰 것이라고 약속했단다."

　요셉은 할아버지로부터 하나님께서 자신의 가족들을 장차 애굽 땅으로 인도하실 것이라는 사실을 알게 되었다. 그렇다면 하나님은 그 일을 누구를 통해서 어떻게 이루어 가실까? 요셉은 궁금했다. 그래서 요셉은 이삭에게 자꾸 물어 보았다.

　"할아버지 애굽 땅은 어디에 있어요? 할아버지는 그곳에 가 보았어요?"

"가보긴 가 보았지. 큰 강을 끼고 있는 도시인데 비옥한 땅이 참 많더구나."

"할아버지 그런데… 하나님이 우리 가족을 그 땅으로 인도하시려면 그곳에 누가 먼저 가서 자리를 잡아야 하지 않겠어요?"

"그렇겠지, 혹시 요셉아 네가 어떤 방법으로든 애굽으로 가게 되면 모든 환경과 상황에서든지 하나님의 선한 역사를 신뢰해야 한단다. 하나님께서 하시는 모든 일은 협력해서 선을 이루게 된단다."

"할아버지 걱정 마세요. 저도 할아버지를 본받고 싶어요."

요셉은 형들에게 팔려 애굽으로 끌려 왔을 때 할아버지로부터 들었던 말씀이 그의 마음속에 굳게 심겨져 있었던 것이다.

"그래 나에게 닥쳐온 이 고통에는 하나님의 큰 뜻이 있는 거야. 참새 한 마리도 하나님의 허락 없이는 떨어질 수 없다. 나의 머리카락까지도 다 세신 바 되신 하나님, 지금 당장은 이런 일을 다 이해 하지 못하지만 나를 향한 하나님의 선하신 뜻이 있음을 나 요셉은 믿는다! 힘! 힘! 힘!"

요셉은 마음속으로 외치면서 주어진 환경에서 최선을 다한다.

"한 사람을 앞서 보내셨음이여 요셉이 종으로 팔렸도다. 그 발이 착고에 상하며 그 몸이 쇠사슬에 매였으니 곧 여호와의 말씀이 응할 때까지라 그 말씀이 저를 단련하였도다."(시105:17-19)

요셉에게 환경은 아무런 문제가 아니었다. 그는 몸과 마음을 온전히 하나님께 드렸다. 그래서 요셉은 가는 곳마다 인정을 받게 된다. 하나님께서 그런 요셉과 함께 하셨기 때문이다.

목회를 하다 보면 교회가 부흥이 안 될 때 우리는 장소를 탓할 수 있다. 물론 장소도 중요하다. 유머로 하는 말 가운데 이런 말이 있다. '교회 부흥은 성령님보다 중요한 것이 장소야'라고 내 귀에 속삭인다. 장소가 그렇게 중요하다는 말이다.

그런데 교회가 부흥되지 않은 원인이 장소 때문이라고 늘 장소만 탓하는 친구가 있다. 그 친구는 장소만 옮기면 잘할 수 있을 것이라고 말을 한다. 사업하는 사람도 마찬가지다. '내가 사업 장소를 좀 바꾼다면, 내가 좀 더 좋은 환경에서 사업을 한다면, 좋은 사업 아이템만 주어진다면, 난 성공할 수 있을 텐데,'라고 말을 한다.

그러나 성경은 그렇게 말씀하지 않는다. 어떤 환경인가 보다는 당신이 어떤 사람인가가 중요하다. 그러므로 잊지 마라. 지금 당신이 하고 있는 일이 있다면 몸과 마음을 다해서 사역하라. 목숨을 다하여 사역하라. 힘을 다하여 사역하라.

하루 노동시장에 가서 품꾼으로 일을 해도 일하는 우리의 태도가 중요하다. 알바를 해도 마찬가지다. 알바처럼 일하지 말고 주인처럼 일을 하라. 품꾼처럼 일하지 말고 주인처럼 일을 하라. 그러면 꿈같은 일들이 일어난다.

나는 어느 해 겨울 방학 때 우리 반에서 키가 크고 덩치가 좋은 친구와 함께 한 달간 알바를 했다. 새벽부터 일어나 물류 하역 작업을 하는 일을 했다. 나는 요셉처럼 몸과 마음을 다해 보았다. 매순간마다 기쁘고 즐겁게 일을 했다. 그런데 함께 일하는 내 친구는 보기와는 달랐다. 시간만 나면 불평을 하고 이유가 많았다. 그리고 일도 힘껏 몸과 마음을 다하지 않고 빈둥거렸다.

어느덧 한 달이 되었다. 사장님은 우리 두 사람을 불렀다. 한 달 사례 봉투를 주었다. 우리는 감사하다는 인사를 드렸다. 그러자 사장님은 내 앞에 봉투 하나를 더 내밀었다.

"이게 뭡니까?" 나에게만 주시는 것 같아서 물었다. 그러자 사장님은 저를 지극히 흡족히 여기시면서 하시는 말씀이 있었다.

"다음에 너만 또 와!"

똑같은 시간 똑같은 장소에서 똑같은 일을 하는데도 몸과 마음을 다한 결과는 이렇게 달랐다. 그래서 어떤 사람은 말하기를 "나는 당신이 일하는 태도만

보아도 나는 당신이 성공할 수 있는지 없는지를 예언할 수 있다"고 한다. 요셉은 몸과 마음을 다했다. 몸과 마음을 다하는 사람은 언제나 기회가 찾아온다.

채플린이 무명시절 철공소에서 일할 때의 이야기이다. 어느 날 일 때문에 바빴던 사장이 그에게 "빵"을 사오라고 부탁했다. 저녁 시간이 지나서야 사장은 채플린이 가져다 준 봉투를 열어볼 수 있었다. 그런데 그 안에 빵과 함께 와인 한 병이 들어 있었다. 사장은 채플린에게 이유를 물었다. 채플린은 이렇게 대답했다.

"사장님은 일이 끝나면 언제나 와인을 드시곤 했습니다. 그런데 오늘은 마침 와인이 떨어진 것 같아서 제가 둘 다 사왔습니다."

채플린의 말에 감동을 받은 사장은 채플린의 일당을 올려주었을 뿐만 아니라 이후로도 그를 대하는 태도가 완전히 달라졌다고 한다. 이 이야기는 채플린이 이후 세계적인 배우로 출세한 이유를 밝혀 준다. 채플린은 하나를 하더라도 마음을 다할 줄 알았던 것이다. 채플린을 코미디 달인으로 만들어준 것은 바로 마음을 다하는 정성이었던 것이다.

그렇다면 오늘 우리는 어떤가? 하나님은 사람의 마음을 연단하신다.

"도가니는 은을 풀무는 금을 연단하거니와 여호와는 마음을 연단하시느니라."(잠17:3)

순금은 도가니에서 24번 제련해서 걸러낸다. 그래서 24K 순금이 된다. 18금은 도가니에서 18번 제련해서 걸러낸다. 이처럼 도가니에서는 금과 은을 제련한다. 그런데 하나님은 사람을 키우시고 연단하실 때 육체를 연단하시는 것이 아니라 우리의 마음을 연단하신다. 왜 하나님은 사람의 마음을 연단하시는가?

사람의 마음속에 저마다 다른 가치관이 들어있다. 가치관은 사람이 살아오면서 형성된 가치들이다. 그렇다면 사람들의 가치관은 어떻게 형성이 되는가? 그 사람이 태어나서 자라면서 감각적으로 경험하는 환경이나 교육이나 학습 등을 통해서 형성된다. 그래서 사람들은 저마다 자신이 소중하다고 생각하는 가치들이 있다. 사람들은 자신에게 형성된 이런 가치들을 통해서 사물을 보고 판단하고 평가한다. 이것을 가치관이라고 한다. 그런데 어떤 가치들은 마음에 본성처럼 고착이 되어 버린 가치도 있다. 이것을 가치고착이라고 한다. 가치가 고착된 것은 평소에는 잘 모른다. 그런데 어떤 것을 결정하거나 선택할 때 진짜 그 사람이 가진 고착되어진 가치관이 드러난다. 그래서 하나님은 사람의 마음을 연단하신다. 어떻게 연단하시는가? 우리의 마음속에 하나님과 하나님의 말씀이 최고의 가치로 고착될 수 있도록 우리의 마음을 날마다 새롭게 연단하신다. 그렇다면 우리가 어떻게 우리의 마음을 변화시켜서 하나님과 하나님의 말씀을 우리 마음에 최고의 가치로 고착 시킬 수 있을까?

"너희는 이 세대를 본받지 말고 너희 몸을 하나님이 기뻐하시는 거룩한 산제사로 드리라"(롬12:1)

성경은 우리의 몸을 주님께 드리라고 한다. 몸을 주님께 드린다는 것은 모든 것을 드리는 것이다. 예수님께 몸을 드린다는 것은 먼저 내 마음을 드리는 것이다 그래서 성경은 몸도 드리고 마음도 변화 받으라고 하신다. 그렇다면 왜 우리의 몸과 마음을 주님께 드려야 하는가? 우리 마음을 지키기 위해서 그렇다.

몸을 드린다는 말은 내 생각도 드리고, 내 마음도 드리는 것이다. 그런데 왜 주님은 우리의 마음을 달라고 하실까? 우리 자신을 위해서다. 우리의 마음을 주님께 드리지 않으면 상처를 받는다. 별것도 아닌 것에 상처를 받는다. 만일 당신이 거듭난 정상적인 그리스도인이라면 당신의 마음을 주님께 드려라. 당신의 마음을 주님께 온전히 드리지 않으면 당신은 사람들에게 상처를 받고 세상으로부터 상처를 받는다. 그리고 어둠이 틈을 탄다.

"내 아들아 네 마음을 내게 주라"(잠23:26)

그렇다면 여러분은 여러분의 마음을 주님께 드려 본적이 있는가?

많은 사람들은 이 마음마저 주님께 드리는 것에 인색하다. 그래서 주님께 마음을 다 드리지 못한다. 그러면 어떻게 되는가? 주님께 다 드리지 못한 우리의 마음을 자꾸만 건드린다. 사람이 건드리고, 어둠이 건드리고, 생각의 틈을 타고 어둠이 들어온다. 그러나 우리의 마음을 주님께 드리면 우리의 마음이 새롭게 변화된다. 우리의 마음이 새롭게 변화가 되면 어떻게 되는가? 마음이 항상 기쁘다. 마음 가운데 늘 감사가 넘친다. 늘 기도하고 싶어진다. 그런가 하면 마음이 새로워지면 모든 만물이 새롭게 보인다.

그러면 이렇게 새롭게 변화된 마음은 특징이 있다. 상처를 받지 않는다. 누가 별말을 다 해도 상처가 되지 않는다. 모든 상황을 넉넉하게 이긴다.

오늘 요셉은 몸과 마음을 다해서 하나님을 섬기듯 사람들을 섬겼다. 모든 상황 속에서 몸과 마음을 다했다. 그래서 요셉은 계속되는 고난과 어려움이 찾아왔지만 그 모든 환경 속에서 단 한 번도 사람에 대해서 원망하거나 불평하지 않았다. 그렇다면 우리는 요셉의 실수를 통해서... 무엇을 배워야 하는가?

"저는 죄를 범치 아니하시고 그 입에 궤사도 없으시며 욕을 받으시되 대신 욕하지 아니하시고 고난을 받으시되 위협하지 아니하시고 오직 공의로 심판하시는 자에게 부탁하시며"(벧전 2:22-23)

쉬! 입을 조심하자. 물론 실수 할 수 있다. 그러나 주님은 위협받고 고난을 받고 침 뱉음을 당하시면서도 십자가의 길을 침묵으로 당당하고 거룩하게 걸어가셨다. 왜 그러셨을까? 억울하고, 원통하니 욕이라도 하시면서 가시지 않고 불평이나 원망이라도 하시면서 가시지 않고 왜 묵묵히 침묵으로 일관한 채 당당하고 거룩하게 십자가의 길을 가셨을까?

"내 말이 영이다"(요6:63)

기억하라! 당신의 말이 곧 당신이다. 그러므로 남의 어둠을 생각하지 말고 말하지 마라. 어둠을 붙잡지 마라. 형제들에 관하여 허물을 말하지 말라. 당신은 빛이기 때문이다. 하나님의 말씀을 당신의 입에 두어 당신 자신을 건강과 안전, 번영과 승리, 부요와 축복 가운데 머물게 하라. 그러면 당신은 당신이 말한 것을 그리고 선포한 것을 가지게 될 것이다.

☑ TIP

01. 당신은 형제들의 허물이 보일 때 어떻게 하는가?
02. 요셉은 조조이 말했다. 당신은 어떻게 생각하는가?
03. 당신은 어떤 자인가, 무엇으로 진짜 당신을 알 수 있는가?
04. **"이삭이 나이 일백 팔십 세라"**(창35:28-29)
    요셉이 애굽으로 팔려갔을 때 야곱의 나이는 108세였고, 이삭의 나이는 168세다. 따라서 이삭은 요셉이 애굽으로 팔려간 후 12년간 더 살았다.

:: 05
하나님보다 중요한 물질
_가룟 유다

"그들에게 이르시되 삼가 모든 탐심을 물리쳐라 사람의 생명이 그 소유의 넉넉한 데 있지 아니하니라 하시고"(눅12:15)

"그래, 예수 까짓것 뭐 팔아버리면 되는 거야!"

우리의 생각은 보이지 않기 때문에 때로는 작은 생각을 가볍게 여기며 살 때가 많이 있다. 그래서 많은 사람들이 실수를 한다. 어떤 생각은 돌이킬 수 없는 행동으로 결과가 주어져서 후회를 하는 경우도 있다.

그런데 성경은 그 사람의 위인 됨은 그 사람의 생각(잠23:7)이라고 한다. 그래서 하나님은 사람의 생각에 책임을 물으신다.

왜 그런가? 사람은 보이는 것이 전부가 아니다. 보이지 않는 영이 우리의 실체이기 때문이다.

현대인들은 사람의 인격에 가장 기본이 되는 진정성이나 진실을 시대에 뒤떨어진 가치로 여긴다. 진정성이나 진실은 마치 이렇게 바쁜 세상에는 어울리지 않는 가치라서 언제든지 버릴 수 있는 것쯤으로 여긴다.

내가 성공하는데 기술이 필요하지 진정성은 아무런 가치가 없는 옵션 정도로 여긴다.

그러나 많은 경우 집이 무너지는 것은 기초 때문에 무너진다.

인생을 실패하는 대부분의 이유는 기본 때문이다. 오늘날에도 여전히 진정성은 중요하다. 특별히 그리스도인들은 매순간 진실해야 한다.

사람에게 진실성은 인생의 기초와 같다. 인생이라는 집을 짓는데 가장 중요한 것은 기초다. 기초가 튼튼한 집은 비바람이 몰아쳐도 무너지지 않는 것과 같은 이치다. 반면에 기초가 허술하면 폭풍우가 몰아치면 축대가 무너지듯 집 전체가 무너지고 만다.

우리나라 옛 속담에 '바늘도둑이 소도둑이 된다' 라는 말이 있다.

사람의 인격은 작은 것을 어떻게 다루고 취급하느냐에 따라 형성이 된다는 말이다.

우리가 작은 것을 취급할 때 더 조심해야 한다. 사소하고 작다고 도덕적 원칙을 어길 때마다 우리 안에 있는 진실성이라는 기초에 작은 금이 생기게 된다. 그렇게 되면 상황이 허락하지 않을 때는 진실성을 갖고 행동하기가 더욱 어려워진다.

왜 그런가? 우리의 인격은 결정적인 한 순간에 형성되는 것이 아니다. 단지 그 순간에 드러날 뿐이다. 지금까지 억눌렸던 과거의 습관이 한 순간에 표출되는 것이다.

오늘 가룟 유다는 예수님의 제자가 되었다. 인생으로 최고의 부르심이다. 그럼에도 불구하고 그는 뼈아픈 실수를 했다. 그는 주님 앞에 가장 영광스러운 제자로 선택을 받았다. 인생으로써 이보다 더한 가치와 영광은 없을 것이다. 그런데 그는 예수님의 제자가 되고도 구원받지 못했다.

왜 그런가? 많은 사람들은 예수님을 팔아버렸기 때문이라고 말을 한다. 그러나 이것은 그의 선택의 결과이다.

그렇다면 무엇이 그로 하여금 이런 실수를 하게 했는가? 그의 실수는 사실 작은 일에서부터 출발한 것이다.

작은 일에 진실하지 않았던 것이 그의 가장 큰 실수였다. 그는 매순간 마다 진실했어야 했다. 왜 그런가? 작은 일이 우리의 인격을 바꾸어 놓기 때문이다.

진실과 정직은 매일, 매순간 옳은 일을 할 때 우리 몸에 배어드는 습관이다. 작은 일에서 항상 옳게 행하면 그 사람은 도덕이나 윤리에서 벗어날 확률이 적어지기 때문이다. 그렇다면 예수님의 제자였던 유다는 어떤 자였는가? 주님의 일을 하는데 돈궤를 맡았던 자였다.

"이렇게 말함은 가난한 자를 생각함이 아니요 저는 도적이라 돈궤를 맡고 거기 넣은 것을 훔쳐감 이러라."(요12:6)

많은 사람들은 돈에 약하다. 돈의 유혹에 빠지기 전에 돈 문제를 해결하지 못한 사람은 결국 돈의 노예가 되든지 돈에 팔리고 만다. 진실을 저버리고 싶은 돈의 유혹으로부터 자신을 보호할 수 있는 최선의 길은 결단하는 것이다. 어떠한 권력이나, 명예, 돈에도 진실을 팔지 않기로 결심하는 것이다.

세상 사람들은 돈에 자신의 양심과 진실을 파는 자들이 많다. 그러나 우리 그리스도인들은 우리의 양심이나 진실을 돈에 파는 자들이 되면 안 된다. 돈은 우리에게 필요한 것이지만 우리의 최고의 가치는 아니다. 우리에게 최고의 가치는 하나님의 진리의 말씀이다. 우리의 가치는 하나님의 말씀 앞에 반응하는 진실 된 우리의 태도이다.

그렇다면 이렇게 유다처럼 우리의 소중한 진실성을 잃지 않으려면 어떻게 해야 하는가? 사소하고 작은 일부터 정직해야 한다.

사고하게 여기는 기본부터 정직해야 한다.

그러나 쉽지 않다. 왜냐하면 그렇게 살지 않았기 때문이다.

사람들은 생각하기를 작은 잘못은 잘못도 아니라고 생각 한다. 그리고 작은 잘못은 언제든지 고칠 수 있다고 생각하는 사람들이 많다. 하지만 전혀 그렇지 않다.

언제든지 돌이킬 수 있다고 생각하는 작은 실수 하나가 거듭되면서 우리 삶에 습관으로 굳어져 버린다.

결국 하찮게 여긴 작은 잘못, 언제든지 고칠 수 있다고 생각했던 그것이 반복 되어 인생 전체를 무너지게 만드는 경우를 많이 본다. 따라서 우리는 남의 잘못은 크든 작든 용서하고 관대해야겠지만, 내 자신에게 있어서 작은 잘못, 하찮은 실수일지라도 가볍게 간과 하거나 넘어가서는 안 된다.

사람들의 실수는 바로 여기서부터 시작된다. 자신의 작은 잘못은 간과하거나 언제든지 고칠 수 있다고 생각하는 데서부터 불행은 시작이 된다.

가룟 유다를 보라! 바로 가룟 유다가 실수를 한 것이 바로 이것이다. 처음부터 엄청난 실수가 아니었다.

"마귀가 벌써 시몬의 아들 가룟 유다의 마음에 예수를 팔려는 생각을 넣었더니"(요13:2)

사람은 작은 생각이 중요하다. 생각이 결과를 낳기 때문이다. 생각이라는 씨앗 하나가 뿌려지면 그 생각은 행동이라는 결과를 낳게 된다.

어느 날 사단이 가룟 유다에게 접근해서 그 마음속에 "예수님을 팔아버릴까?" 라는 생각을 하게 했다.

처음에는 다만 생각일 뿐이었다. 그냥 누구나 한 번쯤 스쳐지나갈 법한 하나의 생각일 뿐이었다.

아무도 모르게 슬쩍 지나가는 생각 하나가 가룟 유다의 마음속에 자리를 잡기 시작한다. 그의 실수와 불행이 여기서부터 시작이 되었다. 그런 생각은 누구나 할 수 있다. 머리 위로 날아가는 새는 어쩔 수 없다. 그러나 그 새가 내 머리에 앉아 둥지를 만드는 것에 대한 책임은 나에게 있는 것이다.

어느 날 스쳐지나가는 생각을 가룟 유다는 그냥 붙잡은 것이다. 이것이 가룟 유다의 인생을 영원한 불행의 길로 이끌었다. 사단은 우리가 잘못된 생각을 붙잡거나 어두운 생각을 붙잡으면 그 생각을 더 집요하게 강화를 시킨다. 그래서 결국 생각이 결과를 낳게 만든다.

"조각을 받은 후 사단이 그 속에 들어간지라"(요13:27)

사단의 전략을 보라!

처음에는 슬쩍 지나가는 생각을 아무도 모르게 집어넣었다. 그런데 그 생각을 가룟 유다가 붙잡았다. 그러자 이번에는 사단이 합법적으로 들어갔다. 이제 마음속에 들어간 사단은 어떻게 하는가? 사단은 가룟 유다를 완전히 지배하게 된다. 주님은 이 모든 사실을 보고 계셨다. 그래서 주님은 예언적인 선언으로 이렇게 말씀하셨다.

"예수께서 대답하시되 내가 너희 열둘을 택하지 아니하였느냐 그러나 너희 중에 한 사람은 마귀니라 하시니"(요6:70)

가룟 유다가 마귀라는 것은 아니다. 그가 마귀에게 사로잡혀 마귀의 일을 할 것을 주님은 벌써 알고 계셨다는 것이다. 세상은 어둡다. 누구나 가룟 유다처럼 잘못된 생각을 통해서 무너질 수 있다는 것을 알고 자신을 경계해야 한다. 그렇다면 우리가 가룟 유다처럼 실수하지 않으려면 어떻게 해야 하는가?

이 마귀의 역사가 처음에 어떻게 시작되었는가를 알아야 한다. 바로 우리의 생각이다. 작은 생각에서 출발했다. 마귀는 가룟 유다에게 예수님을 팔려는 작은 생각 하나를 넣음으로 시작 되었다.

아무도 모르게 그저 슬쩍 지나가는 생각하나였다. 잘못된 작은 생각에서부터 출발한 것이다. 바로 이런 생각이 결과를 낳은 것이다. 어리석은 사람은 마귀가 하루에도 수백 번 '생각으로 키스' 하는 것을 아무렇지 않게 여긴다. 이런 키스의 황홀함에 취해 우리 영혼이 비틀거린다. 도둑맞고 있다는 것을 눈치 채지 못한다.

그래서 우리가 가룟 유다처럼 실수하지 않으려면 생각이 중요하다. 어둠이 찾아오면 붙잡지 말라 매 순간마다 좋은 생각을 붙잡아라! 매 순간마다 진실하라! 하나님의 말씀을 붙잡아라!

거듭난 우리를 향해 주님은 **"너희는 세상의 빛이다."**(마5:14)라고 말씀하셨다. 그렇다 이 빛은 생명의 빛이요 진리의 빛이다. 우리는 주님의 말씀처럼 빛이다. 하나님의 생명의 빛은 어둠이 없다. 하나님의 생명은 저주가 없다. 질병이 없다. 죽음이 없다. 어두움을 붙잡지 말라. 우리는 빛이다. 어두운 생각이 찾아올 때마다 저와 여러분이 빛인 것을 인식하고 선포하라. 우리 안에 어두운 생각들은 안개처럼 사라질 것이다.

"...사람의 생각이 그러한즉 위인이 그러하다"(잠23:7)

그래서 하나님은 사람의 생각에 책임을 물으신다. 다음은 당신의 진실성을 측정하는 데 도움이 되는 질문들이다.

존 맥스웰의 '위대한 영향력'에 나오는 문항들이다.

01. 내게 줄 것이 없는 사람을 얼마나 잘 대하는가?
02. 남에게 솔직한가?
03. 주위 사람에게 모범을 보이는가?
04. 여러 사람 앞에 있을 때와 혼자 있을 때 변함이 없는가?
05. 굳이 그럴 필요가 없어도 잘못을 즉시 시인하는가?
06. 나보다 남이 우선인가?
07. 도덕적 문제와 관련된 질문에 대해 변함없는 기준을 가지고 있는가? 아니면 상황에 따라 선택이 달라지는가?
08. 내게 손해가 되더라도 올바른 결정을 내리는가?

09. 남에 관해 할 말이 있을 때 그에게 직접 말하는가? 아니면 뒤에서 수군대는가?
10. 최소한 한 사람에게라도 내가 생각하고 말하고 행동한 것에 책임을 지는가?

많은 사람들이 지식을 가지고 잠시 성공한다. 몇몇 사람들이 행동을 가지고 조금 더 오래 성공한다. 소수의 사람들이 인격을 가지고 영원히 성공한다. 진실성이라는 길은 분명 편안한 길이 아닐지 모른다. 하지만 궁극적으로 원하는 곳에 이르기 위한 유일한 길이다.

☑ TIP
01. 생각이 결과를 낳는다. 당신은 생각을 어떻게 관리하는가?
02. 부정적인 사람은 부정적인 생각을 붙잡는 사람이다.
03. 당신의 진짜 모습은 당신이 하는 생각이 실상이다. 왜 그런가?

사람인가, 하나님인가

01 _ **세상 올무에 걸리다** · 아브라함 | 02 _ **타인의 시선에 휘둘리다** · 사울 | 03 _ **지혜와 무지의 사이** · 솔로몬 | 04 _ **인간의 권력에 압도되다** · 엘리야

:: 01
세상 올무에 걸리다
_아브라함

"아브람아!"

"네~ 하나님"

"아브람아 너는 너의 본토 친척 아비 집을 떠나 내가 네게 지시할 땅으로 가라 내가 너로 큰 민족을 이루고 내게 복을 주어 네 이름을 창대케 하리니 너는 복의 근원이 될 지라."(창12:1-2)

아브람은 75세에 부름을 받았다. 하나님의 말씀은 신뢰할 수 있다. 아브람을 축복하신 하나님을 보면 말이다. 하나님께서 우리의 삶에 뭔가 새로운 일을 행하기 원하실 때 하나님은 우리에게 말씀을 주신다. 왜냐하면 말씀은 하나님께서 우리를 축복하는 재료이기 때문이다. 그래서 우리가 하나님의 말씀을 믿고 신뢰하며 우리가 말씀 안에서 사는 것 자체가 가장 즐거운 일이며 행복한 일이다. 하나님께서 아브람을 부르신 후에 아브람에게 이렇게 말씀하셨다.

"이제 후로는 네 이름을 아브람이라 하지 아니하고 아브라함이라 하리니 이는 내가 너를 여러 민족의 아버지가 되게 함이니라."(창17:5)

현실적으로는 지금 당장 아브람에게는 육신의 아들이 한 명도 없었다. 그러나 결과적으로 하나님께서 하신 말씀은 다 아브라함에게 그대로 성취되었다. 왜 그런가? 하나님의 말씀은 이미 하나님의 마음속에서 이루어진 사실이기 때문이다. 아브라함은 이미 말씀을 통해서 민족의 아버지가 되었다. 하나님은 아브람을 75세에 부르실 때 약속하신 것이 이미 다 이루어졌다. 이것이 하나님의 말씀의 능력이다.

　많은 그리스도인들의 삶이 어려운 이유가 있다. 바로 말씀을 따라 살지 않고 내 생각이나 감정을 따라 살기 때문이다. 만약 당신이 하나님께 부름을 받고 거듭난 그리스도인이라면 당신은 반드시 말씀을 믿고 행해야 한다. 그래서 하나님이 말씀하신 것을 믿음으로 취하라. 진리는 이미 하나님의 마음속에 이루어진 일이다. 그것을 이제 당신이 믿음으로 취하기만 하면 된다. 말씀 따라 걷고 사랑 가운데 걷는데 때로는 아브라함 같은 실수를 할 때가 있다. 아브라함은 어떤 실수를 했는가?

| 위협 앞에 민낯이 드러나다

　아브라함은 애굽이 가까워지자 마음이 불안해졌다. 애굽은 낯선 땅이다. 아브라함이 아내 사래를 조용히 불렀다.

　"여보, 당신은 내 보기에 아름다운 미의 여신 같구려. 여신!"

　"여신이라니, 무슨 말씀이신지요?"

　"당신 미모 말이요!"

　"당신도 참…"

　"사라! 그래서 말인데요. 이 애굽 사람들이 당신을 내 아내라고 하면 저들이 필시 나를 죽일 것이오."

　"어머나! 죽이다니요 누가? 당신을 왜 죽여요?"

　아브라함의 말에 아내 사라의 큰 눈동자에 두려움이 스쳐간다.

　아브라함은 아내 사라를 바라보며 이런 제안을 한다.

　"사라! 우리 이렇게 합시다. 여기서 부터는 누가 물으면 당신은 무조건 내 누이 동생이라고 하구려… 아시겠소?"

아브람이 애굽 사람이 두려운 나머지 방법을 생각해 낸 것이다. 이것은 아브람의 실수다.

"사람을 두려워하면 올무에 걸리게 되거니와 여호와를 의지하는 자는 안전하리라"(잠 29:25)

하나님께서 아브람을 부르셨다. 그의 인생을 축복하기 위해 부르셨다. 그래서 하나님께 부름을 받은 사람들은 걱정할 것이 없다. 왜 하나님께서 우리 인생을 책임지기 위해 부르셨기 때문이다. 그런데 오늘 아브람은 사람을 두려워한 나머지 인간적인 방법을 생각해 낸 것이다. 살기 위해서 잠시 동안 거짓으로 저들을 눈속임 하자는 것이다.

이 땅에 누가 온전하겠는가? 믿음의 조상 아브람도 이런 과정을 통해서 하나님 앞에 온전케 된 것이다. 그렇다면 왜 아브람이 거짓말을 하는 실수를 했을까? 아브람의 사고 속에는 아직 하나님이 없는 것이다. 보이지 않는 하나님이라는 존재가 느껴지지 않을 뿐 아니라 아직 자신의 정체성도 확립이 안 된 것이다. 자신이 누구인지 모르는 상태이다. 그런 아브람에게 애굽 사람들은 두려움의 대상이었다. 사람을 두려워하면 반드시 올무에 걸리게 되어 있다.

한 번은 어린 나이에 시골 교회를 담임하게 되었다. 그 교회에 1948년에 장로님이 되신 분이 계셨다. 내가 태어나기 훨씬 전에 장로님이 되신 것이다. 그리고 그 장로님께서는 우리 교단에 부 총회장까지 역임하신 분이셨다. 어린 제가 그분 앞에서 설교를 하려니 늘 그 장로님이 의식이 되었다.

하루는 설교를 횡설 수설 하다가 마쳤다. 내가 무슨 말을 했는지도 잘 모르겠다. 죽을 쑤었다. 그날 예배를 마치고 나는 조용히 설교 피드백을 하는데 부끄러웠다. 내가 하나님보다 사람을 더 의식하고 두려워하고 있었던 것이다. 마침 풀이 죽어 있는 내 모습을 본 아내가 말을 건낸다.

"여보! 당신 왜 그러세요?"

"엉? 오늘 설교 때문에... 설교를 너무 못해서 자책감이 드네요."

아내는 무겁게 입을 열었다.

"설교를 누구 앞에서 하셨어요?"

"음... 그야, 하나님 앞에서 했지요."

내 생각을 들킨 것 같아서 얼른 아니라고 거짓말을 한 것이다.

분명히 사람을 의식하다가 죽을 쑨 것이다.

"정말 하나님 앞에서 하셨어요?"

아내의 말에 정신이 번쩍 들었다.

"그러시면 됐어요. 힘들어하지 마세요."

그날 이후 설교할 때 하나님 앞에 서서 성도들의 영혼을 하나님 앞에 세우는 설교자가 되려고 노력하고 있다.

오늘 우리도 아브라함처럼 어떤 상황이 주어지면 하나님을 망각하고 사람이 두려워서 거짓말을 하는 실수를 할 수 있다. 그렇다면 우리가 아브람처럼 이런 실수하지 않으려면 어떻게 해야 하는가?

| 우리의 정체성을 알아야 한다.

우리는 먼저 나의 정체성을 확실히 알아야 한다. 우리는 예수 그리스도 안에서 어떤 자인가?

내가 무엇을 가졌으며 무엇을 할 수 있는지 분명하게 알아야 한다. 아브라함이 실수한 것은 바로 자신의 정체성을 잘 몰랐기 때문이다. 하나님은 아브람을 부르실 때 무조건 아브람 편이 되시겠다고 약속하셨다.

"아브람아 너를 축복하는 자를 내가 복을 내리고 너를 저주하는 자에게는 내가 저주하리니"(창12:3)

정말 하나님은 당신의 자녀들에게 이렇게 무조건적이시다. 이런 하나님을 믿고 사는 자들은 어떤 자들인가? 보통 사람들이 아니다. 정말 행복한 자들이다. 세상에서 가장 행복한 자들이 바로 하나님을 믿고 사는 우리들이다.

그렇다면 우리가 어떤 자인가? 우리는 보통 사람들이 아니다.

"너희가 그리스도께 속한 자면 곧 아브라함의 자손이요 약속대로 유업을 이을 자니라."(갈 3:29)

이 말씀이 진리라면 우리는 엄청난 사람들이다. 이미 우리는 그리스도께 속한 자다. 아브라함의 자손이요 약속대로 유업을 이을 자다. 엄청난 유산을 가진 자다. 우리는 예수 안에서 정복자 보다 나은 자이다. 우리는 죽음을 이긴 자들이다. 우리는 이미 승리한 자이다. 내게는 저주가 없다. 나는 상황을 바꾸는 자이다. 나는 모든 환경을 바꾸는 자이다. 이것이 우리의 정체성이다.

이것을 확실하게 인식해야 한다. 이런 정체성이 확립되지 않으면 사람을 두려워하고 환경을 두려워하게 된다. 그러면 우리는 본의 아니게 아브람처럼 거짓말을 한다.

아브람이 왜 거짓말을 했을까? 아브람은 아직 정체성이 확립되지 않았던 것이다. 그래서 아브람은 자신이 어떤 자인지 인식하지 못했다.

아브라함은 자존감이 낮았던 것이다. 자존감이 낮은 사람은 어떤 상황에 처하면 거짓말을 한다. 자기를 포장하기 위해서이다. 세상을 향한 모든 관계도 먼저 나의 자존감이 세워져야 바르게 할 수 있다. 그렇다면 우리의 자존감을 확실하게 세우는 방법은 어떤 것이 있을까?

바로 그리스도 안에서 내가 누구인지를 바로 아는 데서부터 출발하는 것이다. "너 자신을 알라!"

어떻게 인간은 자기 자신을 알 수 있을까? 사람이 자기 자신을 알 수 있는 방법은 딱 한 가지 방법 밖에 없다. 바로 인간을 만드신 하나님이 인간에 대해 말씀해 주신 성경을 통해서이다. 사람은 자신의 육체를 "나"라고 여길 수 있다. 그런데 성경은 인간의 육체를 이렇게 말씀한다.

"모든 육체는 풀과 같다...."(벧전1:23)

마치 우리 인간의 육체를 하나님은 풀과 같다고 말씀하셨다. 그런가하면 하나님은 인간의 육체를 장막 집과 같다고 말씀하셨다. 그렇다면 진짜 하나님께서 보시는 인간의 실상인 진짜 나는 누구인가? 하나님은 우리의 육체 속에 거하는 "영"을 진짜 나로 보신다. 그러므로 나는 영이요 혼을 가지고 육체라는 몸 속에 산다. 그렇다면 우리의 정체성도 달라져야 한다.

전에는 내가 가진 육신적인 소유가, 스펙이, 화려한 경력이, 그리고 명예와 권세가 나의 정체성이라고 생각했다. 그런데 성경이 말하는 나는 하나님이 보시는 나는 육신에 속한 것들이 아니라. 바로 나의 영이라는 사실이다.

그렇다면 내 영이 나라면 나는 어떤 존재라는 것인가?

예수 믿고 거듭난 내 영 안에 하나님은 당신의 생명에 속한 모든 것을 넣어주셨다. 그것이 무엇인가? 바로 하나님의 생명인 영생이다. 영생은 하나님의 생명과 똑같은 생명이다. 이 생명은 "조에(ZOE)"라는 생명인데 이 생명은 하나님의 생명과 똑같은 생명이다. 그래서 이 생명은 죽음이 없고 저주가 없다. 이 생명은 질병이 없고 가난이 없고, 어둠이 없고, 죽음이 없다.

이런 생명의 유업을 가진 자가 바로 우리다. 이것이 나의 정체성이요. 이것이 예수를 믿는 사람들의 정체성이다. 우리는 하나님의 자녀로서 엄청난 선물과 유업을 받은 자들이다.

이것이 진정한 우리의 자아상이며 정체성이다.

그러므로 나는 성공한 자요, 부요한 자요, 형통한 자요, 보통 사람이 아니다. 그러므로 우리는 세상을 두려워하지 말아야 한다. 세상 사람들을 부러워하거나 두려워하면 아브라함처럼 세상 올무에 걸리게 된다. 상황에 따라 거짓말을 하는 실수를 하게 된다.

도미니카 공화국에 엘리자베스 여왕 기념 공원에 가보면 사람의 유골을 그대로 노지에 전시해 놓았다. 한 시대에 부귀와 권세를 한 몸에 지니고 살았던 사람이 육체라는 집을 벗고 영혼이 떠나자 육체는 그대로 유골이 되어 있었다.

그 유골 앞에서 이렇게 생각하며 외쳤다.

'누가 이것을 우리의 진짜 인생이라고 하겠는가?' 유골을 바라보면서 누가 이것이 우리 인생의 전부라고 하겠는가? 우리의 참 인생은 육체를 벗고 영혼이 가서 사는 영원한 삶이요 영생인 것이다.

그러므로 우리 육신의 옷을 입고 사는 어간에 허영과 가식과 거짓과 위선과 자만과 미움과 시기와 질투와 권위주의와 이기주의 같은 악세 사리를 우리 육체라는 옷에 부치고 다니면서 뽐내거나 자랑하는 실수를 하지 않도록 주의해야 한다.

거듭난 우리는 이제 실패할 수 없는 존재다. 가난할 수 없는 존재다. 저주나 멸망할 수 없는 존재다. 예수그리스도안에서 예수님의 유업이 내 것이다. 엄청난 것이다. 이런 우리의 유업을 우리는 믿음으로 취하며 누리는 것이다. 사실 우리는 엄청난 존재들이다. 우리는 날마다 더 빛날 것이다. 우리는 날마다 더욱 더 발전해 갈 것이다. 어디에서나 하나님의 호의를 받으며 누리며 사는 자들이다.

"너희는 세상에 빛이라"(마5:14)

이것이 우리의 정체성이기 때문이다. 우리는 더욱 더 빛이 날 것이다. 내가 가진 이 생명은 하나님의 생명과 똑같은 생명이기 때문이다. 내게는 어둠이 없기 때문이다. 내게는 거짓이 없다. 내게는 세상에 대한 두려움이 없다. 우리는 정복자 보다 나은 자 이기 때문이다. 사람을 두려워하지 마라.

두려워하지 마라
몸은 죽여도 영혼은 능히 죽이지 못하는 자들을 두려워하지 말고 오직 몸과 영혼을 능히 지옥에 멸하는 자를 두려워하라(마10:28)

 TIP
01. 사람인가, 하나님인가?
　　당신의 남편이 아브람과 같은 실수를 했다면 당신의 반응은?
02. 자존감이 낮으면 어떤 상황이 주어지면 거짓말을 하게 된다. 왜 일까?
03. 자존감을 높이는 방법은?

:: 02
타인의 시선에 휘둘리다

_사울

| 파란 눈빛의 시기

어느 날 국민일보 광고란에 친구가 나왔다. 그 친구는 대학원 졸업 논문을 함께 썼던 막역한 사이다. 친구가 한국 교회를 대상으로 개최하는 컨퍼런스 안내와 함께 환하게 웃는 친구의 모습을 보면서 갑자기 마음이 이상해졌다. 비교 의식이 들었다. 내 자신이 초라하다는 생각이 들었다. 이런 나의 마음을 아시고 주님이 찾아오셨다.

"아들 왜 그래?"

"…… 아무것도 아니예요."

"아들 왜 그러는데?" 주님이 재차 물으셨다.

"아무것도 아니예요."

"친구 때문에 그러니?"

"…"

주님은 정확하게 내 중심을 아셨다. 그래서 주님께서 솔직하게 말씀을 드렸다.

"주님 제가 광고를 보는데 마음이 이상해요. 시기도 나고… 사실 친구보다 제가 공부도 더 열심히 했던 것 같았는데…신문 광고를 보니 비교가 되어서 기분이 안 좋아요"

그러자 주님은 부드럽게 말씀하셨다.

"아들아 그렇지… 그것은 너 뿐 아니라 많은 사람들도 여기에 넘어진단다."
"주님 왜 그렇죠?"
주님은 자상하게 말씀해 주셨다.
"아들아… 네 친구 김 목사가 하는 일이 누구일이냐? 김목사 일이냐? 내(하나님) 일이냐?"
"옛?"
"김 목사가 하는 일이 사람의 일이냐? 내(하나님)일이냐? 네 친구 김 목사가 하는 일을 네가 사람의 일로 여기기 때문에 마음이 불편하고 네 마음 가운데 어둠이 찾아온단다."
내 영은 무슨 뜻인지 알아들었다.
"그렇군요…아버지 일이었군요. 주님 미처 몰랐습니다."
갑자기 얼굴이 화끈거렸다. 부끄러웠다.
"아버지, 죄송합니다."
주님은 나에게 사무엘상 18장의 사울이 생각나게 하셨다.

"여인들이 뛰놀며 창화하여 가로되 사울의 죽인 자는 천천이요. 다윗은 만만이로다."(삼상 18:7)

다윗은 풍전등화와 같은 이스라엘 나라를 골리앗을 죽이므로 불레셋으로 부터 구원해 냈다. 이런 상황 속에서 요나단은 다윗을 자기의 생명같이 사랑하게 되었고 자기가 입었던 겉옷을 벗어 준다. 그리고 요나단은 자신이 가지고 있던 칼을 준다.

지금 요나단은 왕자이다. 아버지 사울 다음으로 서열 2인자이다. 그런데 다윗이 급부상한다. 이런 상황 속에서 요나단은 다윗에게 자기의 권리를 일절 포기한다. 이것은 결코 쉬운 일이 아니다.

사람의 마음에는 유혹이 얼마나 많은지 모른다. 사단이 얼마든지 요나단의 마음을 요동치게 만들 수도 있다.

그런데 하나님이 요나단과 함께 하는 것을 보게 된다. 이 당시 불레셋은 철기 문화라면 이스라엘은 석기 문화이다. 그래서 이스라엘 나라가 소유하고 있는 칼이 딱 2자루 밖에 없었다. 한 자루는 사울 또 한 자루는 요나단이 가지고 있었다. 그런데 요나단은 그 칼을 다윗에게 준다. 사울 왕이 다윗을 군대 장관을 삼는다. 모든 사람이 합당하게 여겼다.

다윗은 하나님을 경외하며 계속해서 지혜롭게 행동을 한다. 다윗은 하나님이 주신 지혜로 모든 전쟁에서 승리했다. 그런데 문제는 전쟁에서 승리하고 돌아올 때 여인들의 노랫소리에서 시작된다.

"데이빗! 데이빗!" 여인들이 다윗을 부르며 환호성을 던진다.
"와우.... 저 얼굴 좀 봐요. 데이빗! 오빠는 딱 내 스타일이야! 아니야 내 스타일이야!"
"데이빗!"
다윗의 인기가 하늘로 치솟았다. 어디서부터 누가 부르기 시작했는지 시작을 알 수 없는 노랫소리가 들려온다.
"오오, 데이빗! 당신은 우리의 영웅이오. 오오! 다윗이 죽인 자는 만만! 사울은 천천이라오!"
노랫소리는 군호가 되어 이구동성으로 외쳤다.
"사울은 천천이오 다윗은 만만이라네."
"사울 천천! 다윗 만만!"

"사울이 이 말에 불쾌하여 심히 노하여… 그날 이후로 다윗을 주목하였더라"

사울이 왜 불쾌하게 여겼는가? 사울은 하나님이 하신 일을 보지 못했기 때문이다.

골리앗을 죽인 것은 하나님이 하신 일이다. 그런데 사울은 하나님이 하신 일을 보지 못하고 단순히 다윗이 행한 것으로만 보았다. 사울은 여인들의 노래 소리에 발끈하며 시기를 한다. 그런데 사울만 그런 것이 아니다. 창화하는 여인들도 마찬가지다.

"사울 왕은 천천이요. 다윗은 만만이로다."

여인들이 해야 할 일은 하나님이 하신 일을 높이는 것이다. 그런데 이들 역시 하나님이 하신 일을 못 본 것이다. 그리고 단순하게 사람이 한 일로 생각하고 사람을 높이게 된다.

바로 이것이었다.

"아... 주님 그렇습니다. 죄송합니다."

"......"

| 하나님 아버지 일이다

우리가 신앙생활을 할 때 실수하지 말아야 할 부분이 바로 이것이다. 지금 다윗은 철저하게 하나님을 경외하면서 지혜롭게 행동을 한다. 그런데 여인들은 다윗만 본 것이다. 사람만 본 것이다. 만약 이렇게 사람이 한 일처럼 여인들이 다윗을 높일 때 사울이 영적으로 깨어 있었더라면 그는 요동하지 않았을 것이다. 하나님이 하신 일이기 때문이다.

사울은 다윗을 절대 시기하지 않았을 것이다. 그런데 사울은 하나님이 하신 일을 보지 못한 채 다윗이 한 일이라고 생각했다. 그래서 사울의 비극이 시작되었다. 사울은 시기의 영에 잡혀 다윗에 대한 원인 모를 미움과 증오를 하게 된다. 이것이 사울 일생에 가장 큰 실수인 것이다.

오늘 우리는 어떤가? 똑같이 시작했는데 어떤 친구는 나보다 더 잘 나간다. 여러분은 어떤가? 교회 안에서도 마찬가지다. 사람만 보고 사람이 높여지는 교회는 늘 이런 영적인 시기가 끊이지 않는다. 시기의 영에 잡히면 사람은 이성을 잃어버린다. 무서울 정도로 잔인해지기까지 한다.

"그날 후로 사울이 다윗을 주목하였더라.... 부리는 악신이 사울에게 힘 있게 내리매... 사울에 손에 창이 있는지라"(삼상18:9-10)

사울이 다윗의 일거 수 일 투족을 주목하게 된다. 시기하는 사울을 보라. 어떻게 되었는가?

사울의 생각을 타고 들어온 그림자처럼 어둠이 들어온다. 그래서 사울이 악한 영에 붙잡히게 된다. 사울이 까닭 없이 다윗에게 트집을 잡는다. 사울은 정상적인 판단을 못한다.

시기라는 자신의 감정과 생각이라는 감옥 속에 갇혀 버린다. 오늘 우리는 어떤가? 혹시 이런 시기의 영에 잡혀 있지는 않는가? 결국 사울이 어떻게 행동하는가? 다윗을 죽이려고 한다.

사울은 끝내 하나님이 하신 일을 보지 못하고 사람 다윗이 한 일이라고 생각하여 다윗을 시기하다가 비참하게 최후를 맞이하게 된다. 우리는 신앙생활을 하면서 특별하게 이런 시기심을 조심해야 한다. 부끄럽지만 나에게도 이런 경험이 있었다.

청년시절에 기도원에 함께 갔던 친구가 있다. 그 친구는 나와 같이 학교도 다녔고 함께 신앙생활도 하고 함께 목사가 되고 같은 날 결혼식을 한 막역한 친구다. 우리는 기도원에서 열리는 부흥집회에 참석했다. 친구와 나는 똑같은 줄에 나란히 앉아서 집회에 참석했다. 말씀을 듣고 하나님 앞에 통성으로 기도를 하는데 옆에서 기도하던 친구에게 방언이 터졌다. 성령이 임한 것이다. 친구는 기뻐서 어쩔 줄 몰랐다. 방언을 받은 친구는 곧 바로 찬송가를 부르는 데 유창한 나라 방언으로 찬송가를 불렀다.

"이 기쁜 소식을 온 세상 전하세 큰 환란 고통을 당하는 자에게
내 작은 입으로 곧 증거 하리니 성령이 오셨네.
성령이 오셨네. 성령이 오셨네. 내 주에 보내신 성령이 오셨네.
이 기쁜 소식을 온 세상 전하세 성령이 오셨네."

한순간 유창하게 방언으로 찬양을 불렀다. 난 친구가 너무 부러웠다. 시간이 흐를수록 친구를 바라보는데 한편으로는 마음이 이상했다.
"하나님 나에게는 방언을 안 주시나요?"
인간적인 조건으로 보면 내가 전혀 빠질 것이 없었다. 교회에서 내가 친구보다 훨씬 더 전도도 많이 하고, 기도도 많이 하고, 봉사도 많이 한다. 이렇게 인간적인 생각이 들었다.
식사하는 시간에 친구를 축하해 주자. 친구는 연신 자신이 먼저 방언을 받게 되었다고 미안하다는 듯이 이야기를 했다. 그러는 친구에게 나는 아니라고 축하한다고 입술로는 말은 하는데 마음 한편으로는 친구가 부럽기도 하고 시기가 났다.
어린 마음에 나는 친구에게 이렇게 말을 해버렸다.
"야... 정말 축하한다."
그러자 친구는 활짝 웃으며 말했다.
"아니야... 네가 먼저 받아야 하는데...나만 받아서 미안하다."
"무슨 소리야... 은사는 선물이잖아, 그런데 너 아니?"
"뭘?"
"방언의 은사가?"
"방언의 은사가 왜?" 친구는 즉시 되물었다.
"방언의 은사는 은사 중에 제일 꼴찌 은사래 그리고..."
내가 말꼬리를 흐리자 친구가 바로 물었다.

"그리고 뭔데?"

나는 목소리에 힘을 실어서 하지 말아야 할 말을 했다. 지금도 그 친구에게 미안하고 부끄럽다.

"음... 그리고 귀신이 주는 방언도 있대!"

"우와! 귀신이 방언을 준다고?"

"어... 그래?"

나는 친구에 대한 시기심 때문에 확실하지도 않은 정보로 그렇게 말해 버렸다. 그 친구는 그 뒤로는 내 앞에서 방언 기도를 하지 않았다. 그 친구도 목사가 되어 지금은 부천에서 목회를 하고 있다. 그 친구는 그때 내가 자신에 대해서 시기하고 있다는 것을 아마 눈치 챘을 것이다.

지금 생각하면 주님 앞에 한없이 부끄럽고 친구에게 미안한 생각이 든다.

시기는 이처럼 일반적인 사람이 아니라. 가까운 지인이나 친구가 대상이 된다는 점이다. 그렇다면 오늘 우리가 이런 실수하지 않으려면 어떻게 해야 하는가? 시기를 어떻게 극복하며 승리할 수 있을까?

하나님의 주권을 인정하는 것이다.

하나님이 하신 일을 인정하고 바라보는 것이다. 사람이 한 일이라고 생각하면 시기가 날 수 있다. 그래서 시기는 하나님의 주권을 받아들이지 않은 악이다. 시기를 물리치는 실제적인 방안은 진정한 사랑이다.

어떤 사람을 진정으로 사랑하면 그가 성공할 때 자기 일처럼 기뻐하고 그가 힘들어 하면 같이 아파하게 된다. 사랑은 친구의 고통이나 기쁨을 함께 나누는 것이다.(롬12:15)

우리가 신앙생활을 하는데 가장 많이 실수하는 것이 바로 시기다. 바로 하나님께서 하신 일을 보지 못하고 사람이 한 일이라 생각하고 교회 안에서 사람에 대해서 시기하고 질투하는 것이다. 이런 시기로 인하여 인생이 불행해 지는 경우가 참으로 많다. 우리는 시기를 경계해야 한다.

"마음의 화평은 육신의 생명이나 시기는 뼈의 썩음이니라"(잠14:30)

☑ TIP

01. 당신은 시기를 해 보신 적이 있으십니까?
02. 시기는 하나님의 주권을 인정하지 않는데서 옵니다.
    당신은 어떻게 생각하십니까?
03. 하나님의 은혜의 총량은 부족하지 않습니다.

… 03

지혜와 무지의 사이
_솔로몬

| 자기 경영에 실패를 하다

사람은 한번 성공으로 일생을 사는 것이 아니다. 우리는 매일 매일 바른 선택을 해야 한다.

날마다 바른 선택과 결정을 함으로 이런 작은 성과가 우리의 일생을 성공적으로 살아가게 한다.

그렇다면 인생의 진정한 성공이란 무엇인가? '수신제가치국평천하' 라는 말이 있다. 먼저 자신을 잘 세워야 나라를 잘 다스릴 수가 있다는 말이다. 다시 말하면 자기 경영을 잘 해야 조직 경영도 잘 할 수 있고 사회 경영도 잘 할 수 있다는 말이다.

솔로몬의 삶을 통해서 살펴보자. 세상에 수많은 사람들이 오늘도 성공이라는 크고 작은 목표를 향해 질주한다. 예수를 믿으면서도 많은 사람들이 성공이라는 개념에 대해서 달라진 것은 별로 없다.

이제는 예수의 이름으로 성공을 추구하게 된다.

예수를 믿으면서도 솔로몬이 누렸던 이 땅에 부귀와 영화와 권세에 대한 간절한 목마름이 있다.

그래서 끝없이 성공을 추구해 가는 사람들에게 진정으로 묻고 싶다. 잠깐만이라도 달리는 발걸음을 멈추고 그대가 진정으로 생각하는 인생의 성공이란 무엇인가?

이 땅에서 재물인가? 부귀와 명예인가?

아니면 어떤 정치적인 권력인가?

오늘 솔로몬에게 이 모든 것들이 주어졌다. 그런데 그는 이 세상 사람들이 추구하는 그 모든 것들을 한 몸에 지녀 봤지만 결국 그의 고백은 세상에 성공과 부귀와 영화를 추구하는 자들에게 큰 울림이 되었다.

그는 성공한 인생이 아니라 철저하게 실패한 인생이 되었다. 그렇다면 솔로몬이 누렸던 소유들을 보자.

"솔로몬이 이방 여인들과 정략적으로 결혼을 했다. 하나님께서 일찍이 말씀하신 것을 어기고 저희 신들을 좇게 할 것을 아시고 경계하셨지만 솔로몬이 저희를 연애 하였더라. 그래서 솔로몬은 후비가 7백이요 빈장이 3백인이라 일 천 명의 여인이 왕의 마음을 돌이켰더라. 온갖 우상들이 다 들어오게 되었다. 하나님께서 이런 솔로몬에게 나라를 빼앗아서 네 신복에게 주리라. 그러나 아버지 다윗을 생각해서 네 세대는 이 일을 행치 아니하고 네 아들의 손에서 빼앗으리라"(왕상11:1-3, 9-13)

"하하하... 보시오, 짐이 너무 행복하오."

그는 한 시대 세상에서 모든 부귀와 영광과 명예와 권세를 한 몸에 걸쳐본다.

그는 금과 은을 길의 돌처럼 사용해 보았다. 인생으로 누릴 수 있는 모든 것을 전무후무하게 누리게 되었다.

소위 세상적으로 성공한 인생이다. 그러나 솔로몬은 무너지는 인생이 된다. 돈, 부귀와 명예, 권세, 비빈과 처첩이 일천 명이나 되었다. 그리고 그는 그의 뛰어난 지혜로 삼천 잠언을 노래했다.

그런데 그는 이 땅의 재물과 육신의 쾌락에 저항하지 못하고 허무하게 무너졌다.

왜? 한마디로 솔로몬은 자신을 경영하는데 실패한 것이다. 자기 경영에 실패한 것이다.

오늘날도 마찬가지이다. 수많은 사람들이 돈과 명예와 권력을 목적으로 인생을 살아간다. 그래서 어떤 사람은 대통령도 되어 본다. 대통령이라는 자리는 사람이라면 누구나 한 번 정도 생각해 보고 꿈을 꾸었던 자리다. 그런데 모든 사람이 그렇게 열망하고 한 번 정도 꿈꾸어 봤던 대통령이 되었다고 다 행복한 것이 아니다.

많은 사람들이 무너져 내린다.

우리나라 역대 대통령들 67% 정도가 퇴임 후에 감옥에 갔다.

그렇다면 무엇이 우리 인생의 진정한 성공이냐는 것이다.

한때 골프 황제 타이거 우즈는 골프 역사상 가장 훌륭한 선수였다. 그는 탁월한 퍼팅감각으로 최고의 명성을 얻었다. 그는 참피언 십에서 얻은 상금과 홍보 수익으로 엄청난 부를 소유하게 되었다. 그런데 그가 하루아침에 무너져 내렸다. 그가 몰락한 원인은 무엇이었을까? 신문보도에 의하면 바로 성적인 유혹에 굴복했기 때문이다.

물론 일부는 돈도 원인이 되었다. 그가 가진 엄청난 재산은 무엇이든지 다 할 수 있고 어디든지 갈 수 있었다. 어디를 가든 몇몇 여자들은 그에게 자신을 내줄 사람들이 있었다. 타이거 우즈의 일탈은 또한 권력 남용에 해당한다. 그는 자신의 사회적 지위로 하고 싶은 것은 무엇이든지 할 수 있다고 생각했다. 이처럼 타이거 우즈를 망가뜨린 유혹은 수많은 유명 인을 파멸시킨 것과 똑 같은 유혹이었다. 바로 돈, 성, 그리고 권력이었다.

그렇다면 돈과 성과 권력이란 나쁜 것인가? 아니다.

이런 것들이 성공의 기준인가? 아니다. 그렇다면 왜 그토록 수많은 사람들이 끊임없이 추구하며 살아가는가?

돈과 권력이 있으면 편하게 살 수 있어서 그럴까? 돈과 권력이 있으면 자신이 원하는 데로 살 수 있어서 그럴까? 그럴 수도 있다.

그런데 그런 것을 손에 쥐면 왜 사람들이 무너져 내리는가?

돈을 남용해서 성을 남용해서 권력을 남용해서 무너져 내렸다.

그러나 나는 한마디로 이렇게 말하고 싶다. 사람들이 무너지는 가장 근본적인 원인은 바로 돈 때문이 아니다. 권력 때문이 아니다. 유혹 때문이 아니다.

만약 이런 것이 원인이라면 돈 가진 사람은 다 무너져 내려야 한다. 그러나 그렇지 않은 사람들도 많이 있다. 사람들이 무너져 내리는 가장 큰 이유는 바로 내 자신을 바르게 관리하는 자기 경영의 부재 때문이다.

자신을 잘 경영하는 것을 배우지 못했기 때문이다.

'수신제가 치국 평천하'라는 말이 있다. 원인은 가장 기본이 되는 자기 자신을 경영하는 일에 실패했기 때문이다.

그래서 군자들은 평생에 좌우명으로 삼았던 그들의 삶에 철학이 있었다. '수신제가치국평천하'였다. 이 말은 삶의 우선순위에 대한 선인들의 지혜이다. 먼저 자신을 잘 닦고 관리한 후에 가정을 세우고 나가서 나라를 잘 섬길 수 있다는 말이다.

현대 경영학의 아버지라 불리는 피터 드러커는 그의 저서 '성과를 향한 도전'에서 세 가지 경영에 대해서 말한다. 자기 경영, 조직 경영, 사회 경영이다.

그런데 이중에 가장 기본이 되고 중요한 것은 자기 경영이라고 한다. 자기 경영을 잘 하는 사람이 조직 경영과 사회 경영을 잘 할 수 있다는 것이다.

그런데 우리나라 사람들은 '경영에 대한 개념'를 누구로부터 배워본 적이 별로 없다. 그래서 경영이라는 개념이 정리가 잘 되어 있지 않다. 그렇기 때문에 내 자신을 경영하는 일이나 조직이나 사회를 경영하는 일을 잘 해 나가지 못한다.

경영에 대한 개념이 약하기 때문에 내 자신의 경영뿐만 아니라 조직이든 사회든 인생을 오래 살고, 오래 동안 어떤 사업을 해 왔어도 능력적으로 경영을 해 나간다든지 경영에 고수가 되지 못한다.

일반적으로 많은 사람들이 자기 경영도 잘 하지 못하는데 정치적인 이유로 국가적인 높은 자리를 차지하고 국가경영을 하기도 한다. 자기 경영도 할 줄 모르는 사람이, 조직 경영의 연륜도 쌓지 않은 사람이 앞장서서 사회 경영이나 국가 경영을 하는 나라는 사실 후진국에서나 있는 일이다.

오늘 솔로몬 왕도 세상 사람들 모두가 원하는 돈, 부귀, 명성과 모든 부귀와 영화를 다 갖고 있었다. 그는 세상에서 가장 지혜로운 왕이었다. 그런데 그는 자기 관리인 자기 경영을 잘 하지 못해서 무너지는 왕이 되었다. 이것이 솔로몬의 실수다.

그렇다면 오늘 우리는 어떻게 해야 하는가? 돈과 성과 권력과 세상 부귀와 영화는 오늘날의 모든 사람들도 성공이라는 이름으로 똑같이 추구하며 질주한다. 또 그런 것들이 주어지면 똑같이 직면하는 유혹들이다.

그렇다면 우리 그리스도인들은 솔로몬의 실수를 살펴보면서 어떻게 해야 하는가?

세상의 부귀영화에 취해 돈과 성과 권력 앞에서 우상을 섬기며 솔로몬과 같은 비극적인 몰락을 피하고 하나님 앞에 더 빛나는 인생이 되려면 어떻게 해야 하는가?

바로 자기 경영을 철저하게 배워야 한다. 지혜로 뛰어났던 솔로몬도 배워야 할 것이 있었다. 그것이 무엇인가?

바로 철저하게 자기 자신을 관리하며 경영하는 자기 경영이다. 자신을 경영하는 것에 대해서 사실 솔로몬은 배워 본적이 없었던 것이다. 그래서 왕으로서 금수저를 물고 태어나 나라를 경영하다가 몰락하는 이유가 바로 자기 자신을 경영하는데 실패했기 때문이다.

자기 자신을 관리하지 못하는 사람에게 물질이나 권력이나 부귀가 주어지면 그것들에게 마음을 빼앗겨 우상이 되었다.

우리는 인생의 주된 목표가 있다. 우리는 하나님의 영광을 위해 지음을 받았다. 그런데 우리는 너무 쉽게 우리의 마음을 빼앗겨 버린다. 하나님 나라에 더 높은 가치와 우선순위를 두지 못한다. 특히 사람들이 마음을 쉽게 빼앗기는 영역 중에 하나가 물질과 환경이다.

만약 당신에게 10억이 주어진다면 당신은 그 돈을 어떻게 쓸 것인가? 묻는다면 대부분 남성들은 대답하기를 제일 먼저 집을 사겠다. 그리고 차를 바꾸겠다. 그리고 가능하면 아내도 바꾸겠다. 보편적인 남성들이 가진 생각들이다. 멋진 집 자체가 잘못된 것이 아니다. 그러나 우리의 마음을 빼앗길 위험에 대한 경계를 게을리 말아야 한다. 집이란 건물에 집착하다 보면 그것에 우리 마음을 빼앗길 위험이 많기 때문이다. 우리가 이 세상에서 사는 어간에는 간소하게 살아야 한다. 우리가 살 수 있는 어떤 거처가 주어지면 우리의 안락한 생활환경보다는 하나님 나라에 우선순위를 두는 편이 유익할 것이다.

그렇다면 우리의 우선순위는 무엇인가? 우리가 사는 집 보다는 우리 옆집에 사는 이웃들과의 관계가 중요하다. 우리가 사는 집보다는 우리 옆집에 사는 이웃들에게 예수 그리스도의 이름으로 그들에게 베푸는 섬김과 사랑과 존경이 더 중요하다.

우리 집은 믿음의 가정인 교회에서 드리는 예배보다 중요하지 않다.

그러므로 시편 기자는 말한다.

"주의 궁정에서 한날이 다른 곳에서 천 날 보다 나은즉"(시84:10)

내가 사는 집은 하나님이 세상에서 하고 계신 구원 사역, 그분께서 사람들의 영혼을 구원하고 그들을 성전으로 삼으시는 심령 성전을 짓기 위해 하나님께서 하고 계신 일보다 중요하지 않다. 그래서 집에 마음을 빼앗기지 말아야 한다. 우리에게 무엇이 주어져도 우선순위를 바로 유지해야 한다. 하나님의 집이 당신의 집보다 더 중요하다. 솔로몬의 실수는 바로 마음을 지키지 못하고 하나님과 그의 나라에 우선순위를 두어야 할 마음을 빼앗겨 버렸다. 자기 경영이 없는 자는 자신의 인생의 목표관리나 자신의 시간관리 어떤 일에 성과관리도 없을 수 있다. 그래서 이 땅의 지엽적인 것에 마음을 빼앗겨 버린 것이다.

그 결과가 어떻게 나타났는가?

솔로몬이 성전을 짓는데 7년이 걸리는 반면에 자신의 왕궁을 짓는데 13년을 투자한다. 하나님 나라보다는 자신의 안락한 생활환경에 더 우선순위를 두었다. 성경은 성전 구조와 가구뿐만 아니라 성전 봉헌에 대한 설명도 자세하게 말씀해준다. 그러나 솔로몬이 자신의 집을 짓는데 많은 시간을 드렸지만 성경은 별로 주목하지 않는다. 솔로몬이 거처하는 왕궁 다섯 개의 건물을 묘사하는데 간단하게 열두 줄을 할애할 뿐이다. 그 화려함에도 불구하고 왕궁은 간단하게 언급할 뿐이다.

왜 그런가? 솔로몬이 13년을 투자해서 건축한 왕궁은 하나님의 집보다 중요하지 않기 때문이다. 그러므로 우리가 소유한 집이나 건물에 우리의 마음을 빼앗기지 말아야 한다. 솔로몬은 마음을 빼앗기는 바람에 삶의 우선순위가 잘못되기 시작했다. 우리가 가진 것이 많을수록 더 중요하면서도 더 어려운 것은 그것들을 하나님의 영광을 위해 사용하는 것이다. 솔로몬은 그가 가진 온갖 보물들로 인해 우선순위가 바뀌지는 위험에 빠진 것이다.

"네가 백향목을 많이 사용하여 왕이 될 수 있겠느냐?"(렘22:14-15)

왕이 왕궁에 사는 것이 잘못된 것이 아니다. 그러나 사람이 너무 사치스러운 집에 살다보면 집이 없어 도움이 필요한 사람을 못 본 체 하기가 쉽다는 것이다. 우리 자신을 망각하며 살기 십상이다.

우리가 경계해야하는 것은 돈이 아니라 돈으로 너무 쉽게 살 수 있는 사치품들이다.

그러므로 돈 때문에 방탕한 삶에 빠지지 않도록 조심해야 한다. 그러기 위해 우리는 관대한 나눔과 주님께 너그러운 헌금을 권장한다. 하나님은 우리가 훨씬 더 멋지고 번창하며 축복 속에 살기를 원하신다.

그렇다면 왜 사람들은 이 땅에 부와 명예와 권력에 집착하려고 하는 것일까? 자신의 존재감을 드러내려고 그러는 것일까?

무엇을 누구에게 증명해 보이려고 하는 것일까? 권력이나 특권이나 이기적인 마음 때문일까? 아니면 열등의식이나 미래에 대한 두려움 때문일까? 그래서 부에 집착을 하는 것인가?

아니면 사람들에게 "그는 정말 성공한 사람이야" 이런 말을 듣고 싶어서일까?

그리스도인들은 세상사람 들이 말하는 칭찬보다는 주님께서 "잘했다 착하고 충성된 종아" 라는 한마디가 가장 큰 보람이 될 것이다.

하나님은 우리가 이 땅에서 가장 빛나는 인생으로 살기를 원하시다. 아버지인 하나님은 자녀인 우리가 비참하고, 가난하고, 빈털터리고, 못생겼고, 실패한 인생으로 그럭저럭 궁핍하게 살다가 오기를 원치 않으신다.

하나님은 언제나 우리에게 가장 멋진 것을 주시길 원하신다. 그분께서 우리에게 주고 싶어 하시는 가장 멋진 최고의 선물은 바로 그분 자신이다.

"솔로몬보다 더 큰 이가 여기 있으며"(눅11:31)

존재냐 소유냐?

인간의 진정한 성공은 바로 존재로 귀결이 된다. 솔로몬의 고백을 보자. 이 세상에서 모든 것을 누려봤던 솔로몬이 그의 인생 말년에 고백한 것이다.

"일의 결국을 다 들었으니 하나님을 경외하고 그 명령을 지킬지어다. 이것이 사람의 본분이니라. 하나님은 모든 행위와 모든 은밀한 일을 선악 간에 심판하시리라"(전12:13-14)

오늘 돈으로 권력으로 세상에 유혹 앞에 실수하는 우리를 구원하기 위해 그리스도가 찾아 오셨다. 솔로몬보다 더 크신 이가 바로 여기 있다.

그렇다면 오늘 자기 경영에 실패하여 우리에게 주어진 시간과 돈과 권력을 잘못 사용하여 솔로몬처럼 자기 경영에 실패한 사람이 있는가?

마음을 지키지 못해서 우선순위를 저버리고 자기 관리가 안 되어서 무너진 인생이 있는가? 있다면 어떻게 할 것인가?

"그런즉 누구든지 그리스도 예수 안에 있으면 새로운 피조물이라. 이전 것은 지나갔으니 보라 새것이 되었도다."(고후5:17)

먼저 그리스도안에서 내 자신의 정체성을 아는 것이다.

예수 믿고 거듭난 우리의 존재는 누가 뭐라 해도 엄청난 존재다. 예수 안에 있는 나의 가치는 온 천하보다도 귀한 존재이다.

이것이 예수님을 구주로 믿고 거듭난 우리의 정체성이다.

예수 믿는 당신은 정말 존귀한 자이다.

예수 안에서 당신 영혼의 가치가 얼마나 되는지를 안다면, 하나님께서 당신을 얼마나 귀중히 여기시는지를 안다면 우리는 인생을 정말 자신 있게 살아갈 수 있다. 솔로몬이 누렸던 부귀와 모든 재물들, 이세상의 모든 재물을 하나님의 저울 한쪽에 올려놓고 당신이 그 반대편에 올라서 보자. 하나님의 저울추가 당신 쪽으로 기울어질 것이다.

"사람이 만일 온 천하를 얻고도 제 목숨을 잃으면 무엇이 유익하리요 사람이 무엇을 주고 제 목숨을 바꾸겠느냐"(막8:36-37)

사람은 이렇게 가치 있는 존재이다. 우리는 보통사람이 아니다. 소유냐? 존재냐? 우리는 이 땅에서 가장 소중하고 가치 있고 존귀한 존재이다. 예수님의 생명만큼 절대 값을 가진 자들이다. 이런 우리에게 주어지는 이 땅에서 모든 것들은 선물에 불과하다.

주님이 우리에게 선물로 주신 돈, 명예, 부귀영화를 선물로 여기지 않고 집착하다가 우선순위가 바꿔져서는 안 된다.

우리 자신을 잘 관리해 나가야 한다. 자기 경영을 잘 해 나가야 한다. 하나님이 주신 선물을 우상으로 섬기다가 우선순위가 흔들려서는 안 된다. 자기 경영에 실패한 솔로몬의 목소리가 들려온다.

"헛되고 헛되며 헛되고 헛되니 모든 것이 헛되도다."(전1:2)

 TIP

01. 당신은 소유냐? 존재인가?
02. 당신은 자기 경영을 잘하고 있는가? 자기 경영은 자기 주도적으로 시간 관리, 목표 관리, 업무 관리, 성과 관리를 하는 것을 말한다.

:: 04
인간의 권력에 압도되다
_엘리야

| 죽음을 맛보지 않은 위대한 선지자

　레지던트 이블(파멸의 날)은 폴 앤더슨 감독 작품이다.
　밀라 요보비치가 주연으로 열연을 했다. 마치 여전사와 같았다.
　엄브렐라가 개발한 치명적인 T-바이러스가 전 세계에 퍼지고 바이러스에 감염된 언데드(좀비)들이 세상을 뒤덮는다. 인류의 유일한 희망인 앨리스는 폐허가 된 도시를 떠돌던 중 엄브렐라가 T-바이러스를 해독할 백신 개발에 성공했다는 것을 알게 된다.
　그녀는 백신을 손에 넣기 위해 모든 사건의 시발점이자 엄브렐라의 본거지인 '라쿤시티'로 돌아가 모든 것을 끝낼 마지막 전쟁을 시작하는데, 생존자들을 구하기 위해 주어진 시간은 48시간 인류 최후의 전사 '앨리스'의 마지막 전쟁이 시작된다. 결국 '라쿤시티' 지하 벙커에는 노아의 홍수 때처럼 심판을 피할 수 있는 방주를 만들어 놓았다. 세상을 깨끗하게 청소할 때 안전한 방주를 만들어 놓은 것처럼 지하 벙커에 있는 방주 도시는 완전하고 완벽하게 건설해 놓았다. 앨리스는 그곳에 침투해서 T-바이러스 백신을 손에 넣어 가까스로 지구를 T-바이러스로부터 구해낸다.

　엘리야를 생각하면 마치 이런 한편의 영화가 떠오른다. 많은 이미지가 상상이 된다. 그는 기도로 하늘 문을 열기도 하고 닫기도 했던 사람, 혼자 850:1의 싸움에서 승리한 전사이다. 엘리야의 까마귀, 로뎀나무, 불 수레를 타고 하늘로 올라간 사람, 하늘 문을 열어 이 땅에 불과 비를 내린 기도의 사람이다. 하나님의 음성을 듣고 철저하게 순종한 사람, 그럼에도 불구하고 그는 우리와 성정이 같은 사람이다.

엄청난 영적인 사역을 마친 후에 디프레스에 빠져 죽기를 간구한 엘리야는 바로 구약의 선지자들을 대표하는 위대한 사람이었다. 엘리야는 마치 한편의 영화를 보는 것과 같은 스릴 넘치는 인생이다.

그런데 그럼에도 불구하고 엘리야는 인간적인 실수를 한다.

그렇다면 엘리야가 했던 인간적인 실수가 무엇인가? 사역자들은 누구나가 경험했으리라고 여겨지는 디 프레스다. 그에게도 영적인 침체가 찾아 왔다.

그렇다면 왜 엘리야에게 디 프레스가 찾아 왔을까?

"여호와의 능력이 엘리야에게 임하매 저가 허리를 동이고 이스르엘로 들어가는 곳까지 아합 앞에서 달려갔더라."(왕상18:46)

엘리야는 지금 갈멜산 정상에서 여호와의 불을 내려서 번제물을 태우고 그 결과 선포한다.

"잡아라! 바알의 선지자를 잡되 하나도 도망치지 못하게 하라!"

엘리야는 바알선지자들을 기손 시내로 내려다가 다 죽인다. 이것은 사실 엄청난 일이고 많은 에너지가 투자 되는 일이다. 이제 엘리야의 대결은 끝이 났다.

그런데 엘리야의 동선을 봐라. 엘리야는 아합 왕에게 비 소식을 알리고 갈멜산 꼭대기로 뛰어 올라가서 땅에 무릎을 꿇고 그 얼굴을 무릎 사이에 넣고 비 오기를 간절하게 기도한다. 그러자 하늘에서 큰 비가 내린다.

사실 엘리야는 여기까지만 사역을 하고 일단 사역을 쉬어야 했다.

그런데 엘리야의 다음 행동을 보면 이해가 잘 안 간다.

보라 엘리야는 그런 후 아합에게 올라가서 큰비에 막히지 않게 마차를 갖추고 빨리 하산하라고 전갈을 보낸다.

그러자 아합이 마차를 타고 이스르엘로 간다. 그런데 아무리 생각해도 엘리야를 이해하지 못하는 부분이 바로 여기다.

"여호와의 능력이 엘리야에게 임하매 저가 허리를 동이고 이스르엘로 들어가는 곳까지 아합 왕 앞에서 달려갔더라." (왕상18:46)

지금 엘리야는 엄청난 사역을 하고 난 뒤다. 그런데 엘리야가 무슨 이유로 아합 왕이 도망가는데 그의 마차앞에 앞서서 달려 갔을까?

마치 엘리야는 도망가는 아합왕을 에스코트 하며 달려간다. 하나님이 말씀하신 것도 아니고 아합이 타고 가는 마차 앞에서 마라톤을 할 이유가 뭘까?

엘리야가 그렇게까지 했던 이유가 무엇인가? 하나님의 능력이 임해서 뛰어갔을까?

엘리야가 뛰어간 목적이 뭘까? 아합 왕에게 하나님의 능력을 보여 주려고 그랬을까?

하나님의 능력은 이미 다 보여주었다. 그렇다면 엘리야가 자신의 에너지를 소모하며 탈진시킬 필요가 있었을까 말이다. 이것은 하지 말았어야 하는 일인데 엘리야가 자신의 힘과 능력을 과시하기 위해서 뛰어가지 않았나 하는 생각이 든다. 사역을 하다보면 주님이 원하지 않는데 내가 흥분해서 내 열심 때문에 과로하는 경우가 있다. 그러다 보면 체력이 고갈되고 탈진 상태가 온다는 것이다.

엘리야의 실수는 여기서부터 시작된다. 엄청난 사역 후에 자신의 컨디션을 조절해야 하는데 필요 이상으로 엘리야가 행동하며 에너지를 쓰고 있다는 것이다. 바로 이런 불필요한 일로 에너지를 비축하지 못하고 쉬지 못한 엘리야는 결국 탈진하여 디 프레스에 빠지게 된다.

왜 그런가? 인간은 육체를 가졌기 때문이다. 육체의 에너지가 탈진되면 영은 일을 할 수가 없다. 영은 절대 독자적으로 사역할 수가 없다. 그래서 체력의 안배와 육체의 에너지를 잘 사용하는 것이 중요하다. 이런 불필요한 육체의 에너지를 낭비한 결과 엘리야에게 어떤 위기가 찾아 왔는가?

왕상 19:1-8을 보라.

❶ 아합이 엘리야가 행한 모든 일과 그가 어떻게 모든 선지자를 칼로 죽였는지를 이세벨에게 말하니 ❷ 이세벨이 사신을 엘리야에게 보내어 이르되 내가 내일 이맘 때 에는 반드시 네 생명을 저 사람들 중 한 사람의 생명과 같게 하리라 그렇게 하지 아니하면 신들이 내게 벌 위에 벌을 내림이 마땅하니라 한지라 ❸ 그가 이 형편을 보고 일어나 자기의 생명을 위해 도망하여 유다에 속한 브엘세바에 이르러 자기의 사환을 그 곳에 머물게 하고 ❹ 자기 자신은 광야로 들어가 하룻길쯤 가서 한 로뎀 나무 아래에 앉아서 자기가 죽기를 원하여 이르되 여호와여 넉넉하오니 지금 내 생명을 거두시옵소서 나는 내 조상들보다 낫지 못하니이다 하고 ❺ 로뎀 나무 아래에 누워 자더니 천사가 그를 어루만지며 그에게 이르되 일어나서 먹으라 하는지라 ❻ 본즉 머리맡에 숯불에 구운 떡과 한 병 물이 있더라 이에 먹고 마시고 다시 누웠더니 ❼ 여호와의 천사가 또 다시 와서 어루만지며 이르되 일어나 먹으라 네가 갈 길을 다 가지 못할까 하노라 하는지라 ❽ 이에 일어나 먹고 마시고 그 음식물의 힘을 의지하여 사십 주 사십 야를 가서 하나님의 산 호렙에 이르니라.

"이세벨! 이세벨! 졌소, 우리 바알신이 졌소!"
"뭐요? 지다니요?"
"우리 바알 선지자들이 모조리 죽었소"
아합은 가쁜 숨을 들이키며 갈멜산 전투에서 엘리야에게 모조리 죽임을 당한 바알 선지자들에게 대해 말했다.
바알신의 전도사였던 이세벨이 남편 아합 왕의 말을 듣고 한동안 맨붕이 왔다.
"이...엘리야 죽일 놈 같으니"

이세벨이 분노하자

"여보, 난 무서웠소. 살다 살다 그런 일은 처음 봤구려...아 글쎄, 엘리야가 기도하자 하늘에서 불이 떨어졌지 뭡니까, 그리고...엘리야가 기도하자 멀쩡한 하늘에서 비가 내렸소."

"엘리야 내가 너를 가만 두지 않겠다!"

왕비 이세벨의 말 한마디에 굴복하다

아합 왕의 말을 들은 이세벨은 부르르 떨며 이를 간다.

"여봐라!"

"왕비마마 부르셨습니까?"

"너는 한걸음에 달려가서 엘리야에게 전하라! 내 이놈을 살려두지 않겠다고 내일 이 맘 때에는 죽은 저들 중 하나같이 되리라."

이세벨의 이 말을 전해들은 엘리야가 어떻게 반응을 하는가?

엘리야는 엄청난 두려움에 사로잡힌다. 엘리야에게 맨붕이 찾아 온 것이다.

엘리야는 하나님께 기도하거나 물어 보거나 도움을 구하거나 이런 신앙적인 반응이나 행동도 없이 엘리야는 허둥대며 정신없이 도망치기 시작한다. 갑자기 기습한 두려움 때문에 엘리야는 '자신의 생명을 위하여' 도망을 친다. 본능이 시키는 대로 도망을 친다. 이미 엘리야는 제 정신이 아니었다.

엘리야는 정신 줄을 놓은 상태가 되어 버렸다. 엘리야가 정신없이 도망치다가 브엘세바에 이르러서는 이제 몸종인 사환을 떼어 놓더니 하루 종일 광야 길로 들어간다.

그리고 로뎀 나무를 발견하자 그 아래 털썩 주저앉는다.

그리고 엘리야는 기도 대신에 죽음의 소야곡을 불러댄다. 엘리야가 뻗어 버린다. 그는 타버린 것이다. 번 아웃이 된 것이다. 이세벨의 말 한마디에 자신의 정체성을 잃어버린 것이다. 죽음이 어른 거렸다. 스스로 죽기를 구하게 되었다.

엘리야가 왜 이렇게 되었는가? 그가 결정적으로 실수한 것이 있다. 큰일을 행한 뒤에 오는 영적인 공백 상태에 있던 엘리야가 분명 마음을 느슨하게 먹었다. 그리고 분명히 뭔가 환경적으로 큰 변화를 기대했을 것이다. 아합 왕의 회심이나 이세벨의 회심 같은 것 말이다.

그런데 엘리야의 기대와는 달리 아무런 일도 일어나지 않았다.

사역에 지치고 방심한 그의 마음에 갑자기 칼날처럼 파고드는 이세벨의 말 한마디에 엘리야가 무너지고 만다.

이것이 인간의 모습이다. 하늘에서 기도로 불을 내렸던 그 당당하던 엘리야의 모습이 전혀 아니다.

이세벨의 말 한마디에 엘리야는 그만 주저앉고 말았다. 이것이 바로 엘리야의 실수다. 엘리야가 바로 번 아웃(burn out) 된 것이다. 영육 간에 지치고 체력이 고갈이 된 것이다. 하나님의 힘과 능력을 사용할 만한 체력이 바닥이 난 것이다. 한마디로 의욕이 상실되어 버린 것이다. 그런가 하면 육체적으로, 정신적으로, 영적으로, 에너지가 고갈이 된 것이다. 하나님의 사역도 체력이 중요하다. 그래서 체력이 영력이라는 말도 있다.

체력은 영역이다. 체력이 소진되면 하나님의 일을 아무리 하고 싶어도 할 수가 없다. 지금 엘리야가 지친 것이다. 과로를 한 것이다.

엘리야의 고백을 들어 보자.

"나는 내 열조보다 낫지 못하나이다. 주님 내 능력은 여기까지 입니다. 더 이상은 안되겠습니다."

엘리야는 자기 열심이 특심이었던 사람이었다. 그래서 아합 왕이 타고 가는 마차 앞에서 이스르엘까지 뛰어갔던 것도 어쩌면 보여주기 위한 것이었을 것이다. 이렇게 체력이 고갈이 되자 그는 로뎀나무 아래서 쓰러져 스스로 죽기를 구한다.

그렇다면 하나님의 처방은 어떠하신가?

하나님의 처방은 다른 것이 아니다. 엘리야를 잘 아시는 하나님은 먼저 엘리야의 기력 회복시키신다. 그래서 하나님은 천사를 통해서 구운 떡과 물을 주어 먹게 한다.

"먹어라! 네가 기력을 이기지 못할까 하노라."

엘리야는 눈을 뜨면 천사가 예비한 음식을 먹었다. 그리고 다시 누워 자고 천사가 깨우면 먹고 다시 누워 잔다. 우리가 세상에서 사업이나 주의 사역을 하다보면 누구나 인생의 로뎀나무를 경험할 수가 있다. 성공이라는 목표를 향해 오직 앞만 보고 뛰고 또 뛰다보면 자신도 모르게 탈진이 될 때가 있다. 성공이라는 목표를 향해 정신없이 뛰다가 쓰려진 경험들이 있다.

그래서 많은 사람들이 우리에게 종종 조언을 한다.

'쉬는 것도 사역이다.'

아리스토텔레스의 정치학에 보면 헬라인들은 여가를 위해서 일을 한다. 일을 하는 목적이 여가를 잘 보내기 위해서란다.

여가를 잘 보내는 자가 인생을 행복하게 산다는 것이다. 그래서 일을 하는 목적이 여가를 잘 선용하기 위해서 일을 한단다.

우리는 일이 목적이다.

그렇다 쉬는 것도 사역이다. 더 멋진 사역이나 사업을 위해 과로하면 안 된다. 특별히 사역자들은 과로로 인하여 쓰러지는 경우가 많다. 적당히 쉬면서 행복하게 일하는 자가 지혜로운 사람이다. 하나님도 우리가 정말 행복하게 사역하기를 원하신다.

나에게도 그런 시절이 생각이 난다. 밤낮으로 사역을 했던 시절이 있었다. 그러다 보니 사역적인 열매는 없고 몸과 마음이 지쳤다.

열심히 뛰고 또 뛰어서 성도가 어느 정도 모이는가 싶으면 또다시 교회 안에 문제가 일어나서 사람들이 흩어졌다. 영적인 미성숙으로 인해 왜 그런지 이유를 몰랐다. 나는 최선을 다 했는데, 최선을 다한 사역의 결과가 내가 원하는 대로 되지 않았다. 교회가 부흥되지 않았다.

목회에 하는 과정 중에 두어 번 실패하고 나니 모든 의욕이 사라졌다. 세상일은 마음먹고 생각하기 나름이다. 똑같은 실패라는 어떤 상황 앞에 마음이 끝없이 추락을 했다.

다시는 일어서지 못할 것 같은 생각이 들었다.

목회자도 상처를 받는다. 교회 문제가 일어나면 결국은 다 목회자에게로 귀결이 된다. 진실하게 살아온 삶이 처절하게 짓밟히는 경우도 있다.

그럴 때 목회자는 정말 버거운 것이다.

모든 의욕을 상실한 나머지 지쳐 있을 때 처형이 경비를 주면서 외국에 가서 바람을 쐬고 오라고 했다.

그래서 비자없이 다녀올 수 있는 캐나다의 있는 성령 컨퍼런스에 참여를 하게 되었다.

컨퍼런스 주제는 "불을 잡아라!" 라는 성령집회였다.

그렇다면 엘리야 선지자에게 질문해 보자. 엘리야 선지자님 똑같은 목회 사역을 하는데 어떤 사람은 목회에 성과가 있고 어떤 사람은 목회에 성과가 없는 이유가 뭡니까?

목회의 성과의 차이는 지식이 아니라 실천에 있다.

목회에 성공하는 사람과 그렇지 못한 사람과의 차이는 한마디로 실행에 있다. 목회자가 수천 가지 좋은 생각을 가지고 있어도 실행하지 않으면 성과는 1%도 기대할 수 없게 된다.

이런 평범한 진리를 예전에 전혀 몰랐다.

그런가 하면 예전에는 삶이 없는 설교를 유창하게 했다. 그런데 유창한 설교보다 더 귀한 것이 나의 삶이라는 것을 예전에는 미처 몰랐다. 예전에는 회개가 없는 기도를 날마다 중언부언했다.

그러나 회개하는 기도가 능력 있는 기도인 것을 예전에 미처 몰랐다.

예전에는 하나님 아버지의 마음이 없는 심방을 열심히 했다. 그러나 심방보다 더 귀한 것은 아버지의 마음인 것을 예전에 미처 몰랐다. 예전에는 한 영혼이 귀한 줄을 모르는 부흥을 얼마나 원했는지 모른다. 부흥보다 더 귀한 것은 한 영혼을 찾아가는 주님의 발걸음이라는 것을 예전에 미처 몰랐다.

예전에는 은사를 사모했고 불같은 은사를 사용했지만 교회는 변하지 않았다. 그러나 불을 내리는 은사보다 더 중요한 것은 내 인격이 주님을 닮아가고 아버지와 친밀함이라는 것을 예전에 미처 몰랐다. 예전에는 내 특심으로 최선을 다했지만 매번 로뎀나무 아래에서 주저앉곤 했다.

그러나 내 특심보다 더 중요한 것은 성령님의 인도인 것을 예전엔 몰랐다. 예전에는 스펙을 쌓기 위해서 여기저기 열심히 다녔지만 오히려 마음만 공허했다. 화려한 스펙보다 더 중요한 것은 하나님의 말씀대로 행하는 것이었다는 것을 예전에 미처 몰랐다. 예전에는 좋은 설교를 찾아 돌아다녔지만 감동적인 설교를 듣기만 하고 즐기기만 했다.

그런데 감동적인 설교를 듣기만 하고 끝나는 것보다 한 말씀 행하는 자가 되는 것이 능력 있는 삶인 것을 예전에 미처 몰랐다. 예전에는 수십 년 동안 교회만 열심히 다녔다. 그런데 한 영혼 전도하여 제자 삼는 성도가 더 위대하다는 것을 예전에 미처 몰랐다. 성경을 머리로 아는 지식이 넘칠지라도 실행하지 않으면 아무것도 경험할 수 없다는 것을 예전에 미처 몰랐다.

예전에는 피곤해도 열심히 사역하는 것만을 최고로 알았다. 그러나 주님 안에서 안식하는 쉼도 사역이라는 것을 예전에 미처 몰랐다.

오늘도 엘리야처럼 로뎀나무 아래에서야 깨달았다. 사역에 힘겨워하는 사역자들이 있다면 힘찬 응원을 보내고 싶다.

정말 예전에 미처 몰랐습니다.

 TIP
인간적인 말 한마디에 무너져 본적이 있는가?

PART
4

믿음의 부모가 낳은 불신

01 _ **거절감으로 인한 불행** · 가인 | 02 _ **아버지를 빼닮다** · 이삭
| 03 _ **인간이 행하는 복수** · 시므온 | 04 _ **방관이 부른 비극** · 엘리 제사장의 아들들 | 05 _ **듣고 싶은 말만 듣다** · 르호보암

:: 01
거절감으로 인한 불행
_가인

"으흐흑…"

"가인아…" 아담은 흐느끼는 아들을 불렀다.

"아버지, 도저히 내 안에 분노를 참을 수가 없었어요."

아담은 동생을 죽이고 흐느껴 우는 큰 아들 가인을 한동안 멍하니 바라보다가 아담은 가인의 눈물을 닦아주었다. 아담은 가인이 불쌍하다는 생각이 들었다.

"오오, 어쩌다가 이런 일이… 이 일을 어떻게 할꼬?"

"…"

"아버지 그런데 내가 왜 이렇게 된 줄 아세요?"

"…"

"내가 왜 동생을 죽인 줄 아세요? 바로 아버지 때문이라고요."

아담은 뜻밖에 가인의 말에 소스라치게 놀란다. 동생을 죽인 가인이 동생을 죽인 이유가 바로 아버지 아담 때문이라고 말했기 때문이다.

"나 때문에 동생을 죽였다고? 왜 나 때문이라고 생각하느냐?"

아담은 소리치듯 재촉했다.

"…아버지는 늘 동생만 사랑했어요. 나도 아버지께 인정받고 싶었어요. 그러나 아버지는 단 한 번도 저를 칭찬해 주거나 인정해 주지 않았어요. 아버지는 늘 저에게 이렇게 말씀하셨지요. 넌 왜 그것 밖에 못하냐? 넌 형이 되어 가지고 왜 동생만도 못하냐! 아벨은 하나님께 제사도 잘 드리고, 공부도 잘하는데… 아버지 저도 아버지께 인정받고 싶었습니다. 그러나 아버지는 언제나 저만 미워했어요. 아버지 아버지는 제가 그렇게 못마땅하세요?"

아담은 아차 싶었다. 지금 아들 가인이 울면서 하는 말이 다 틀린 말은 아니었다. 아담은 아내와 함께 에덴 중앙에 있는 하나님께서 금하신 열매를 먹은 후 수많은 날들을 죄책감과 후회로 살아왔다. 아담은 가인을 낳고 너무 기뻤다. 그래서 아담은 가인을 잘 키우고 싶었다. 큰아들에 대한 기대와 욕심이 있었다. 아담은 넘어갈 수 있었던 사소한 문제도 가인에게는 다시는 시행착오를 하지 않도록 엄하게 가르쳤다. 가인에게는 너그러운 말과 칭찬보다는 책망과 지적을 더 많이 했던 것이다. 그것은 가인이 미워서가 절대 아니다. 잘 키워보고 싶었던 아담의 마음이었다.

그런데 가인은 그런 아버지가 싫었다. 가인은 아버지에게 칭찬을 받기 위해서 최선을 다했다. 그럴 때마다 아버지 아담은 언제나 더 완벽한 것을 요구했다. 그래서 아버지 아담은 칭찬에 인색했다.

"가인아 그 정도냐? 그것도 못하냐! 동생을 봐라."

사실 아담은 한 번도 가인을 칭찬을 하거나 인정해 주지 않았다. 이런 아버지로부터 사랑을 받지 못한 거절감은 결국 동생에 대한 분노로 쌓여졌고 가인은 아버지가 믿고 섬기는 하나님께도 적대 감정이 생겼던 것이다.

| 살인을 부른 장남의 기대치

오늘날도 마찬가지다. 많은 부모들이 아담처럼 장남 장녀에 대한 기대치가 크다. 왜 그럴까? 장남과 장녀는 아버지의 기력의 시작이라 그럴 수 있다. 내 얼굴이 아들의 얼굴 속에 들어 있다. 내 모습이 자식의 모습 속에 들어 있다. 마치 나의 분신처럼 말이다. 그래서 이 땅에서 자식은 부모의 분신이자 소망이다.

부모들은 자신의 꿈을 장남의 삶을 통해 이루고 싶어 하기도 한다. 그런가하면 부모는 자신이 경험한 실수나 잘못 살아온 삶이 있다면 내 자식만큼은 실행착오를 하지 않기를 바라는 마음일 것이다. 잘 키우고 싶은 자식에 대한 부모의 욕망은 높은 기대치가 되어 아이들을 힘들게 한다. 이런 부모의 높은 기대치 때문에 오늘도 많은 자녀들이 힘겹게 인생을 살아간다.

목회현장에 엘리트 부부가 있었다. 아버지가 목사였다. 며느리는 서울에서 명문대를 나와서 다른 혼처도 많았지만 자신이 믿고 섬기며 출석하는 교회 담임 목사의 아들이라는 이유 하나 때문에 다른 조건은 보지도 않았다. 목회자의 가정은 천국과 같을 것이라 기대로 꿈에 그리던 결혼을 했다.

결혼해서 보니 아버지와 아들과의 문제는 정말 심각했다. 아버지의 높은 기대치로 인해 남편은 당신이 원하는 대학에 합격을 했어도 다니지 못했다. 그리고 아버지가 원하는 대학, 아버지가 원하는 학과로 진로를 바꿔야만 했다.

어떻게 되었을까?

결국 아들은 아버지의 높은 기대치에 희생물이 되어버렸다.

어릴 때부터 아버지로부터 받은 상처로 인해 아들은 모든 관계가 굴절되어 있었다. 결국 아버지와의 관계가 회복되지 않자 온전한 결혼생활도 포기하게 되었다. 아버지로부터 받은 거절감은 분노가 되어 아내를 힘들게 했다.

아버지와 갈등으로 남편이 아버지 교회를 안 나가게 되자 아내는 잠깐 남편의 마음을 돌렸다가 다시 시아버지 교회로 가기 위해 우리 교회를 출석했다.

나는 남편이 아버지와의 관계로 힘들어 하는 이 친구의 문제를 어떻게 하면 해결해 줄 수 있을까? 생각하다가 아들의 아버지 목사와 같은 연배로 같은 노회에 계신 목사님을 찾아가서 부탁을 드려보았다.

끝없이 방황하는 당신의 아들에게 한 번만 만나달라고 부탁을 드렸다. 만나서 그만 방황을 멈추고 집으로 돌아오라고… 아들아 이 아버지가 잘 못했다고, 미안하다고, 이 아버지를 용서해 달라고, 한 번만, 한 번만 방황하는 아들의 손을 잡아 달라고 부탁을 드려보았다.

그런데 그 친구 아버지의 반응은 어떠했을까?

"잘못? 괘씸한 것들… 내가 무슨 잘못을 해? 다 저희들 잘 되라고 한 거야! 고얀 것 같으니라고. 용서를 빌라면 지들이 와서 빌어야지 왜 내가 빌어? 내가 뭘 잘못했다고."

그는 결국 그 친구는 아버지가 죽을 때까지 아버지와의 관계를 회복하지 못했다. 그는 장례 식장에도 나타나지 않았다.

그는 아버지의 높은 기대치로부터 받은 상처와 거절 감정 때문에 그는 일생을 방황하며 불행하게 살았다.

결국 아담도 장남인 가인에 대한 지나친 기대로 인하여 가인을 인정해 주고 칭찬해 주기 보다는 늘 만족스럽지 못했다. 가인은 아버지로부터 인정받지 못한 거절감을 늘 힘이 약한 동생에게 분풀이를 했다. 그날도 가인은 자신의 제사가 받아드려지지 않자 순간적으로 하나님마저 나를 거절하는가 싶었다.

가인은 옆에서 제사를 드리는 동생이 죽이도록 미웠다. 모든 것은 동생 때문이라는 생각이 들었다. 내가 아버지에게 인정받지 못하고 사랑을 받지 못하는 것도 바로 저 동생 때문이다.

아벨만 없다면 아버지가 나를 미워하지 않았을 것이다. 사실 가인은 동생을 죽이고 싶었던 생각이 한두 번이 아니었다.

"그 후 그들이 들에 있을 때에 가인이 그 아우 아벨을 쳐 죽이니라."(창4:8)

가인은 평소에 품어왔던 아벨에 대한 미움이 결국은 살인이라는 결과를 낳게 되었다. 가인은 동생을 죽인 후 집을 떠났다. 아담은 가인의 말을 듣고 가슴을 치면서 때늦은 후회를 했을 것이다.

어떤 사람은 학교에 가면 선생님과 직장에 가면 상사와 늘 부딪치는 사람이 있다. 그는 어떤 조직에서든 질서 속에 순복이 안 되는 사람이었다.

그러던 그가 어느 날 친구를 따라 교회를 다니더니 많은 변화가 일어났다. 다음은 그의 간증이다.

"나의 마음속 깊은 곳에 생각하고 싶지 않았던 어두웠던 어린 시절 상처 하나가 생각이 났습니다. 제가 초등학교 2학년 때였습니다. 우리 아버지는 목공일을 하셨습니다. 아버지는 학교에서 돌아오면 저를 불러 당신의 일을 돕게 하셨습니다. 어린 마음에 때로는 싫었지만 아버지를 도와서 저는 열심히 하곤 했습니다. 그러던 어느 날 친구들과 어울려 놀다가 그만 아버지를 돕는 것을 잊어버렸습니다. 저는 정말 잠깐만 놀다 가야지 생각했는데 놀다 보니 시간이 흘러버렸습니다. 저를 기다리시던 아버지는 아무리 기다려도 오지 않는 저 때문에 화가 엄청 나셔서 친구들과 놀고 있는 장소에 찾아 오셨습니다. 구슬치기를 신나게 하고 있는데 친구가 나를 불렀다.

'야 철아! 저기 너희 아버지가 오신다!'

'어? 그래?'

친구의 말을 듣고 돌아다보니 화가 잔뜩 나신 아버지는 저를 보자마자 소리를 쳤습니다.

"너 이놈! 이 아무짝에도 쓸모없는 놈아" 하시면서 손에 들고 오신 시게 작대기를 들어서 저의 머리를 내리치셨습니다.

순간적으로 '죽었구나' 하는 생각과 함께 머리가 터져서 피가 흘렀습니다.
"너 이놈! 아침에 뭐라고 했냐? 오늘 빨리 와서 일을 도우라고 했었지. 넌 왜 이 모양이냐! 엉? 죽어라 이놈아!"

나는 울면서 정신없이 도망을 쳤습니다. 도망치는 나의 뒤를 아버지의 성난 목소리가 따라 오며 들려 왔습니다.
저는 그날 해가 지도록 집에 들어갈 수 없었습니다. 저는 캄캄한 밤하늘에 별들을 보면서 어디론가 멀리 가고 싶다는 생각이 들었습니다. 저는 정말 아무짝에도 쓸모없는 놈 같았습니다. 생각하면 자꾸만 서러워졌습니다.
우리 아버지는 뭐가 그리 못마땅하신지 술만 드시면 늘 엄마와 가족들에게 폭군이 되었습니다.

'그래, 난 아무짝에도 쓸모가 없어' 아버지로부터 인정받지 못하고 버림받은 상처는 저의 일생을 어둡게 만들었습니다.
그날 이후로 저는 아버지를 아버지로 불러 본적이 별로 없었던 것 같습니다. 아버지 같은 사람을 보면 왠지 폭군 같아서 제 안에 원인 모를 불안감이 생겼습니다. 내가 잘못하면 어쩌나 하는 생각과 함께, 함께 있는 것이 불편했고 원인 모를 분노가 올라왔습니다.
그래서 나도 모르게 자리 잡은 아버지에 대한 거절 감정 때문에 학교에서나 직장에서나 교회에서나 권위에 대해서 늘 부정적이었습니다. 그리고 항상 사람들과의 관계가 힘들었습니다. 그런데 이번 세미나를 통해 하나님은 그런 나를 풀어놓아 주셨습니다.
수 십 년 동안 상처에 매여 괴로워하던 저를 치유해 주셨습니다."

우리는 아담의 후손이다. 누구나 아담과 같은 실수할 수가 있다. 자식에 대한 높은 기대치를 가질 수 있다. 더군다나 장남과 장녀에게 말이다. 그렇다면 어떻게 아버지 아담과 아들 가인과 같은 실수를 반복하지 않을 수 있을까? 근본적으로 가인이 가졌던 분노와 거절감은 어디로부터 온 것일까? 바로 제일 가까운 부모로부터 주어진 상처 때문이다.

문제 아이를 상담해 보면 문제 부모는 있어도 문제 아이는 없었다. 문제를 일으키는 아이의 배후에는 반드시 책임을 다하지 못하는 문제 부모가 있다는 것이다. 아이들은 부모가 나를 받아 주지 않을 때 분노와 거절감이 생긴다. 그렇다면 가인의 분노는 아버지 아담으로부터 받은 상처에서 비롯된 것일 것이다.

아담이 큰 아들 가인을 양육할 때 자신의 높은 기대치에 미치지 못할지라도 가인에게 분노와 거절감이 생기지 않도록 가인의 감정을 받아 주고 가인의 행동의 한계를 정해 주는 교육을 했어야 했다.

만약 아담이 가인을 이렇게 가르쳤더라면 가인은 아벨을 죽이지 않았을 것이다.

어느 날 가인이 하나님께 드리는 제사에 실패하고 씩씩거리며 화가 나서 집에 들어왔다. 가인이 문을 꽝 닫고 들어온다.

아담 : 오늘 우리 가인이 화가 많이 났구나? 우리 아들 아빠랑 이야기 좀 할까?

가인 : (화가 나서 어쩔 줄 모른다.)

아담 : 가인아 네가 무엇 때문에 그렇게 화가 났는지 아빠에게 이야기해 줄 수 있겠니?

가인 : 동생 아벨 때문에 화가 났어요. 아빠! 하나님은 도대체 어떤 분이세요? 왜 아벨이 드린 것만 받아요? 나도 정성껏 드렸는데 내 제사는 불이 안 내려서 화가 나요.

아담 : 아~ 그랬구나. 우리 가인이 그래서 화가 났구나. 하나님께 정성을 들여서 제사를 드렸는데 열납되지 않아서 우리 아들 정말 속상했겠구나! 가인아 아빠도 그런 적이 있었단다.

가인 : 아빠도 그런 적이 있으세요?

아담 : 그럼 있었고 말구. 아빠도 그때는 정말 힘들고 속상하더라. 그런데 가인아 네가 제사를 어떻게 드렸는지 아빠에게 말해줄 수 있겠니?

가인 : 이번에 수확해서 농사를 지은 것 가운데 땅의 소산인 곡식으로 드렸지요. 난 정성을 다해서 드렸어요. 그런데 왜 하나님이 동생이 드린 제사만 받고 내가 드린 제사는 안 받으셨는지 지금도 알 수가 없네요. 그런데 아벨이 옆에서 또 비웃는 것 같아서 더 화가 났어요.

아담 : 그랬었구나? 가인아 아빠도 너희들이 어렸을 때 우리 뒷산을 개간해서 그 해 땅의 첫 소산을 하나님께 정성을 다해 드렸는데 아, 글쎄 하나님이 제사를 안 받으시지 뭐니? 아빠도 그때 너처럼 속이 상하고 화가 나더라. 더군다나 동생 아벨 제사만 열납 되었으니 아빠라도 속이 상했을 거다.

가인 : 아빠! 아빠랑 이야기 하니까 내 마음이 편해졌어요. 그러면 아빠 왜 하나님이 나의 제사를 안 받았을까요?

아담 : 가인아 궁금하니?

가인 : 아빠 궁금해요 그럼 아빠도 저처럼 제사가 열납되지 않았었는데... 그 이후에는 어떻게 제사를 드렸어요?

아담 : 음... 아빠가 알고 보니 하나님께서 말씀하신 제사법대로 하지 않았다는 것을 발견했단다. 아빠가 나름대로 정성을 대해서 드려도 하나님이 말씀하신 제사법이 있단다. 그대로 드리지 않으면 하나님께서 열납 하지 않으신다는 것을 알게 되었던 거야!

가인 : 와우! 그러셨어요?

아담 : 그날 이후 아빠는 하나님께서 말씀하신 대로 제사를 드렸단다. 아무리 바빠도 하나님께서 말씀하신 그대로 드렸지. 그랬더니 하나님께서는 늘 기쁘시게 열납하시고 아빠에게 많은 축복을 주셨단다.

가인 : 와~ 아빠 그러셨군요?

아담 : 가인아 너는 하나님께 제사를 드리는 방법은 잘 알고 있니?

가인 : 음... 잘은 모르겠어요?

아담 : 그럼 어떻게 제사를 드렸는데?

가인 : 그냥 제가 드리고 싶은 제 방식대로 드렸어요. 하나님은 보이지 않는데... 아빠, 마음이

중요한 것 아니겠어요? 그래서 내 방법대로 했어요?

아담 : 가인아 하나님께서 100% 받으시도록 제사 드리는 방법은 너무 쉽단다. 그 제사 방법을 알고 싶지 않니?

가인 : 아빠! 알고 싶어요.

아담 : 그래? 그럼 다음에 아빠랑 함께 하나님께 제사를 드려보면 어떨까?

가인 : 아빠 정말 좋아요.

며칠 후 아담은 가인과 함께 하나님께 제사를 드렸다. 가인은 즐겁게 아담 아버지와 함께 제사를 드리면서 자신이 드릴 때 부족한 것이 무엇인지 배우게 되었다. 그날 이후 가인은 하나님 앞에 예배하는 자로 살게 되었을 것이다.

무엇을 말하는가?

부모로서 자녀를 어떻게 교육 하는가는 정말 중요하다. 자녀의 감정을 받아주는 교육이 중요하다. 부모는 어떤 상황에서든지 자녀의 감정을 먼저 공감해주고 받아주는 것이 필요하다. 그리고 난 후에 행동의 한계를 정해주는 것이다. 아이는 자신의 감정이 거부당하거나 무시당할수록 자존감이 낮아지고 스트레스에 약해진다. 그래서 별스럽지 않은 일에 화를 내고 별스럽지 않은 일에 분노하고 절망한다.

자존감이 낮은 아이는 자신과 남을 신뢰하거나 존중하지 못하기 때문에 함부로 행동하거나 충동적인 행동을 하게 된다. 그러나 어릴 때부터 부모가 자신의 감정을 인정해 주고 받아주는 경험이 풍부한 아이는 똑같은 상황에서 스트레스를 받지만 이런 아이는 건강하게 자신의 감정을 잘 처리해 나가게 된다. 또 이런 아이는 자신에게 스트레스가 쌓이지 않게 자신을 잘 조절해 가면서 바른 판단과 결정을 해 나간다.

그러나 부모로부터 인정받지 못하고 감정을 무시당한 친구는 거절감과 깊은 상처로 부정적인 자아상을 가지게 된다.

그래서 제사에 실패한 가인은 화가 났을 것이다.

"뭐야? 아벨"

"형 왜 그래요?"

"아벨 너 때문이야!"

이렇게 동생과 자기 자신을 비교한다. 사람이 비교를 하게 되면 대부분 두 가지 결론에 이르게 된다. 하나는 내가 너보다 낫다고 하는 교만한 생각과, 그렇지 못할 때는 열등감이 생긴다. 이런 부정적 자아상의 핵심은 거절감이나 열등감이 자리 잡고 있어서 우리 마음에 올무가 된다. 누가 나를 괴롭히는 것이 아닌데 내가 나를 괴롭히는 것이다. 우리의 마음속에 이런 열등감을 갖게 되면 모든 인간관계가 굴절이 된다.

왜 열등감이 인간관계를 왜곡시키는 것일까? 관점이 다르기 때문이다. 사람은 제 눈에 안경이라는 말이 있듯이 누구나 자신이 가진 가치관이라는 안경을 끼고 사물을 바라보고 판단한다.

어느 날 벗어 놓은 안경이 있어서 무심결에 내 것으로 알고 안경을 끼고 TV를 바라보았다. 그런데 TV가 흐리게 보였다. 순간적으로 내 눈이 벌써 이렇게 나빠졌나 싶어서 다시 눈에 초점을 맞추고 힘을 주어 봐도 여전히 흐렸다. 그래서 이번에는 안경을 벗고 TV를 보았다. 와우! 오히려 더 선명하게 잘 보이는 것이다. 순간적으로 '이야... 내 눈이 이렇게 좋아졌나?' 갑자기 기분이 좋아졌다.

그리고 안경을 다시 한 번 자세히 살펴보았다. 그런데 이게 웬일인가 한 번도 끼어본 적이 없는 아내의 안경이었다. 순간적으로 웃음이 절로 나왔다.

사람이 끼는 안경도 이렇게 다른 것처럼 우리 삶의 가치관도 여러 가지 종류의 안경이 있다. 열등감이라는 안경을 쓰고 사람을 보면 다 굴절되어 보인다.

키가 작은 사람이 열등감을 갖게 되면 사람을 볼 때 키 작은 사람과 키 큰 사람으로만 보게 된다.

가난이라는 열등감을 갖게 되면 사람을 볼 때, 자기보다 부자를 보면 기가 죽고 자기보다 못사는 사람을 보면 무시한다. 이처럼 열등감은 삶의 동기와 비전을 파괴한다.

왜 그런가? 내가 다른 사람을 짓누르고 일어서야 한다는 파괴적 동기로 나도 괴롭히고 다른 사람도 괴롭히게 된다.

그런가하면 열등감은 바른 신앙생활에도 영향을 준다. 만족이 없다. 그래서 하나님에 대한 반항 의식을 갖게 되고 순종하지 못하는 신앙생활을 하게 된다.

오늘 우리는 어떤가?

열등감이 심하면 심할수록 언제나 마음의 갈등이 심하고 비판적인 사람이 된다. 다른 사람을 비판하는 사람은 사실 자기 자신을 비판하고 있는 것이다. 스스로를 비판하는 마음이 있는데 자신을 비판할 수 없으니 대신에 다른 사람을 비판함으로써 자신이 나쁜 사람이라는 것을 덮어 버리는 것이다.

| 하나님을 떠나 스스로 성을 쌓다.

결국 가인은 동생을 죽인 후 집을 떠났다.

"가인이 여호와의 앞을 떠나 나가 에덴 동쪽 놋 땅에 거하였더니 아내와 동침하여 그가 잉태하여 에녹을 낳은 지라 가인이 성을 쌓고 그 아들의 이름으로 성을 이름 하여 에녹이라 하였더라."(창4:16-17)

이제 가인은 자기 자신만을 믿고 의지하며 사는 인생이 되었다. 그래서 그는 자신을 위해서 큰 성을 쌓았다.

"그래 이제 이 성이 나를 지켜 줄 거야, 그리고 나는 우리 아들을 잘 키워 낼 거야"

가인은 놋 땅에 가서 큰 성을 쌓고 그 성 이름을 에녹성이라 이름 지었다. 가인의 실수는 아버지 아담으로부터 보고 배운 제사를 드리지 않고, 여전히 자신의 방법으로 하나님께 나왔던 것이다. 그러자 하나님은 아벨의 제사만 받으신 것이다.

오늘 우리가 실수하기 쉬운 부분이다. 하나님은 어제나 오늘이나 영원토록 동일하신 분이다. 지금도 하나님께 나갈 때는 우리의 방법이 아니라 예수 그리스도의 구속의 터 위에서 하나님께 나가는 것이다. 우리는 어느 시대나 행위로 의롭다 함을 받는 것이 아니라 믿음으로 나가는 것이다.

"믿음으로 아벨은 가인보다 더 나은 제사를 하나님께 드림으로 의로운 자라 하시는 증거를 얻었으니..."(히11:4)

그렇다면 왜 가인은 예배의 실패자가 되었는가? 가인은 믿음이 없었다. 가인은 하나님의 약속의 말씀을 믿지 않았다. 동생 아벨을 죽이고 난 후에도 하나님과의 대화에서도 가인은 하나님의 약속을 믿지 못한다.

"가인이 여호와께 고하되 내 죄벌이 너무 중하여 견딜 수 없나이다. 주께서 오늘 이 지면에서 나를 쫓아 내시니 온즉 내가 주의 낯을 뵈옵지 못하리니 내가 땅에서 피하여 유리하는 자가 될지라. 무릇 나를 만나는 자가 나를 죽이겠나이다. 여호와께서 그에게 이르시되 그렇지 않다 가인을 죽이는 자는 벌을 칠 배나 받으리라 하시고 가인에게 표를 주사 만나는 누구에게든지 죽임을 면케 하시니라."(창 4:13-15)

동생을 죽인 가인은 두려움과 죄의식에 사로잡혀 괴로움을 고백하고 있다.

앞으로 하나님을 떠나 내가 유리하며 방황하는 자가 되어 살터인데… 가인이 두려운 것은 죄책감으로부터 오는 죄의식과 죄의 결과로 타인이 나를 해치지 않을까 하는 두려움이었다.

그러나 자비로우신 하나님은 죄의식과 형벌과 다른 사람들이 자신을 죽일 것 같다고 두려움에 떨고 있는 가인에게 긍휼을 베푸신다.

"가인아 그렇지 않다. 내가 너를 지켜 주마. 너를 죽이는 자는 내가 벌을 칠 배나 내릴 것이다. 가인아 두려워 말거라. 너는 내 아들이다. 여기 이것을 받아라. 이것은 누구를 만나든 너의 죽음을 면하게 하는 구원의 표란다."

비록 가인이 동생을 죽인 살인자이지만 하나님은 가인에게 구원의 표를 주신다. 그런데 가인은 하나님의 이런 약속을 믿지 않는다. 그리고 그는 하나님의 안전 대책이나 약속을 믿지 않고 스스로의 길을 선택해서 간다.

왜 가인은 하나님께서 베풀어 주시는 호의와 안전 대책인 말씀 안에 거하지 못할까? 가인은 하나님을 향한 믿음이 없었기 때문이다.

어쩌면 그는 매일 밤 살인에 대한 두려움과 죄의식에 시달렸을 것이다. 그래서 가인은 자신을 지켜줄 큰 성을 짓는다.

이제 하나님이 나를 지켜 주는 것이 아니라 내가 내 인생을 지키고 내 생명을 보호하는 자가 되어야 한다는 생각으로 큰 성을 짓는다. 가인은 하나님의 말씀보다는 끝까지 자신을 신뢰하며 자신이 만든 왕국에 안주하며 여전히 불신앙적인 생활을 한다. 이것이 가인의 실수이다.

오늘날 많은 사람들이 가인처럼 자신의 성을 쌓는다. 쉬지 않고 성을 쌓는다. 어떤 사람은 일생동안 자신의 성만 쌓다가 인생을 마친다. 그런가 하면 가인은 내면적으로는 그가 만든 감옥에 갇혀 산다. 과거의 상처로부터 분노라는 감옥 속에 갇혀 산다. 아버지로부터 받은 거절감정, 실패 의식, 미움, 어둠, 열등감 그리고 두려움, 여러 가지 감옥을 만들어 놓고 밖으로는 자신만의 성을 쌓고 산다.

오늘날 우리 가운데는 가인처럼 자신 안에 감옥을 만들어 놓고 살고 있는 사람들이 많다. 그리고 밖으로는 열심히 자신을 지켜줄 성을 쌓는다. 혹시 오늘 우리 중에서 그런 분이 계신다면 빛 가운데로 걸어 나오면 된다. 망설이지 마라 지금 걸어 나오면 된다. 당신이 나와 보면 아무도 당신을 지키는 자가 없다는 것을 알 것이다. 없다 정말 아무도 없다. 자 이제 우리는 내가 만든 감옥의 문을 열고 나가자. 자비하신 우리 주님은 오늘도 우리를 초대하신다.

"수고하고 무거운 짐 진 자들아 다 내게로 오라 내가 너희를 쉬게 하리라"(마11:28)

오늘도 주님은 가인의 후예들을 부르신다. 혹시 우리 가운데 부모로부터 거절당한 거절 감정 때문에 낮은 자존감과 열등감 속에 갇혀 사는 사람이 있을 수 있다.

어떤 사람은 부모로부터 충분한 사랑을 받지 못해서 집착과 중독이라는 감옥 속에 자신을 가두어 두고 평생을 그곳에 갇혀 사는 수가 있다.

괜찮다. 내가 거절감과 상처 속에 낮은 자존감과 열등감 속에 버려진바 되었을지라도 우리의 체질을 다 아시는 주님께로 오면 주님은 우리를 온전히 자유하게 해 주신다.

매듭은 풀어야 한다.

주님은 언제나 우리를 기다리신다. 나의 모든 감정도 받아주시고 내 기분도 다 받아주시고 나를 후원해 주시고 내 편이 되어 응원해 주시고 내 마음을 만져 주시는 자비롭고 인자하신 하나님이 바로 우리 아버지시다.

그렇다면 우리가 가인처럼 예배의 실패자가 되지 않으려면 어떻게 해야 하는가? 우리는 어떻게 예배를 드려야 하는가?

"하나님은 영이시니 예배하는 자가 신령과 진정으로 예배 할지니라"(요4:23)

하나님은 영이시다. 영이시라는 말은 '영적인 존재'라는 말이다. 그런가하면 우리도 영적인 존재이다. 나에게도 영이 있다. 그리고 나는 혼을 가지고 몸 안에 산다. 이것이 우리 인간의 실존이다. 바로 나도 영을 가지고 영원히 사는 영적인 존재라는 것이다.

그래서 우리 인간은 하나님과 같은 영이 있다는 말이다. 그래서 예배를 드릴 때는 성령과 진리로 드리는 것이다.

그렇다면 우리가 예배를 드릴 때 영이신 하나님을 어떻게 만나는 것일까? 영이신 하나님을 영으로 만나는 것이다. 그럼 어떻게 만나는 것이 영이신 하나님을 영으로 만나는 것일까? 선포되어지는 말씀으로 만나는 것이다.

"예수께서... 너희에게 이른 말이 영이요 생명이라"(요6:63)

바로 하나님의 말씀이 곧 영이요 생명이다. 그래서 말씀으로 영이신 하나님을 만나는 것이다. 그러므로 우리는 가인처럼 예배의 실패자가 되어서는 안 된다. 예배는 언제나 내 방법과 내 의로움이 아닌 단번에 속죄를 이루신 예수 그리스도를 통해서 믿음으로 하나님께 나가는 것이다. 예배의 실패는 한주간의 실패를 가져온다. 그러나 가인이 실패한 예배는 그의 인생의 실패가 되었다.

 TIP

01. 당신은 예배를 어떻게 드리는가? 믿음으로 드리는가?
02. 왜 가인은 하나님의 안전 대책을 믿지 못했을까요?
03. 당신은 죄의식에 사로 잡혀 본적이 있었는가?

:: 02
아버지를 배닮다
_이삭

| 아버지의 뒷모습을 닮은 이삭

"헤이, 촌닭! 그 여자 누구냐? 네 아내냐?"
동네 비류들이 시비를 걸어왔다. 순간 이삭은 아내를 바라보면서 부인한다.
"아니요?, 얘는... 내 누이 동생인데요."
"그래? 와... 완전 여신이네 여신!"
"헤이 촌닭! 그럼 넌, 어디서 왔냐?"
이삭은 사람들이 두려운 나머지 아내를 누이 동생이라고 했다. 누군가를 꼭 닮은 것 같다. 바로 아버지 아브라함도 그랬다. 자식은 부모의 앞모습을 보고 배우는 것이 아니라 뒷모습을 보고 배운다. 이삭은 아버지 아브람이 과거에 거짓말로 아내를 누이라고 애굽 사람들을 속인 사실을 모를 것이다. 그 일은 이삭이 태어나기 전에 있었던 일이기 때문이다. 그런데 이삭은 지금 아버지 아브람이 했던 실수를 반복하고 있는 것이다.

이삭은 순종의 사람이다. 그의 나이 17살 자신의 몸을 묶어서 하나님께 제물로 바친 경험이 있다. 그래서 유대인들은 신년 명절이 되면 나팔을 불어 묶어 바친 이삭을 상기한다.
'우리도 거룩하신 하나님의 이름이 부끄럽지 않도록 항상 우리 자신의 삶을 성별(聖別)하여 바쳐야 한다.'고 생각한다.

그는 아버지 아브라함이 100세 때 얻은 아들이다. 약속의 자녀이다. 얼마나 사랑스럽고 예쁘던지 아브라함이 이삭을 쭉쭉 빨고 다녔다. 아브라함의 가슴속에 이삭으로 가득 채워지던 어느 날 하나님께서 아브라함을 부르셨다.

"아브라함~ 아브라함아~"

"네 하나님 제가 여기 있습니다."

"**네 아들 네 사랑하는 독자 이삭을 데리고 모리아 땅으로 가서 내가 네게 지시하는 산 거기서 그를 번제로 드리라**"(창22:2)

아브라함은 하나님의 말씀대로 순종한다. 이삭은 아무것도 모른 채 아버지를 따라 나섰다.

이삭은 모리아 산 정상에 가서야 자신이 번제물이 되어야 한다는 사실을 알게 된다. 이삭이 마지막으로 아버지 아브라함에게 묻는다.

"아버지…"

이삭은 아버지 아브라함의 허리를 두 팔로 안은 채 고개를 들어 아브라함을 올려다보며 입을 연다.

"오오, 그래 내 아들아!"

아브라함은 아들의 얼굴을 부드럽게 양손으로 감싼다.

"아버지… "

아버지를 부르는 이삭의 목소리가 조용히 떨렸다.

"아버지…"

아브라함은 대답 대신 이삭의 눈을 지극히 들여다본다.

이삭은 티 없이 맑고 깨끗한 눈으로 아버지를 올려다보며 입을 연다.

"아버지 이것까지 순종해야 합니까?"

이삭은 아브라함의 사랑을 잘 아는 자였다. 아버지 아브라함이 자신을 얼마나 사랑하는지 정말 잘 아는 자다. 아브라함은 당신 자신의 생명보다 아들이삭을 더 사랑해서 당신의 모든 것을 이삭을 위해 걸었던 사람이다. 그런 아버지가 지금 사랑하는 아들을 죽여서 번제로 드려야 하는 것이다.

"…"

아브라함은 아들 얼굴을 가까이 끌어들이며 이삭의 눈동자를 가만히 들여다본다.

사실 이삭은 아브라함의 모든 것이었다. 이삭은 그저 바라만 보아도 사랑스럽고 정이 쏟아지는 아들이다. 말하는 것, 행동하는 것 하나 하나 얼마나 사랑스러운지 모른다. 이삭은 흠이 없고 순전하고 순종적이며 거역이 없는 아들이다. 늘 큰 기쁨을 주었던 아들이다 이삭을 위해서라면 아브라함은 자신의 목숨도 아끼지 않으리라 생각했으며 이삭을 위해 뭐든지 하리라고 다짐했던 것이었다. 그런데 그런 금쪽같은 아들을 내가 죽여야 한다.

아버지의 말에 한 번도 거역함이 없는 아들이 죽음을 앞두고 아브라함에게 묻는 것이다.

"아버지 당신이 사랑하는 아들까지도 번제로 드려야 하나요?"
이것까지도 순종해야 하냐고 묻는 것이다.
"아버지 이것까지 순종해야 합니까?"
아브라함이 이삭의 눈을 바라보며 말한다.
"아들아, 여호와께서, 널 원하시는구나."
"…"
이삭은 하나님께서 자신을 원하신다는 아버지의 말씀에 그대로 자신을 묶어서 바친다. 아브라함이 이삭을 잡은 것이 아니다.

이삭이 스스로 자신을 결박한 것이다. 이런 이삭의 모습은 마치 수 천 년 후에 이 땅에 오셔서 아버지의 뜻을 기쁘게 받들어 십자가를 지신 예수님처럼 말이다.

이삭은 이처럼 순종의 영으로 가득 찼던 사람이었다. 무엇이든지 하나님의 뜻이라면 순종하는 인생이었다. 흉년이 들어 애굽으로 내려갈 때 하나님께서 나타나사 애굽으로 가지 말라고 말씀하시자 이삭은 그대로 순종한다.

"이삭이 그 땅에서 농사하여 그 해에 백배나 얻었고 여호와께서 복을 주시므로"(창26:12)

하나님은 순종하는 이삭에게 그 해 그 땅에서 100배의 소출을 얻게 하셨다. 그런데 이렇게 하나님의 뜻에 순종하던 이삭이 그의 일생에 한 가지 실수를 한다.

| 영적인 분별력을 상실한다.

"큰 자가 작은 자를 섬기 것이다."(창25:23)

이삭은 분명히 하나님께서 쌍태를 주실 때 말씀하셨다. 그런데 어느 날 이삭이 노년에 에서를 불렀다.

"에서야! 에서야! 어디 있느냐?"

"네, 아버지 부르셨습니까?"

"오늘은 내가 고기가 먹고 싶다. 나의 즐기는 별미를 만들어 오너라. 내가 먹고 너를 축복하고자 한다."

"알겠습니다. 아버지! 얼른 다녀오겠습니다."

에서가 사냥하러 나간 사이에 리브가는 별미를 만들어서 야곱에게 들려서 아버지께로 가게 한다.

이삭은 야곱을 큰 아들 에서로 착각하고 마음껏 장자의 복을 빌어 준다. 장자의 복은 두 몫이다. 구원의 복과 물질의 복이다. 사냥에서 돌아온 에서는 아버지께 축복을 받고자 하나 이미 축복을 야곱이 받은 것을 알고 난리가 난다. 에서가 울면서 축복 기도를 구하나 이삭은 이미 빌어줄 복이 없다고 막을 내린다.

우리는 여기서 이삭의 실수를 살펴보자. 이삭 그는 지극히 육신적인 사람이 되어버렸다. 이삭은 영적인 분별력을 상실한 사람이 되어 버렸다. 왜 그런가? 아들 야곱에 대한 하나님의 섭리와 계획을 분별하지 못했기 때문이다.

이삭은 야곱을 통해서 하나님의 특별한 섭리가 이어질 것이라는 것을 분명히 알고 있었을 것이다. 그렇다면 이삭은 야곱에게 마땅히 장자의 축복을 했어야 한다. 이것이 하나님께 순종하는 일이다.

그런데 이삭은 그렇게 하지 않았다. 왜 그런가? 이삭은 영적인 분별력을 잃어 버렸다. 이삭은 지극히 인간적인 방법과 육신의 생각으로 에서를 축복하고자 했다.

"나의 즐기는 별미를 만들어 내게로 가져다가 먹게 하여 나로 죽기 전에 내 마음껏 네게 축복하게 하라"(창27:4)

이삭은 하나님의 뜻에 조건 없이 순종했던 사람이었다. 그런데 지금 중차대한 일에 있어서 하나님의 뜻보다는 육신적인 내 생각으로 에서를 축복하려고 한 것이다. 에서는 큰 아들이다. 큰 아들에 대한 아버지로서의 인간적인 연민이 있었을 것이다.

사람은 누구나 큰 자식에 대한 기대가 있고 눈높이가 있다. 그래서 이삭이 에서를 축복하고 싶었는지도 모른다.

그런가하면 에서는 사냥꾼이다. 이삭은 에서가 사냥한 별미 요리를 종종 즐겁게 먹었는지도 모른다. 지극히 육신적인 생각으로 자식을 축복하려는 이삭의 실수를 보라.

우리 중에도 흔히 하는 실수들이다. 그렇다면 오늘 우리는 이런 실수를 어느 때 자주 하는가? 사람들은 하나님의 뜻을 알면서도 내 뜻을 고집하며 일하는 때가 있다. 내 방법대로 하는 경우이다. 그러나 우리가 내 방법대로 어떤 일을 실행하나 결국 인생은 내 뜻대로 이루어지진 않는다. 하나님의 뜻만이 이루어지는 것을 볼 수가 있다.

이삭을 보자 자신의 뜻대로 에서를 축복하려고 했지만, 결국 그의 고백을 들어 보자.

"이삭이 에서에게 대답하여 가로되 내가 그를(야곱) 너의 주로 세우고... 에서야 너는 칼을 믿고 생활하겠고 네 아우를 섬길 것이며..."(창27:37,40)

이삭은 자신의 인간적인 실수를 돌아보면서 생각했다.
'아 하나님께서는 정말 당신이 축복하실 자를 축복하시는구나! 태중에서부터 큰 자가 작은 자를 섬기리라고 말씀하신 대로 하나님은 당신의 뜻을 기필코 이루시는 분이시구나. 그렇다면 그가 당연히 받을 축복이었구나...'

그렇다면 이삭이 오늘 이런 실수를 왜 하게 되었을까? 하나님을 섬기는 일을 할 때 우리가 가장 경계해야 할 것은 육신의 안일함이다. 육신의 안일함에 길들여지면 우리는 매너리즘에 빠지게 된다. 매너리즘에 빠지면 영적인 부분은 서서히 감각을 잃어 간다. 하나님의 음성도 희미해진다. 약속도 시시해진다. 육신의 안일함에 익숙해지면 우리의 영혼이 사망의 잠을 잔다. 기도가 멈추게 된다. 기도를 잃어버리게 된다. 영적인 기능이 멈추게 된다. 주님을 사랑하는 마음도 식어간다. 주를 위해 불태웠던 에너지도 식어간다. 이제 육신의 가치관이 우리의 삶에 기반이 된다. 이제는 주님을 찾는 일도 별로 없어진다.

어느 날 아침 새벽기도를 위해 자리에 앉았다.

그런데 주님이 찾아 오셨다.

"주님 왜요?"

"아들아, 광야가 행복했었지?"

"……?"

부드러운 주님의 음성이 들리는 순간 내 마음이 울컥했다. 잊고 살았던 광야 생활이 생각이 났다. 광야에서 주님과 보냈던 밀월의 시간들이 그리움처럼 밀려 왔다.

매일 밤 주님께 매달려 눈물로 부르짖던 일들이 생각이 났다. 주님이 아니면 안 된다고 절박하게 주님께 울며 매달리며 기도하던 일들이 생각이 났다.

그때는 주님의 위로가 있었다. 주님이 눈물을 닦아주시고, 먼저 찾아오시고, 말씀해 주시고... 행복했었다. 그런데 지금은 그렇지 않다. 울지 않는다. 절박하지 않다. 그래서 주님을 별로 찾을 일이 없다. 주님께 매달리지 않는다. 주님이 다 주셨기 때문이다. 이제 배고프지 않다. 모든 것이 풍족하다.

그래서 우리 자신도 모르게 육신에 안일함에 젖어 버렸다. 기도를 멈춰버렸다. 영적인 갈급함이 없어졌다. 내 영혼이 사망의 잠을 자게 되었다. 영적으로 분별력이 없어졌다. 영적인 매너리즘에 빠진 것이다. 육신의 안일함에 빠져서 무릎이 약해진 것이다. 그런데 우리 주님은 저를 이렇게 가르치신 것이다.

"아들아, 너 왜 기도하지 않느냐?"

주님은 이렇게 말씀하시지 않으시고 이렇게 말씀하셨다.

"아들아 광야가 행복했었지?" 라고 물으신 것이다.

참 좋으신 하나님이시다. 누가 이런 아버지의 선하심을 맛보년 변화되지 않겠는가? 나는 다시 기도의 무릎을 모으기 시작했다. 사실 기도는 휴식이 없다.

왜 그런가? 기도는 기도할 때 그 자체가 우리에게 휴식이 된다. 기도가 영적인 호흡이기 때문이다. 기도가 내 영혼의 호흡인 것이 분명하다면 호흡을 멈추면 사망의 잠을 자게 된다. 그러므로 기도를 멈추지 말라. 만일 자유를 얻으려고 호흡을 멈춘다면 그 자체가 엄청난 억압이 된다. 다른 모든 일을 멈출지라도 절대로 기도는 멈추지 말라.

"쉬지 말고 기도하라"(살전5;17)

우리가 기도를 그치지 않을 때 참된 자유 속에 우리의 영혼은 더욱 더 빛나고 아름답고 행복한 관계가 지속될 것이다.

이삭의 실수는 바로 노년에 영적인 분별력을 잃고 하나님의 뜻을 온전하게 순종하지 못한 것이다.

절대 영적인 호흡을 멈추지 말라. 주님이 부르시는 그날까지 기도를 멈추지 말라.

 TIP

01. 하나님의 뜻을 알면서도 내 방법을 사용한 경험이 있으셨다면?
02. 육신적인 안일함에서 벗어나려면 어떻게 해야 할까요?
03. 기도는 억압이나 구속이 아니라 우리를 자유롭게 합니다. 왜 그렇다고 생각하십니까?

:: 03
인간이 행하는 복수
_시므온

| 복수의 화신

"뭐야! 디나가, 성폭행을?"
"아들들아, 내 마음이 아프구나."
아버지 야곱의 말에 형제들이 분노했다. 화가 불같이 일어난 시므온이 주먹을 불끈 쥔 채 입을 연다.
"감히 이것들이, 다 죽여 버리리라!"
시므온은 여동생을 위해 살인 잔치를 계획하며 실행을 한다.

"성문으로 출입하는 모든 자가 하몰과 그 아들 세겜의 말을 듣고 성문으로 출입하는 그 모든 남자가 할례를 받으리라. 제 삼일에 미쳐 그들이 고통 할 때에 야곱의 두 아들 디나의 오라비 시므온과 레위가 각기 칼을 가지고 가서 부지중에 성을 엄습하여 그 모든 남자를 죽이고 칼로 하몰과 그 아들 세겜을 죽이고 디나를 세겜의 집에서 데려오고 야곱의 여러 아들이 그 시체 있는 성으로 가서 노략하였으니 이는 그들이 그 누이를 더럽힌 연고라"(창34:24 -27)

인생을 살다보면 원치 않게 억울한 일을 당할 때가 있고, 정말 화가 나는 일이 있다. 그럼에도 불구하고 우리는 화가 나는 대로 행동해서는 안 된다. 미움이 미움을 낳는 악 순환이 계속되기 때문이다. 그래서 예수 그리스도를 믿고 거듭난 그리스도인에게 복수는 아름답지 못한 행동이다. 왜냐하면 하나님은 "원수를 사랑하라" 하셨기 때문이다.

오늘 시므온은 성폭행 당한 누이동생의 일로 한 부족의 남자들을 모조리 죽였다. 철저하게 감정이 시키는 대로 마음이 원하는 대로 복수를 한 것이다. 이것이 시므온의 가장 큰 실수다. 왜 그런가? 살인이라는 방법을 통해서 복수하는 것은 하나님 앞에 중대한 범죄이다. 하나님의 백성답지 않는 행동이기 때문이다.

그러면 어떻게 하란 말인가? 시므온은 항변할 수도 있다.

"여보시오! 그렇다면 내 누이를 더럽힌 저들을 그냥 놓아두란 말입니까?"

처음 출발은 당연한 논리와 정당한 이유로 출발할 수 있다. 그러나 목적은 언제나 올바른 수단과 올바른 과정을 요구한다. 미움이라는 잘못된 감정을 가지고 복수하거나 살인으로 문제를 해결하려고 했을 때, 우리는 어렵고 힘든 고난의 길을 걸어야만 한다.

우리에게는 하나님이 계시고 진리가 있다. 하나님의 섭리는 변함이 없다. 진리는 언제나 한 방향이다. 주님이 지금도 똑같이 역사를 하신다. 그런데 시므온은 복수의 화신이 되어 한 마을의 모든 남성들을 할례를 받게 한 후 거동이 불편한 때를 노려 남성들을 모조리 죽이게 되었다.

이런 시므온의 행동은 어떤 결과로 연결이 되었는가? 하나님 앞에 시므온은 잊힌 존재가 된다. 인간을 향한 하나님의 최대의 형벌이 있다면 그것은 바로 하나님 앞에 잊힌 존재가 되는 것이다.

오늘 우리는 어떤가?

우리가 주님의 이름으로 설교도 하고, 봉사도 하고, 교회 직분도 감당한다. 때로는 귀신도 쫓아낸다. 그런데 주님이 말씀하신다.

"내가 너희를 도무지 알지 못하노라"(마7:23)

주님의 이런 선언이 오늘 우리에게 가장 큰 비극일 것이다.

그렇다면 우리에게 주어지는 억울한 일들을 우리는 어떻게 대면해야 할까?

만일 당신이 진정한 그리스도인이라면 억울한 일을 당했을 때 기억하라. 우리는 하나님이 없는 사람들처럼 비 신앙적이고 비 성경적인 방법과 수단을 사용하지 말아야 한다. 아무리 마음속에 증오와 복수심이 불같이 일어날지라도 시므온과 같은 실수를 저지르면 안 된다.

오늘 우리의 마음속에 복수의 감정이 불같이 일어날지라도 우리는 감정이 시키는 대로 행하면 안 된다. 그것을 잘 다스리고 가라앉혀야 한다. 그리고 올바른 방법과 목적대로 처리해야 한다. 그래서 훈련이 필요한 것이다. 우리가 이것을 배우지 못하면 우리도 시므온과 똑같은 실수를 범할 수가 있다.

복수는 내가 하는 것이 아니다. 복수는 주님께 맡겨야 한다.

그리하면 조금도 부족하지 않는 온전한 복수를 우리 대신 주님이 행하실 것이다. 그러나 증오와 미움을 삭이지 못하고 인간적인 방법과 수단으로 행동한다면 당신은 시므온과 똑같은 실수를 하는 것이다.

주님은 오늘 우리에게 기대하는 바가 크다. 어두운 세상에 우리는 빛이다. 빛은 빛으로 살아야 한다. 그래서 하나님의 생명으로 거듭난 우리에게는 무한한 가능성이 있다. 우리는 어둠 가운데 빛을 비추는 것이다. 그래서 주어진 환경과 상황을 바꿀 수 있는 자들이다. 어느 상황에서든지 진리를 선택할 수 있는 능력이 있다.

그래서 세상이 어두울지라도 하나님은 우리를 기대하신다. 나를 통해서 예수 믿고, 나를 통해서 영광이 나타나고, 나를 통해서 교회가 세워지고, 나를 통해서 가정이 세워지고, 나를 통해서 셀이 부흥되고, 나를 통해서 사람들이 세워지는 역사를 기대하신다.

하나님은 우리에게 이런 삶을 기대하신다. 신앙생활을 하면 할수록 주님 만난 날이 가까워지면 질수록 우리의 얼굴에 분노가 아니라 거룩한 광채가 가득해야 한다. 우리의 입술에는 미움이 아니라 거룩한 주님의 사랑의 언어가 흘러나오고 우리의 마음속에 복수로 불타는 것이 아니라 그리스도의 생명의 생수가 흘러나오는 사람으로 우리 인생을 기대하는 것이다.

그렇다면 지금 혹시 우리가 정리해야 할 어둠이 있지는 않은가? 내 자신의 미움과 분노의 감옥 속에 가두어 둔 사람이 있지는 않은가? 그래서 생각이 날 때마다 꺼내서 그 때 그 일을 생각하고 분노하다가 다시 감옥 속에 가두어 두는 그런 사람이 있지는 않은가? 용서하지 못한 그 사람이 있지 않은가? 있다면 이제 그 사람을 풀어주었으면 한다.

지금 그 감옥의 문을 열어 주시길 부탁드린다. 그리고 그 사람이 걸어 나올 수 있도록 풀어 놓아야한다. 어둠을 붙잡지 마시길 바란다.

할 수 있겠는가? 있으시다면 지금 즉시 하시길 바란다.

당신은 빛이다. 당신은 어둠이 아니기 때문이다. 그래서 호리라도 어둠을 남겨 두지 마라. 생각이 결과를 낳기 전에 당신의 감옥의 문을 활짝 여시오.

그동안 마음이 정리되지 못했던 구석진 곳에 미움과 분노가 자리했던 그곳에 사랑과 용서의 씨를 파종하십시오.

그리고 무조건 용서를 선포 하십시오. 순종하는 당신의 삶속에 꿈같은 일들을 일어 날 것입니다.

☑ TIP

01. 엄청나게 미운 사람이 있었는가?
02. 당신은 생각의 감옥 속에 누구를 가두어 두었는가?
03. 그 사람을 풀어놓고 축복하라.

:: 04
방관이 부른 비극
_엘리 제사장의 아들들

| 모범 아빠가 낳은 충격적인 망나니 자식

"목사님... 요즘 목사님 두 아들 때문에 동네가 온통 난리가 났네요."
"장로님, 무슨 소문인데, 그러세요?"

자비로우신 장로님은 근심이 가득 찬 얼굴로 다음과 같이 보고를 한다.
"목사님... 홉니는 지난주 제사 때 교회 헌금을 훔쳐서 술을 얼마나 먹었던지 죄 없는 사람을 때려서 콧대가 박살이 났다고 하네요. 그리고 둘째 비느하스는... 성폭행 하고 도주해서 경찰이 체포하러 다니는 구만요. 목사님 어쩌면 좋아요."

엘리 목사님은 두 아들들이 요즘 어떻게 행동하고 다니는지에 대해 장로들로부터 전해 들었다. 그날 밤 엘리 목사님은 두 아들 홉니와 비느하스를 큰마음을 먹고 불렀다.

"내 아들아 그리 말라 내게 들리는 소문이 좋지 아니하니라. 너희가 여호와의 백성으로 범과케 하는 도다 하되... 그들이 그 아비의 말을 듣지 아니하였으니 이는 여호와께서 그들을 죽이기로 뜻하셨음이었더라."(삼상2:24-25)

"아들아! 너희들이 불량하다는 소문이 들리더구나."
"아버지 누가 그래요! 다 거짓말이네요."
"그래도 아들아 그리 말거라."

엘리 제사장은 언제나 이런 식이었다. 자식을 너무 귀하여 여긴 나머지 나무라질 않았다. 엘리는 가정교육 뿐 만 아니라 그냥 자녀들을 방치해 버렸다. 하나님은 자녀 교육을 제대로 시키지 못한 엘리 제사장에게 엄한 책망을 하신다.

"...네 아들들을 나보다 더 중히 여겨 내 백성 이스라엘의 드리는 가장 좋은 것으로 스스로 살찌게 하느냐... 나를 존중히 여기는 자를 내가 존중히 여기고 나를 멸시하는 자를 내가 경멸히 여기리라"(삼상2:29)

엘리 제사장의 실수가 드러났다. 엘리는 아들을 하나님보다 더 중히 여겼다. 언제나 자식이 먼저였다. 엘리에게는 자식이 우상이었다. 결국은 엘리의 두 아들이 죽임을 당하고 엘리 자신도 목이 부러져 죽고 말았다. 엘리 목사님의 가정에 슬프고 안타까운 이야기다. 그렇다면 엘리는 어쩌다 이런 비극을 맞이하게 되었는가?

부모의 신앙이 왜 전해지지 못하는가?
엘리는 지금으로 말하자면 종교적인 일에 자신의 전 삶을 바치고 있었던 사람이라고 할 수 있다. 그는 교회일 때문에 늘 바쁜 사역자이다.
그래서 그는 바쁜 교회 사역 때문에 사실 가정과 아이들의 가정교육을 본의 아니게 소홀하게 한 사역자의 경우라고 볼 수 있다.
어쩌면 이것이 엘리 제사장이 착각하고 실수한 일이 아닌가 싶다. 물론 목회 사역이 바쁘다 보니 그에게는 얼마든지 자녀들과 시간을 함께 보낼 수 없었던 것에 관하여 여러 가지 핑계거리가 있을 수 있을 것이다.

그러나 성경은 그가 하나님을 열심히 섬겼기 때문에 자녀 교육을 잘못한 일에 관하여 하나님이 그대로 넘기셨다고 말씀하고 있지 않다. 자녀 교육에 대한 무관심과 소홀함은 그것이 어떤 경우든지 어떤 이유든 핑계거리가 되지 않는다.

왜 그런가? 탈무드에 보면 보이지 않는 하나님께서 눈에 보이는 하나님으로 주신 것이 부모다. 그래서 부모는 자녀를 잘 교육하고 교훈해야 한다. 결혼해서 한 가정을 이룬 이상 가정에서 일어나고 있는 모든 사건에 관해서 우리는 결코 도피하거나 핑계할 수 없다. 엘리 제사장의 실수는 바로 이것이었다. 아이들을 그냥 방치한 것이다.

많은 사람들이 내가 하나님의 일을 하니까 하나님께서 내 아이를 잘 키워주시겠지, 물론 하나님은 그러실 수 있다. 그러나 우리가 기억해야 할 것은 부모로써 해야 하는 일은 반드시 부모가 해야 한다. 어릴 때부터 규칙과 규례를 익히고 사람으로서 기본적으로 갖추어야 할 소양과 도덕, 윤리, 예의범절과 성실과 근면... 행동의 한계를 정해주고 되는 것과 안 되는 것 그리고 철저하게 하나님을 경외하고 사람을 섬기는 일들을 가르쳐야 한다.

그렇다면 우리가 엘리처럼 실수하지 않고 자녀들을 어떻게 교육해야 할까?
많은 자녀 교육 방법이 있다. 그러나 분명하고 확실한 방법 한 가지만 소개한다. 우리가 자녀들을 교육할 때 자녀의 정체성과 행동을 분리해서 교육해야 한다. 하나님은 우리를 교육하실 때 우리의 정체성과 행동을 분리시킨다. 하나님은 항상 우리의 정체성을 축복하신다. 우리가 옳은 일을 하면 하나님은 우리를 축복하신다. 우리가 잘못해도 하나님은 우리를 축복하신다.

그렇지만 우리의 행동은 하나님께서 훈계해 주신다. 그래서 우리가 하는 행동에는 반드시 결과가 있다는 것을 가르쳐 주신다.

무슨 말씀인가?

하나님께서는 우리의 정체성은 변함없이 사랑하시고 축복하신다는 말이다. 그렇다면 하나님은 우리를 어떻게 교육하시는가? 하나님은 강요하지 않는다. 하나님은 우리를 통제하지 않으신다. 조종하지 않는다. 우리의 가치를 없애지 않는다. 그럼 하나님은 어떻게 하시는가? 하나님은 우리에게 항상 선택권을 주신다. 그래서 우리가 선택하면 그 선택의 결과가 주어진다.

"내가 오늘날 천지를 불러서 너희에게 증거를 삼노라 내가 생명과 사망과 복과 저주를 네 앞에 두었은즉 너와 네 자손이 살기 위하여 생명을 택하고"(신30:19)

여기에 두 선택이 있다.

첫 번째 선택과 두 번째 선택이 있다. 어떤 것을 선택하든지 선택은 내가 하는 것이다. 여기에 생명이 있고 여기에 사망이 있다. 복이 있고 저주가 네 앞에 있다. 네가 선택하라. 하나님은 우리에게 선택하게 하신다.

우리가 예수 믿는 것도 마찬가지다. 내가 선택하는 것이다. 우리는 죄 때문에 하나님을 떠났다. 죄 때문에 죽어서 멸망을 당한다. 하나님과 영원히 분리된 채 지옥에 간다.

자 선택이 여기에 있다. 선택은 언제나 내가 하는 것이다.

첫 번째 선택은?

예수님이 너를 위해서 죽었다. 네가 예수를 믿고 영접하면 예수님의 속죄가 너의 것이 된다. 너의 죄 값은 다 지불했다. 네가 예수를 선택하면 너는 하나님의 자녀가 된다. 하나님의 자녀가 되면 자녀로써 하나님의 유업을 받게 된다. 너는 이 땅에서 뿐만 아니라. 하나님과 영원토록 함께 살게 된다.

두 번째 선택은?

네가 예수님을 거부하면 너는 죄 가운데 계속 남게 된다. 그러면 너는 영원토록 멸망한다. 영원토록 예수님으로부터 분리되어 지옥에서 산다. 이것이 너의 선택이다.

오늘 내가 너의 앞에 생명과 사망, 축복과 저주를 두노라.

누가 선택하는가? 내가 선택하는 것이다. 우리가 선택하는 것이다. 하나님이 강요하시는가? 아니다. 하나님이 조종하시는가? 아니다. 하나님이 억압하시는가? 아니다. 그러면 예수님을 선택하기로 거부하는 사람들을 예수님이 어떻게 대하시겠는가?

하나님은 화내시지 않는다. 하나님이 그들에게 소리를 지르시는가? 아니다. 하나님께서 그들의 가치를 없애시는가? 아니다. 예수님을 선택하는 사람과 예수님을 거부하는 사람과의 가치와 차이는 별로 없다. 영혼의 가치는 똑같다. 하나님께서 둘 모두를 사랑하신다.

왜 그러신가?

예수님께서 둘 모두 다를 위해서 죽으셨다.

그런데 선택의 결과는 완전히 다르다. 예수를 선택한 사람은 천국에 가고 예수님을 선택하지 않은 사람은 지옥에 간다.

한 사람은 영생이 있고, 한 사람은 영원토록 멸망한다. 그러므로 내 인생은 100% 내 책임이다. 누구를 원망할 이유가 없다.

내가 선택한 인생이기 때문이다. 그렇다면 하나님께서 예수님을 거절하는 사람들을 어떻게 대하실까?

하나님께서 우실 것이다. 하나님은 그들을 사랑하신다.

"내가 너를 사랑한다. 내 아들 예수를 영접하라. 나는 네와 함께 천국에서 살기를 원한다. 부탁한다. 나는 너를 사랑한다. 아들아 나는 너를 사랑한다."

그런데 사람들은 이렇게 반응한다.

"싫어요. 나는 예수님이 싫어요. 나는 예수 자체가 싫어요."

그리고 거절한다. 그러면 선택의 결과가 무엇인가? 그들은 영원토록 지옥에 간다. 정말 심각한 결과이다. 이것은 당신이 선택한 결과다. 그렇다고 하나님은 화내지 않는다. 하나님은 그들을 여전히 사랑하신다. 하나님은 그들을 축복하신다. 하나님은 그들을 위해 하실 수 있는 모든 것을 하신다. 그런데 결과가 있다. 그 결과는 당신의 선택에 달려 있다. 하나님의 이런 교육 방법을 사용하신다.

그러면 우리 가정에서 어떻게 적용할까?

오늘 엘리 제사장의 실수는 자녀 교육을 방치한 결과이다. 이것은 우리가 실수하기 쉬운 부분이다. 대부분의 부모는 자녀들을 교육할 때 '정체성과 행동'을 결부시켜서 말을 한다.

그래서 자녀가 잘못된 행동을 하면 자녀들에게 수치심을 심어준다. 자녀들이 정체성을 무가치하게 느끼도록 만든다.

자녀들이 무엇을 잘못할 때 대부분의 부모들은 자녀의 가치를 없애버린다. "넌 왜 그 모양이냐! 넌 항상 그래! 네가 뭐가 되겠니?"

부모들은 자녀들의 행동과 정체성을 결부시켜서 행동을 잘못하면 그 아이는 가치가 없는 사람이 된다. 올바른 행동을 하면 그 아이의 가치가 높아진다. 우리는 이런 교육을 은연중에 해 왔고 또 계속해서 하고 있다.

그러나 분명한 것은 우리의 행동에 따라서 우리의 정체성이 바뀌는 것이 아니다.

나는 하나님의 자녀다. 나는 영생을 가진 자다. 나는 정복자 보다 나은 자이다. 나는 의로운 자다. 이것은 나의 행동과 상관없는 나의 정체성이다. 이 정체성은 내 행동으로 좌지우지 되는 것이 아니다. 이 정체성은 내 행동으로 가치가 높아지거나 낮아지는 것이 아니다.

이 정체성은 내가 부모의 말을 잘 들으면 나의 가치가 높아지고 말을 잘 안 들으면 무가치한 인생이 되는 것이 아니다.

　다시 말하면 이 정체성은 내가 공부를 잘하면 더 높아지고 공부를 못하면 낮아지는 것이 아니다. 나의 정체성은 하나님께로부터 주어진 것이기 때문이다.

　나는 딸만 둘이다. 지금은 모두 출가했다. 그런데 그 아이들이 6살 정도 되었을 때 일이다. 어느 날 예배를 마치고 아이들이 집사님 집에서 놀다가 집으로 돌아 왔다.
　집사님은 저에게 무슨 할 말이 있는 듯 했다.

　"목사님 잠간만 뵈어요?"
　"네 집사님 무슨 일이시죠?"
　"아이가... 돈을 훔쳤어요."
　"웬 돈을 요?"
　"책상위에 두었는데..."
　"아... 그래요?"
　갑자기 당황이 되었다. 갑자기 내가 나쁜 목사가 된 것 같았다. 내가 나쁜 아버지가 된 것 같았다.
　"집사님 알겠습니다. 죄송합니다."
　내 마음 안에서 화가 났다. 집에 가서 때려줘야겠다고 마음을 먹었다.
　아니? 돈을 훔치다니?... 딸아이를 데리고 집으로 왔다. 이미 내 마음은 화가 나 있었다.
　그런데 성령님이 찾아 오셨다.
　"아들아, 너 뭐하려고 그러니?"
　"딸을 혼내주려고요?"

"아니다. 혼내지 말거라."

성령님께서는 이미 내 마음을 아시고… 말리셨다. 사실 딸을 훈계하려고 하는 것이 아니라.

내 안에 목사의 딸이 돈을 훔쳤다는 말에 나의 자존심이 무척이나 상처를 받아서 화가 난 것이다.

"주님 얘가 죄를 지어잖아요? 돈을 훔쳤다고요?"
"나도 안다. 그러나 매를 대지 말거라."
"주님 얘가 돈을 훔쳤다니까요?"
"그래 나도 안다. 용서해 주거라."

성령님은 어쩔 줄 몰라 하셨다. 행여 내가 아이를 때릴까 싶어서다.

나는 지금도 그때 일을 생각하면 부끄럽다.

그렇게 성령님께서 말리셨는데도 불구하고 나는 화를 억누르지 못하고 기필코 매를 들었다. 모질게 아이 종아리를 때려 주었다 아빠에게 매를 맞은 아이는 밤에 잠을 이루지 못했다. 아이를 교육한다는 이유로 매질은 했지만 무너진 내 자존감 때문에 꼭 화풀이와 스트레스를 푼 것 같은 기분이 들었다. 내가 괴로운 것은 바로 자책감이었다. 성령님께 순종하지 못한 것이 한없이 미안했고, 내 자신이 못 마땅했다.

아빠에게 매를 맞은 딸아이도 충격으로 잠을 이루지 못했다. 아파서도 울고, 서러워서도 울고, 울음 뒤끝이 좀처럼 자자들지 않았다. 나는 그런 딸아이를 안아 주었다. 딸아이는 또다시 뜨거운 눈물을 흘렸다.

"아빠가 미안하다. 아빠를 용서해 다오."

그날 이후 주님은 나를 가르치셨다. 나의 정체성에 대해서 자세하게 그리고 확고하게 가르쳐 주셨다.

사람의 말에 흔들리지 않는 정체성 말이다. 자녀들이 어떠하든지 흔들리지 않는 정체성 말이다. 누가 뭐라고 해도 흔들리지 않는 나의 정체성을 가르치셨다. 전에는 사람들의 말에 신경을 썼다. 내 딸이 잘못된 행동을 했기에 내가 나쁜 아빠가 되고 나쁜 목사처럼 되었다고 느꼈다.

이것이 문제였다. 내 안에 문제는 나의 가치가 내 행동과 연결되었다는 것이 문제였다. 그래서 내가 옳게 행동하면 나는 내가 가치 있다고 느꼈다. 그러나 내가 행동을 잘못하면 내가 무가치하다고 느꼈다. 하나님께서 내 마음 안에 이런 것이 있다는 것을 알게 했다. 바로 나는 내 자신을 우상으로 숭배하고 있었다. 나는 내 자신을 나도 모르게 내 자신을 자의적으로 숭배하고 있었다. 내 자신의 소중한 가치와 정체성은 하나님의 말씀이나 하나님의 사랑에 기반을 둔 가치와 정체성이 아니었기 때문이었다.

사실 이것이 우상숭배이다. 그러나 그전에는 나는 그것을 몰랐다. 나의 6살짜리 딸아이를 나의 정체성의 연장으로 만들었다. 그래서 나의 딸이 옳은 것을 하고 바르게 행동하면 나는 훌륭한 아빠가 되고 정말 가치 있다고 느꼈다.

"야 나는 훌륭한 아빠야!"

그러나 나의 딸이 잘못하면 나는 나쁜 아빠요 무가치하다고 느꼈다. 자식들에 의해 휘둘리는 것이었다. 6살짜리 나의 딸의 행동에 따라서 나의 가치가 주식 시세처럼 요동을 쳤다.

그렇다면 우리가 이런 실수를 하지 않으려면 어떻게 해야 하는가?

먼저 정체성과 행동을 분리해서 다루어야 한다. 자녀를 교육할 때 자녀가 옳은 일을 하든 그렇지 않든 자녀에 대한 부모의 사랑은 변함이 없다. 우리는 그것을 알려주어야 한다. 자녀를 사랑해야 한다. 여진히 가치 있게 여겨야 한다.

그날 이후 내 딸이 옳은 행동을 하든지 잘못된 행동을 하건 나는 딸의 행동과 정체성을 분리시켜서 딸을 사랑했다. 그리고 나는 딸에게 너는 언제나 가치 있고 소중한 존재라는 것을 가르쳤다.

왜 이것이 이렇게 중요한 것일까? 딸이 잘못하면 어둠은 속삭인다. 마귀가 무슨 말로 속삭일까?

"얘! 넌 가치 없어, 넌 정말 형편없는 자야, 봐 너 또 죄를 지었잖아! 네가 죄를 지었으니까 당연히 너는 가치가 없는 자야. 야 부끄럽지도 않니?"

그러면 아이의 마음속에 수치심이 들어오고 자신의 정체성이 흔들리게 된다. 아이의 마음속에 수치심이 들어오면 아이의 육체는 보상을 원한다. 그래서 수치심은 모든 중독의 뿌리가 된다. 아이 안에 자리한 수치심이 모든 우상숭배의 뿌리가 된다. 수치심은 모든 학대의 뿌리가 된다. 모든 것이 수치심으로부터 나오게 된다.

그러므로 우리 부모들은 언제나 우리 자녀들의 행동과는 상관없이 하나님이 말씀하시는 정체성을 확고하게 심어 주어야 한다.

너희는 세상에 빛이니라. 우리는 빛이다. 그래서 우리에게는 어둠이 없다. 내가 허물이 있어도 나의 정체성은 빛이다. 자녀들에게 정체성만큼은 언제든지 흔들리지 않게 확고하게 심어 주는 것이 세상을 당당하게 살아가는 비결일 것이다.

 TIP

01. 당신은 정체성은 확실한가?
02. 당신의 행동 때문에 당신의 정체성에 변화는 오지 않는다. 왜 그런가?

:: 05
듣고 싶은 말만 듣다
_르호보암

| 노인들의 지혜를 외면하다

"여보게, 목회는 내가 죽어야 한다네."

"죽어야 한다... 죽어야 할 것이 뭔데요?"

"목사는 첫째 목소리가 죽어야 하고, 둘째 눈이 죽어야 해. 그리고 세 번째는 목사는 목이 죽어야 하고, 네 번째는 높아진 마음이 죽어야 한다네. 알겠는가? 이것이 네 자신을 부인한다는 뜻이야..."

"목이 죽어야 한다는 말은 무슨 말씀이지요?"

"목사가 교만하면 안 된다는 말이네"

"눈은 왜 죽어야 하는데요?"

"눈은... 욕심과 탐욕이 죽어야 한다는 말이네"

"그럼 목소리는요"

"자기주장이라는 뜻이지..."

목사 안수를 받을 때 임직 자들에게 검정색 목사 가운을 입혀 준다. 여러 가지 의미가 있겠지만 나는 목사 가운을 입을 때 기쁘기도 했지만 한편으로는 상복 같은 느낌이 들었다. 사람이 죽으면 입는 상복 말이다. 목사에게 검은 가운을 입히는 이유가 그래서 일 것이다.

"이제 나는 진짜 죽은 자구나! 그래 겉 사람은 죽고 속사람으로 살리라. 세상에 대해 죽고 하나님께만 산자가 되리라." 라는 생각을 했다.

그런데 목회 길을 한발 앞서 가신 형님이 어린 동생이 불안하셨던지 목회를 잘 하라고 조조히 일어주신다. 나는 한귀로 흘러들었다.
난 그렇게 안 해도 잘할 수 있을 것 같았다.

"내가 진실하게, 사심 없이 하나님 앞에 최선을 다하면 잘 될 거야" 라고 생각했기 때문이다.

목회를 그렇게 하면 부흥은 저절로 되고 또 시골교회를 부흥시켜 봤기 때문에 나는 잘 할 수 있다고 생각했다.
일종의 객기였다. 이것이 인생의 큰 실수였다는 것을 나중에 뼈아픈 대가를 치룬 후에야 알게 되었다. 그렇다 사람은 선험적이기 때문에 자신이 경험하지 않은 것은 누가 가르쳐 주어도 참된 지식이 되지 않는다. 그래서 어리석게도 시행착오를 하게 된다.

오늘 솔로몬의 아들 르호보암이 바로 그와 같은 자였다. 그는 아버지로부터 왕권을 물려받았다. 소위 말하면 금 수저를 물고 태어난 것이다. 아버지가 쌓아놓은 명성과 업적이 아무런 노력도 하지 않은 자신에게 고스란히 주어졌기 때문이다.
왕은 백성들을 섬기는 자이다.
백성 위에 군림하는 높은 자리지만 그런 권리를 내려놓고 백성들을 섬기는 왕이 되어야 한다. 그런데 르호보암은 왕위에 오르자 여로보암과 이스라엘 회중들이 어린 르호보암 왕에게 건의를 한다.

다윗과 솔로몬 시대에 건축 사업에 종사했던 일꾼들을 고역과 무거운 멍에를 가볍게 해달라고 한다. 그러면 르호보암 왕이여 당신을 우리가 왕으로 섬기겠습니다.

그러나 르호보암은 이런 원로들의 의견을 무시한 채 자신과 함께 자란 어린 참모들의 의견을 따른다. 그 결과 일꾼들에게는 솔로몬 왕 때보다 더욱 더 가중된 세금이 부과된다.

"왕이 포악한 말로 백성들에게 대답할 새 노인의 교도를 버리고 소년의 가르침을 좇아 저희에게 고하여 가로되 내 부친은 너희의 멍에를 무겁게 하였으나 나는 너희의 멍에를 더욱 무겁게 할지라 내 부친은 채찍으로 너희를 징치하였으나 나는 전갈로 너희를 징치하리라 하니라"(왕상12:13-14)

| 젊음 객기 그리고 잔혹함

르호보암이 객기를 부린다.

자기에게 주어진 '왕'이라는 권세를 막 휘두르고 싶은 것이다. 그래서 백성들을 생각하지 않고 가혹하게 채찍을 가한다. 그는 왕의 권위를 잘못 사용하고 있는 것이다. 결국 르호보암의 객기로 인하여 나라가 분열된다.

이 일로 북쪽 10지파는 반란을 일으켜 여로보암을 왕으로 추대하였다.

르호보암은 뒤늦게 여로보암의 동료였던 아도람을 보내어 재협상을 시도했지만 여로보암이 거절한다. 결국 하나님께서 르호보암의 과오를 통해 솔로몬이 우상 숭배로 언약을 깨뜨린 죄를 징계하셨다.

그렇다면 르호보암은 어떤 실수를 했는가?

주어진 권위를 바르게 사용하시 않았다. 그리고 객기를 부린 것이다. 오늘날 많은 사람들이 이런 실수를 한다. 사람들의 말에 귀를 기울이지 않는다. 사람의 됨됨이를 알려면 그 사람에게 권력을 주어 보라는 말이 있다.

그렇다면 르호보암의 실수는 무엇인가? 노 신하들의 지혜로운 조언을 듣지 않았다는 것이다. 젊고 교만한 신하들의 어리석은 조언을 받아 들였다. 젊은 신하들은 르호보암에게 아부하기 위해 하나님의 율례에 어긋나는 조언을 했다.

"왕이 된 자는 말을 많이 두지 말 것이요... 아내를 많이 두어서 그 마음이 미혹되게 말 것이며 은금을 자기를 위하여 많이 쌓지 말 것이니라... 왕위에 오르거든 이 율법서를 등사하여 평생에 자기 옆에 두고 읽어서 여호와 경외하기를 배우며... 마음이 그 형제 위에 교만하지 아니하고 이 명령을 떠나 좌우로 치우치지 아니하리니 이스라엘 자손 중에서 그와 그의 자손의 왕위에 있는 날이 장구하리라"(신17:16-20)

실수의 결과로 나라는 분열되고 말았다. 나라가 분열된다. 그렇다면 오늘날 우리는 어떻게 자녀를 가르쳐야 하는가?

"아이의 마음에는 미련한 것이 얽혔으나 징계하는 채찍이 이를 멀리 쫓아내리라"(잠22:15)

우리 아이들도 아담의 후손이다. 그래서 죄의 특성을 저마다 가지고 있다. 죄인의 특성은 지극히 육신적인 생각과 자기중심적이고 이기적이며 고집이 있다.

그래서 오작동이 일어난다. 그러면 우리 부모들은 매를 들어 때리든지 훈계를 한다. 그런데 성경은 아이의 미련함을 쫓는 것은 초달이 아니라 말씀이라는 것이다. 아이에게 참된 지식을 가르치지 않으면 아무리 매질을 해도 해결되지 않는다. 사람의 기능이 오작동 되는 것은 죄 때문이기 때문이다. 그래서 말씀의 회초리로 제대로 가르쳐야 한다. 바른 가르침이 주어지면 그 미련함이 벗겨진다고 한다. 인간의 육신의 미련함은 말씀으로 영혼이 깨우쳐져야 한다.

"미련한 자를 곡물과 함께 절구에 넣고 공이로 찧을지라도 그의 미련은 벗겨지지 아니하느니라."(잠27:22)

모든 사람은 육신의 미련함이 있다. 아담의 후손이기 때문이다. 죄 때문이다.

죄의 특성은 때로는 우리로 하여금 무엇이 옳은지, 그른지 분별을 못해 우리로 하여금 어리석은 생각과 판단과 행동을 하게 한다.

그렇다면 오늘 우리는 어떤가? 지금 내 안에서 기능이 오작동 되는 부분이 있는가? 있다면 하나님의 말씀으로 오작동 되는 부분을 말씀으로 세워라.

병이 든 인간의 모든 영역은 말씀으로만 고칠 수 있다. 어른들은 특별히 더욱 더 하나님의 말씀을 가까이 해야 한다.

그래서 말씀 앞에 늘 자기 자신의 영을 세워 나가야 한다. 그렇지 않으면 언제든지 무너진다. 우리는 말씀을 떠나서는 언제든지 어리석은 선택을 한다.

"또 어려서부터 성경을 알았나니 성경은 능히 너로 하여금 그리스도 예수 안에 있는 믿음으로 말미암아 구원에 이르는 지혜가 있게 하느니라."(딤후3:15)

많은 사람들이 의의 언어에서 나오는 징계의 채찍이 주는 유익을 누리지 못하고 자란다. 그렇기 때문에 그들은 심령에 어리석음을 가지고 어리석음 안에서 성장하여 인생에서 자신을 피해자로 만들어 버리는 어리석은 결정을 하게 된다.

한때 방탕하던 어거스틴은 낮술을 하고 한잠을 자는데 어디선가 음성이 들렸다.

"낮에와 같이 단정히 행하고 방탕과 술취하지 말며 음란과 호색하지 말며 쟁투와 시기하지 말고 오직 주 예수 그리스도로 옷입고 정욕을 위하여 육신의 일을 도모하지 말라"(롬13:13-14)

말씀이 영혼을 강타한다. 말씀이 영혼에 채찍이 되었다. 어거스틴은 이 말씀으로 돌이키게 된다. 오랜 세월동안의 방황이 끊어진다. 이때 돌아와서 기독교의 유명한 성자요 학자가 된다.

우리의 육신적이 생각이나 사고로 기능이 오작동 되는 것은 바로 죄 때문이다. 우리 안에 죄가 자리하지 않도록 날마다 영혼을 새롭게 하고 혹시 오작동 되고 있다면 우리 인생의 매뉴얼인 말씀으로 선포하며 나가라. 지금 내 안에서 기능이 오작동 되고 있는 부분이 있는가? 있다면 어느 부분인가? 그 부분에 하나님의 말씀을 고정시켜라!

 TIP

01. 주어진 권위가 있다면 당신은 어떻게 사용하겠는가?
02. 권위는 군림하라고 주어진 것인가? 아니면 섬기라고 주어진 것인가?

PART 5

하나님의 섭리에 도전하는 인간

01 _ 수단 방법을 가리지 않다 · 야곱 | 02 _ 하나님의 권위에 도전 · 미리암 | 03 _ 하나님의 선택은 하나님께 속한다 · 고라 | 04 _ 마땅히 물을 것을 묻지 않다 · 여호수아

:: 01
수단 방법을 가리지 않다
_야곱

"옴마!"
부엌에서 엄마를 도와 불을 지피던 야곱이 엄마 리브가를 부른다.
"야곱, 왜 그러니?"
"옴마! 밥이 다 되어가는 것 같아요. 불을 그만 땔까요?"
"어디보자 내 아들"
리브가는 살짝 불길이 잦아들게 한다.
"아들 수고했다. 우리 아들 멋지구나!"
야곱은 신이 났다.
야곱은 엄마 리브가를 도와서 집안일을 하는 것이 무척 즐거웠다. 야곱은 세탁이면 세탁, 밥이면 밥, 집안 청소면 청소, 언제나 엄마를 도와주었다.
"야곱아 옷을 다려야 하는데, 엄마 좀 도와줄래?"
"네, 알았어요."
야곱은 아버지 이삭의 옷을 다림질하는 일도 즐거웠다. 숯불이 이글거리는 다리미를 쭉 밀고 야곱이 잡고 있는 옷자락 끝까지 와도 야곱은 옷을 놓지 않고 끝까지 잡고 있었다. 엄마 리브가는 그런 야곱이 너무 기특했고 사랑스러웠다. 야곱은 언제나 엄마 치맛자락을 잡고 졸졸 따라 다니는 사내였다.
리브가는 그런 야곱에게 가끔씩 아브라함에 대해서 그리고 아버지 이삭 이야기를 들려주었다. 그리고 리브가는 에서와 야곱을 잉태했을 때 하나님의 섭리도 말해주었다.

"큰 자가 어린 자를 섬기리라"(창25:23)

목적 vs 수단 방법

"그럼 옴마! 우리 가문에 장자권은 에서 형 것이 아니라 하나님이 내게 준 것이네요."

"쉿! 조용히 하거라. 네 형과 아버지가 듣겠다. 네 아버지의 생각은 다른가 보더라."

야곱은 리브가로부터 그런 이야기를 들을 때마다 하나님이 어떤 분이신지 궁금하기도 하고 할아버지로부터 내려오는 유업을 아버지 이삭이 받은 것처럼 야곱도 자신이 장자의 축복권을 꼭 받고 싶었다.

야곱은 마음속에 꿈을 생생하게 키웠다. 야곱은 태어날 때 형 에서와 다투었다. 먼저 나가려는 형 에서의 뒷다리를 잡아 당겼다. 태중에서부터 서로 먼저 나오려고 다투다가 엉켜서 동시에 태어나긴 했지만 어디까지나 에서가 먼저 태어난 형이고 자신은 동생이기 때문이다.

그래서 야곱은 가끔씩 주문처럼 자신의 결심을 생생하게 되새겨 보았다.

"그래, 난 야곱이다. 장자의 축복권은 내 것이다."

야곱은 장자의 축복권 만큼은 양보할 수 없었다.

그는 수없이 외쳤다.

"장자의 축복권은 내 것이다. 아니 반드시 내 것으로 만들고 말 거야! 내가 야곱이 아닌가! 야곱 힘! 야곱 힘! 야곱 힘!"

결국 야곱은 형 에서와 아버지 이삭을 속여서 가문에 이어져 오는 메시야의 혈통을 포함한 장자로써 받는 모든 승계와 축복권을 거머쥐게 되었다.

그렇다면 오늘 야곱의 실수는 무엇인가? 바로 야곱은 영적인 욕심이 대단한 친구다. 자신이 원하는 것을 이루기 위해서는 수단과 방법을 가리지 않는 사나이다.

바로 야곱의 실수는 이것이다. 하나님의 뜻을 그릇된 방법으로 추구한 것이다. 하나님의 뜻을 이루기 위해 수단과 방법을 가리지 않았다는 것이다. 아무리 목적이 올바르더라도 수단이 잘못 되면 덕스럽지 못하다. 올바른 목표는 정당한 수단을 통해서 이루어져야 된다는 것이다.

이미 하나님께서 리브가에게 말씀하셨다. 리브가는 남편 이삭에게 말했을 것이다.

"태중에서 두 민족이 다투는 구나 큰 자가 작 은자를 섬길 것이라"(창25:23)

그렇다면 야곱은 하나님의 약속이 이루어 질 때까지 인내해야 한다. 기다려야 한다. 그런데 야곱의 실수는 내가 앞서는 것이다. 내가 하나님보다 앞장서는 것이다. 우리에게 있는 육신적인 성향 가운데 하나는 조급함이다. 조급함은 육신의 성향이다. 우리가 조급함으로 하나님의 일을 그르치면 뼈아픈 대가를 치러야 한다. 하나님은 모든 것을 다 예비하셨다.

그런데 우리가 하나님의 약속을 기다리지 못해서 조급하게 행동한다. 그래서 엄청난 대가를 치를 때가 많다. 치르지 않아도 될 아픈 대가를 지불해야 하는 것이다.

많은 사람들이 야곱과 같은 실수를 한다. 자신의 욕망이나 목표를 이루기 위해서는 모든 것을 다 이용하기도 한다. 심지어 예수라는 이름의 미명 아래 사기도 치고 자신의 욕망의 집을 짓는데 혈안이 되어 살기도 한다. 현대판 야곱처럼 말이다. 야곱의 이런 성향 때문에 야곱 주위에는 그런 사람들이 모여든다.

그렇다면 오늘 우리는 어떤 사람인가? 우리도 야곱처럼 조급한 자가 아닌가?

목적을 이루기 위해 그릇된 방법까지 수단으로 사용하지는 않는가? 정직하게 직면하지 못하고 거짓으로 주어진 상황들을 이용해 목표를 이루는 수단으로 여기지 않는가? 하나님의 올바른 뜻과 목표는 반드시 정당한 수단을 통해서 이루어져야 한다. 그렇지 않으면 뼈아픈 대가를 지불해야 한다. 야곱은 하나님의 섭리를 인간적인 방법으로 도전하게 된 결과 어떻게 되었는가?

| 고난의 연속이다

야곱은 어떻게 가정을 떠나게 되었는가? 형 에서의 칼부림을 피하기 위해서 외삼촌 라반에게로 도망을 간다. 야곱은 그리운 아버지와 형의 축복 속에 떠나는 것이 아니라 살벌한 분위기 속에 살기 위해, 죽음의 공포를 피하여 도망치듯 집을 떠나 삼촌 라반에게로 간다.

"맏아들 에서의 이 말이 리브가에게 들리매 이에 보내어 작은 아들 야곱을 불러 그에게 이르되 네 형 에서가 너를 죽여 그 한을 풀려하나니"(창27:42)

에서가 얼마나 살기를 품었는지 알 수 있다. 야곱은 에서의 추적에 대한 두려움을 안고 삼촌 라반 집으로 도망을 간다. 삼촌 라반은 또 어떤 사람이었는가? 별로 좋은 사람은 아니다. 야곱이 20년 동안 삼촌에게 속임을 당한다. 하나님은 야곱을 사랑하신다. 사람을 속이고 사기를 치고 잘못했음에도 불구하고 그를 변함없이 사랑하신다. 이것은 우리를 향한 하나님의 변함없는 사랑이다.

그러나 내가 잘못 선택한 행동에 대해서는 대가가 있다. 그래서 우리가 범죄하고도 아무 일 없을 것이라는 생각을 해서는 안 된다. 우리가 선택한 행동에 대해서는 반드시 그 결과가 주어지기 때문이다. 기도를 행하면 응답으로 열매를 거둔다. 전도를 하면 영혼 구원으로 성과를 거둔다. 봉사를 하면 보상이 주어진다. 물질을 심으면 더 풍성하게 거두게 하신다. 콩을 심으면 콩을 거둔다.

사람이 선한 행동을 하면 남은 경사가 있다. 악행을 행하면 남은 재앙이 있다.

"스스로 속이지 말라 하나님은 만홀히 여김을 받지 아니하시나니 사람이 무엇으로 심든지 그대로 거두리라"(갈6:7)

야곱은 인간적인 방법으로 형과 아버지를 속이고 행동한 것에 대한 대가를 치르게 된다. 삼촌 라반에게서 20년 동안 죽도록 종살이를 한다. 14년은 라헬과 레아라는 두 여인을 위해 보내고 6년은 외삼촌 양떼를 위해 보내게 된다. 외삼촌은 야곱에게 품삯을 열 번이나 떼어 먹는다. 야곱은 많은 세월의 낭비와 아픔들을 대가로 지불을 하게 된다.

야곱은 20년 동안 삼촌 라반에게서 속임을 당하면서 무엇을 깨달았을까? 속임수 인생의 허상을 알았을 것이다. 삼촌에게 속임을 당하면서 그는 묵묵히 그의 의무를 다하며 성실하게 그리고 부지런히 사는 새로운 인격으로 변화가 되었다.

야곱은 20년이라는 세월을 대가로 지불하고 변화가 되었다.

20년이라는 세월은 사실 너무 낭비다. 우리는 지금부터 하나님의 뜻과 섭리 가운데 행하면 되지 않겠는가? 그렇다면 오늘 우리는 어떻게 하나님의 뜻과 섭리 가운데 살 수 있겠는가? 하나님의 뜻과 섭리 가운데 살려면 우리는 무엇보다 하나님의 말씀을 가까이하고 하나님의 말씀을 묵상하고 하나님의 말씀을 우리의 삶에 최우선 순위와 가치로 두어야 한다.

왜 그런가? 사람이 하나님의 말씀으로 양육 되거나 교육 되지 않으면 야곱뿐만 아니라 누구든지 하나님의 뜻을 저버리고 하나님을 대적하는 자가 된다. 그래서 지위 고하를 막론하고 누구든지 부정과 불법을 행한다.

그런가하면 사람이 하나님의 말씀으로 양육 되거나 교육 되지 않으면 정신적으로 어두움에 잡혀 살게 된다. 오만 근심과 걱정과 불안과 여러 가지 두려움 속에서 살게 된다.

또한 사람이 하나님의 말씀으로 양육 되거나 교육 되지 않으면 이 땅을 떠날 때는 마귀의 종이 되어 지옥으로 간다.

오늘날 현대인들은 다른 모든 것에 대해서는 너무도 많이 알고 있다. 그런데 하나님의 말씀에 대해서는 정말 무지한 사람들이 많다. 이것은 정말 끔찍한 일이다.

왜 그런가? 당신에게 정말 중요한 것은 당신의 영이다. 그것이 진짜 당신이기 때문이다.

이 세상의 모든 것이 끝날 때에도 당신의 영은 계속 살아 있을 것이다. 당신의 영은 영원하다. 당신의 영은 하나님의 말씀으로 거듭났기 때문이다. 하나님과 똑같은 생명으로 재창조되었기 때문이다. 이제 당신의 영은 말씀에 의해서만 살아가고 양성될 수 있다. 인간의 영은 영적인 진리를 알고 그것과 관계하도록 교육 받아야 한다. 그것이 바로 교회에서 하나님의 말씀을 가르치는 중요한 이유 중 하나다.

당신의 영을 계발하기 위해 말씀으로 가르침을 받는 것이다. 인간본성의 최고의 잠재력은 마음에 있지 않고 영에 있기 때문이다. 전도를 하다보면 어떤 사람은 말하기를 자기 남편은 법 없이도 살 수 있다고 말한다. 그러나 생각까지도 그런 사람일까? 아니다 절대 인간은 그럴 수가 없다. 성경은 우리의 생각이나 마음의 숨은 동기까지 교훈하고 가르쳐 주고 책망한다. 그래서 우리가 하나님의 말씀을 좇아 살지 않고, 말씀을 묵상하지 않으면 우리는 세상 방식을 좇아서 살아간다.

성경은 우리가 믿고 행해야 할 가장 중요한 것들을 가르친다. 성경은 가장 참되고 중요한 것을 가르쳐 준다. 그래서 우리는 계속적으로 하나님의 말씀으로 가르침을 받아야 한다.

당신은 어떤가? 당신이 날마다 하나님의 말씀으로 가르침을 받지 않고, 날마다 말씀을 묵상하지 않는다면, 악인의 길에 서서 악한 것을 꾀하며 살 수 있다는 것이다. 그래서 우리도 야곱같이 하나님의 뜻보다는 인간적인 방법이나 수단으로 행할 것이다.

우리는 야곱과 같은 세월을 낭비하지 않기 위해서 어떻게 해야 하는가?

하나님의 말씀을 가까이 해야 한다. 늘 말씀을 가까이 하라. 그래서 늘 묵상하는 것이다.

말씀을 묵상하면 하나님의 생각과 내 생각이 같아진다. 하나님의 뜻과 내 뜻이 같아진다. 주님이 그러하신 것 같이 나도 그러해진다. 하나님의 말씀을 묵상하며 행하기를 원하신다.

"또 어려서부터 성경을 알았나니 성경은 능히 너로 하여금 그리스도 예수 안에 있는 믿음으로 말미암아 구원에 이르는 지혜가 있게 하느니라. 모든 성경은 하나님의 감동으로 된 것으로 교훈과 책망과 바르게 함과 의로 교육하기에 유익하니 이는 하나님의 사람으로 온전하게 하며 모든 선한 일을 행할 능력을 갖추게 하려 함이라"(딤후 3:15-17)

오직 목적을 위해서 수단과 방법을 가리지 않고 숨 가쁘게 살아가는 이시대의 야곱 같은 우리 자신들에게 다음과 같은 고백은 어떨까 한다.

야곱!
나에게 성공은 돈이 아니라. 정직하게 노력하는 과정이라오.
야곱!
내가 오늘 그리고 일생을 정직하게 노력하며 살았다면 나는 인생을 성공한 것이오.
야곱!
나는 결과가 아니라 성과가 아니라 과정 과정을 충실하며 정직하게 살겠소.
야곱!

나는 내 과거의 잘못을 기억하고 미래의 비젼을 그리며 현재에 집중하겠소.
야곱!

나는 오늘을 만족하되 더 높은 기준을 바라며 끊임없이 성장하며 발전해 나가겠소.
야곱!

나는 나의 부족함이나 잘못을 인정하고 언제든지 고쳐 나가겠소.

 TIP

01. 여러분은 조급해서 일이 힘들어진 적이 없었나요?
02. 조급하게 서둘렀다가 실패를 했거나 낭패를 당한 일이 있습니까?
03. 하나님의 뜻은 정당한 수단과 방법을 통해서 이루어져야 한다. 동의 하시는가?

:: 02
하나님의 권위에 도전
_미리암

| 꾀 많은 여인

"모세야! 넌 해도 너무한다."
묵묵부답으로만 일관하던 모세가 입을 연다.
"…누나 이제 그만 하세요."
그러자 미리암이 목소리를 한층 더 높인다.

"그래도 그렇지, 웬 깜둥이를 아내로 삼을 것이 뭐냐? 여자가 그렇게도 없니? 네가 우리 집 가문을 망신시키는구나! 모세야 생각해 봐라, 아무리 그래도 그렇지 구스 여자 밖에 여자가 없더냐?"

미리암과 아론은 모세가 새로 취한 아내가 피부색이 검은 구스여자라는 이유로 비난을 한다.

"망신이다. 망신! 내가 정말 창피해서 죽겠다. 얼마나 사람들이 수군거리는지 못 다니겠더라. 이게 뭐냐?"
"누나 미안해유. 그리고 형님도 이해해 줘요. 어쩌다 보니 그렇게 되었네요."
모세는 형 아론과 누나 미리 암에게 자신이 아내로 맞이한 구스 여인은 괜찮은 여자니까 이해해 달라고 부탁을 한다.

그런데 여기서 모세의 누이 미리 암이 하나님 앞에 실수를 저지른다. 집안일에 대한 것은 누나로써 얼마든지 가타부타 할 수 있다.

그런데 미리 암이 실수를 한 것은 바로 이때다 싶어서 가정의 문제를 가지고 모세의 권위에 도전을 한다는 것이다.

"모세가 구스 여자를 취하였더니 그 구스 여자를 취하였으므로 미리암과 아론이 모세를 비방하니라 그들이 이르되 여호와께서 모세와만 말씀하셨느냐 하매 여호와께서 이 말을 들으셨더라."(민12:1-2)

| 경계선을 넘다

미리 암이 모세가 구스여자를 취한 것을 빌미로 하나님께서 세우신 모세의 권위에 도전을 한다.

"모세야 하나님께서 너 하고만 말씀하셨느냐? 나도 너와 똑같이 하나님의 음성을 듣고 사역하는 사역자여, 하나님이 우리와도 말씀하지 아니하셨느냐"

이것이 무슨 말씀인가? 지금 미리 암은 넘지 말아야 할 경계선을 넘은 것이다. 모세가 육신적으로 구스 여인을 취했다는 것을 빌미로 하나님께서 세우신 모세의 권위를 무시하며 도전하는 것이다. 이것은 엄연히 하나님이 세운 권위에 도전하는 사단의 일이다.

바로 즉시 여호와께서 미리 암의 이 말을 들으셨더라.

어떤가?

우리가 무심코 하는 말도 하나님께 다 올라간다. 불평도 올라간다. 모든 비난도 어디까지 가는가?

바로 하나님이 들으신다는 것이다.

하나님은 당신이 세우신 권위에 도전한 미리 암에게 진노하심으로 바로 무엇이 잘못되었는지 가르쳐 주시고 벌을 내리신다.

미리 암에게 즉시로 문둥병이 발병한다. 결과적으로 미리 암을 7일 동안 진 밖에 격리를 시켜서 감옥살이를 시킨다.

그렇다면 미리 암이 실수한 것이 무엇인가?

바로 혈육이지만 경계선을 넘어선 비난이다. 하나님께서 세우신 권위를 무시하는 행위이다. 이것이 미리 암의 실수이다. 우리는 이런 실수를 사실 아무렇지 않게 행한다. 지도자가 실수를 하고 허물이 보이면 그 지도자를 비난하고 인격을 무시하고 모독한다. 바로 미리 암처럼 말이다.

그러나 이것은 엄연히 불법이다.

하나님이 세우신 권위에 대한 도전이다. 그리스도인들은 이점을 경계해야 한다. 아무리 지도자가 무능하거나 불의하거나 부정해도 하나님이 세우신 권위에 대해 비난하거나 도전을 해서는 안 된다.

누구를 위해서 그러는가?

바로 당신 자신을 위해서 권위를 비난하거나 도전하지 말아야 한다. 우리는 우리 자신을 위해 권위에 순복해야 한다. 그러나 비난의 영은 하나님의 권위에 순복하기를 원치 않는다.

비난의 영은 하나님이 세운 질서를 무너뜨리고 지도자를 비난해서 권위가 땅에 떨어지게 한다. 비난의 영은 그래야 직성이 풀린다.

결과적으로 교회가 비난의 영으로 충만하면 그 교회는 부흥되지 않는다. 절대로 성령님의 역사가 나타나지 않는다.

왜 그런가, 성령님은 순복의 영이다.

미리 암이 진밖에 7일간 쫓겨나 있는 동안 어떤 일이 일어났는가? 이스라엘 진이 움직이지 않는다.

행진하지 않는다. 무슨 이야기인가? 교회 안에 권위에 대한 비난의 영이 있으면 하나님의 역사가 일어나지 못한다. 즉 교회가 더 이상 부흥이 되지 않는다. 교회가 더 이상 성장해 가지 못한다. 모든 것이 답보 상태가 된다. 보아라!

진이 움직이지 않는다.

"이에 미리암이 진 밖에 칠 일 동안 갇혔고 백성들은 그를 다시 들어오게 하기까지 진행치 아니하다가 그 후에 백성이 하세롯에서 진행하여 바란 광야에 진을 쳤더라."(민12:15-16)

우리가 섬기는 교회 안에 거역의 영이 있으면 교회는 절대로 부흥되지 않는다. 교회 안에 하나님이 세우신 지도자에 대해서 거역의 영이 있으면 교회에게 주어지는 결과는 분란으로 인한 분열과 침체로 부흥이 멈춰버린다.

그래서 답보상태나 마이너스 성장이 된다. 그러므로 우리는 철저하게 하나님이 세우신 권위에 대해서 존중히 여기며 축복해야 한다.

왜 그러가? 먼저 권위에 대한 비난의 영은 기름 부으심이 끊어지게 한다. 지도자로부터 흐르는 성령의 기름 부으심이 끊어진다.

그러면 그때부터 나의 영혼은 시들기 시작한다. 내 손가락이 아무리 재능이 뛰어나도 몸에 붙어 있어야 기능을 발휘할 수 있다. 그런데 몸에서 떨어지거나 몸과 교통이 끊어지면 그 순간부터 썩기 시작한다. 내 머리카락이 윤기가 있다. 그런데 몸에서 떨어지는 순간 아무리 아름다운 머릿결이라도 썩기 시작한다.

그런가 하면 교회적으로나 개인적으로 성장이 멈춘다. 몸에서 떨어진 지체는 더 이상 성장할 수가 없는 것이다. 오늘날 나름대로 많은 사람들이 신앙생활을 하면서 현대판 미리암과 같은 실수를 반복한다.

오늘 여러분은 어떤가? 성경은 우리에게 말씀하신다.

"각 사람은 위에 있는 권세들에게 굴복하라 권세는 하나님께로 나지 않음이 없나니 모든 권세는 다 하나님의 정하신 바라 그러므로 권세를 거스리는 자는 하나님의 명을 거스림이니 거스리는 자들은 심판을 자취하리라"(롬13:1-2)

우리 그리스도인들은 지도자가 어떠하든지 한 나라의 왕이나 세우신 권위자들에 대해서 성경은 하나님께서 세우셨다고 한다. 그러므로 권위에 순복해야 한다.

그런데 세상적인 사람들은 이유가 많을 수 있다.

혹 지도자들이 실수할 수 있다. 범죄 할 수 있다. 불의할 수 있다. 부도덕할 수 있다. 부정과 부패할 수 있다.

그러나 그들이 불법을 행하고 부정하고 불의한 죄는 이 세상 법과 하나님의 공의로운 심판의 법이 그들을 처리할 것이다.

그러므로 우리는 미리 암과 같은 실수를 해서는 안된다.

교회 안에서나 밖에서 지도자의 권위에 대해서 비난하거나 무시하거나 도전을 하거나 비난하는 실수를 경계해야 한다.

현대 교회 안에 미리 암과 같은 문둥병에 걸린 자들이 많을 수 있다.

어떻게 할 것인가? 당장 여기서 멈춰야 한다.

비난과 불평은 거역의 영이요. 거역의 영은 사단의 영이요. 사단의 영은 음부와 직결이 되어 있다. 당신은 빛이요 성령의 사람이다.

교회는 하나님을 왕으로 모시고 섬기는 자들이 모이는 곳이다.

그래서 교회는 이 땅에서 하나님의 통치를 보여주는 작은 천국이다. 교회 안에서 우리가 서로 섬기고 사랑하고 허물을 덮어주고 기다려 주고 주님이 우리에게 하셨던 것처럼 우리도 그렇게 행하는 것이다.

교회는 100명이 모이면 백인백태라고 한다. 1,000명이 모이나 만명이 모이나 마음의 태도가 제 각각이라는 것이다.

그러나 한 가지 공통적인 사실은 우리의 왕은 하나님이시라는 것이다. 교회는 사람들의 모임 같지만 본질적으로 거듭난 영혼들이 하나님의 통치를 받고 다스림을 받는 곳이 교회다.

그래서 교회는 왕 되신 하나님께서 당신의 백성들을 섬길 때 교회 안에 지도자들을 세워 영혼들을 섬기게 하셨다.

그러므로 주님께서 피 값을 주고 세우신 당신의 영광스런 교회에 섬기라고 세우신 권위자들을 우리는 존경하고 공경해야 한다.

호리라도 불순종과 비난과 거역에 영을 품지 마라. 하나님 나라를 위해 세우신 주의 종들을 도와라 기도로 돕고 물질로 도와라. 물심양면으로 도와 드려라. 혹시 인간적인 허물이 보이면 덮어 드려라.

당신이 혹시 현대판 미리 암이라면 여기서 멈추어야 한다.

하나님께서 세우신 영광스런 교회 안에서 권위자들에 대한 비난을 멈추시기 바란다. 당신의 비난이 불만이 불평이 주님의 교회를 허물고 있기 때문이다.

우리는 언제나 하나님의 은혜를 망각하고 자신도 모르게 교만해져서 때로는 불평하고 판단하고 심판자가 되어 정죄하다가 피부에 붉은 반점이 돋아나서 영적인 문둥병자가 발병하지 않도록 항상 주의해야 한다.

☑ TIP

01. 당신이 섬기는 지도자가 불의하고 부도덕하다면 당신은 어떻게 할 것인가?
02. 당신은 권위자에 대한 상처가 있는가?
03. 비난의 영은 음부와 직결이 되어 있다.(롬14:4) 어떻게 생각하는가?

:: 03
하나님의 선택은
하나님께 속한다
_고라

| 하나님이 세우신 지도자를 대적하다

"이봐! 왜? 맨 날 우리만 힘든 일을 하는 거야? 성막을 치고, 말뚝 박고, 좀 쉴 만하면 또 다시 이동하고 성막 주변에 텐트치고 거두고 또 철거하고 운반하고… 아휴, 지겨워… 왜 우리 지파만 힘든 일을 시키는 거야?"

성막에서 봉사하는 레위 지파인 고라는 늘 사촌인 아론이나 모세에게 불만이 있었다. 고라는 모세를 생각하면 자신이 너무 억울하다는 생각이 들었다.
모세가 스스로 영도자가 되어 군림한다고 생각하곤 했다. 그래서 고라는 만나는 사람들에게 모세가 독선적이고 독재 정치에 장기 집권하고 또 부정부패한다고 비난하며 독설을 퍼부었다.
그래서 고라는 마음속으로 언제든 기회가 주어지면 모세를 탄핵 내지는 하야시키고 자신이 제사장 일과 더 나가서 모세의 자리를 차지하고 싶었다.
그래서 고라는 시간만 되면 정치에 뛰어들어 자신의 이름을 내건 '고라 당'을 만들었다. 고라는 기회만 되면 당원들에게 이렇게 수군거렸다.
"여러분! 모세는 소통이 안 되는 자입니다. 이번 총회 때는 모세를 '탄핵 내지는 하야' 시켜야 합니다. 그리고 우리의 안보와 복지를 책임질 고라 당에서 새로운 지도자가 나와야 합니다."

고라는 늘 어떻게 하면 모세를 끌어내리고 자신이 백성의 지도자가 되어서 모세처럼 백성들로부터 존경과 영광을 받아 볼까 기회를 노리고 있었다.

그런데 어느 날 이스라엘 총회가 열렸다. 고라는 이때다 싶어 유명한 족장회원 250명과 뜻을 함께 해서 모세를 거역하기로 작정을 한다.

"그들이 이르되 너희가 분수에 지나도다. 회중이 다 각각 거룩하고 여호와께서도 그들 중에 계시거늘 너희가 어찌하여 여호와의 총회 위에 스스로 높이겠느뇨."(민16:3)

한마디로 고라는 모세에게 '왜 너희 가족끼리만 제사장이고 뭐고 다 해 먹는 거냐.'는 것이다.

고라는 자신이 레위 지파로써 성막에서 섬기며 봉사하는 것을 언제나 하찮게 여겼다. 고라는 자신도 제사장과 동일한 권위와 직위를 갖고 싶었다. 아니 고라는 모세처럼 영도자도 되어 보고 싶었다. 이 참에 총대들에게 인정받고 싶었다.

"내가 하면 모세보다 훨씬 더 사역을 잘 할 텐데...이번 기회에 한번 승부수를 던져 봐야지..."

고라는 자리에서 벌떡 일어섰다.

"고라가 온 회중을 회막 문에 모아 놓고 그 두 사람을 대적하매 여호와의 영광이 온 회중에게 나타나시니라."(민16:19)

하나님께서 결과적으로 고라 당원들과 함께 모사를 도모했던 다단과 아비람을 심판하신다.

"이 모든 말을 마치는 동시에 그들의 밑의 땅이 갈라지니라. 땅이 입을 열어 그들과 그 가족과 고라에게 속한 모든 사람과 물건을 삼키매 그들과 그 모든 소속이 산 채로 음부에 빠지며 땅이 그 위에 합하니 그들이 총회 중에서 망하니라"(민16:31)

진노하신 하나님께서 땅을 열어 고라와 그의 가족들을 꿀꺽하고 삼켜 버리셨다. 그리고 그 날에 고라와 함께 동조했던 250명의 유명한 총대 회원들도 불이 나와서 살라 버렸다. 엄청난 하나님의 진노다.

그렇다면 왜 하나님께서 고라를 그렇게 무섭게 심판을 하셨는가? 우리가 인생을 살면서 정말 무지하다고 해서 이런 실수는 하지 말아야 한다. 그렇다면 고라와 그 당들이 어떤 실수를 했는가? 이들은 하나님이 세운 권위자들에 대한 거역과 반역이다.

그렇다면 우리가 왜 반역이나 거역하는 실수를 하지 말아야 하는가? 모든 거역은 하나님께 통한다. 지도자에 대한 비난과 비평과 불만과 거역은 하나님의 귀에까지 들어간다. 거역의 결과는 음부와 직결이 되어 있다. 거역은 바로 사단의 영이며, 거역하는 자는 바로 하나님을 거역하는 것이다. 고라의 거역에 동참했던 무리들은 어떻게 되었는가?

"고라의 일로 죽은 자 외에 염병에 죽은 자가 일만 사천칠백 명이었더라."(민16:49)

실로 엄청난 숫자이다. 무슨 뜻인가? 내가 세운 권위에 대해서 거역하지 마라. 내가 세운 지도자에 대해서 반역하지 마라. 내가 세운 사람에 대해서 비난하거나 도전하지 마라. 왜 그런가?

곧 그것은 하나님을 대적하는 행위다. 그것은 사단의 영이다. 그러므로 내 종은 내가 세우고 내가 폐하고 내가 선악 간에 심판도 상벌도 하나님께서 하시겠다는 것이다. 하나님께서 직접 챙기시겠다는 것이다.

모세를 반역하던 고라의 가족과 고라에게 속한 모든 사람들과 그 물건들을 땅이 입을 벌려 산채로 음부에 삼킨바 되었다. 그런데 그런 와중에도 하나님은 자비를 베풀어서 고라의 아들 중에 심판을 피해간 고라의 아들이 있었다. 아마 땅이 입을 벌려 고라의 모든 것을 삼킬 때, 그 자리에 없었던 고라의 피붙이가 있었다. 아마 화장실에 갔던지 외출을 했던 모양이다.

 어쨌거나 화를 면한 고라 아들이 나중에 이 엄청난 사건과 사실을 알고 하나님 앞에 깊이 회개를 한다. 그리고 다시는 우리 아버지 고라처럼 하나님이 세우신 권위에 반역하지 않고 거역하지 않기 위해서는 그들은 어떻게 했는가? 그들은 평생 동안 하나님의 은혜를 잊지 않고 늘 하나님을 가까이 해야 한다는 마음으로 성전을 사모하게 된다. 그래서 고라 자손은 그 날 이후 오직 하나님이 계신 성전을 사모하는 주옥같은 고백을 시편에 기록하고 있다. 여기 두 편만 감상해 보자.

시42편

"하나님이여 사슴이 시냇물을 찾기에 갈급함같이 내 영혼이 주를 찾기에 갈급하니 이다. 내 영혼이 하나님 곧 살아 계시는 하나님을 갈망하나니 내가 어느 때에 나아가서 하나님의 얼굴을 뵈올까. 사람들이 종일 내게 하는 말이 네 하나님이 어디 있느뇨. 하오니 내 눈물이 주야로 내 음식이 되었도다. 내가 전에 성일을 지키는 무리와 동행하여 기쁨과 감사의 소리를 내며 그들을 하나님의 집으로 인도하였더니 이제 이 일을 기억하고 내 마음이 상하는 도다. 내 영혼아 네가 어찌하여 낙심하며 어찌하여 내 속에서 불안해하는가. 너는 하나님께 소망을 두라 그가 나타나 도우심으로 말미암아 내가 여전히 찬송하리로다. 내 하나님이여 내 영혼이 내 속에서 낙심이 되므로 내가 요단 땅과 헤르몬과 미살 산에서 주를 기억하나이다. 주의 폭포 소리에 깊은 바다가 서로 부르며 주의 모든 파도와 물결이 나를 휩쓸었나이다. 낮에는 여호와께서 그의 인자하심을 베푸시고 밤에는 그의 찬송이 내게 있어 생명의 하나님께 기도하리로다. 내 반석이신 하나님께 말하기를 어찌하여 나를 잊으셨나이까. 내가 어찌하여 원수의 압제로 말미암아 슬프게 다니나이까. 하리로다. 내 뼈를 찌르는 칼 같이 내 대적이 나를 비방하여 늘 내게 말하기를 네 하나님이 어디 있느냐 하도다. 내 영혼아 네가 어찌하여 낙심하며 어찌하여 내 속에서 불안해하는가. 너는 하나님께 소망을 두라 나는 그가 나타나 도우심으로 말미암아 내 하나님을 여전히 찬송하리로다.

시84편

"만군의 여호와여 주의 장막이 어찌 그리 사랑스러운지요. 만군의 여호와여 주의 장막이 어찌 그리 사랑스러운지요. 내 영혼이 여호와의 궁정을 사모하여 쇠약함이여 내 마음과 육체가 살아 계시는 하나님께 부르짖나이다. 나의 왕, 나의 하나님, 만군의 여호와여 주의 제단에서 참새도 제 집을 얻고 제비도 새끼 둘 보금자리를 얻었나이다. 주의 집에 사는 자들은 복이 있나니 그들이 항상 주를 찬송하리이다. (셀라) 주께 힘을 얻고 그 마음에 시온의 대로가 있는 자는 복이 있나이다. 그들이 눈물 골짜기로 지나갈 때에 그 곳에 많은 샘이 있을 것이며 이른 비가 복을 채워 주나이다. 그들은 힘을 얻고 더 얻어 나아가 시온에서 하나님 앞에 각기 나타나리이다. 만군의 하나님 여호와여 내 기도를 들으소서. 야곱의 하나님이여 귀를 기울이소서. (셀라) 우리 방패이신 하나님이여 주께서 기름 부으신 자의 얼굴을 살펴보옵소서. 주의 궁정에서의 한 날이 다른 곳에서의 천 날보다 나은즉 악인의 장막에 사는 것보다 내 하나님의 성전 문지기로 있는 것이 좋사오니 여호와 하나님은 해요 방패이시라 여호와께서 은혜와 영화를 주시며 정직하게 행하는 자에게 좋은 것을 아끼지 아니하실 것임이니 이다. 만군의 여호와여 주께 의지하는 자는 복이 있나이다."

보라! 고라 자손의 고백에 하나님을 사모하는 마음이 절절히 녹아 있다.

"왜 맨 날 우리만 성막 봉사 해야 하냐"고 불평했던 아버지 고라였다. 그래서 늘 지도자를 비난하고 하나님께서 세운 권위에 반역하고 거역하다가 하나님의 진노로 심판을 받았던 고라 가문이다. 그런데 그런 심판 가운데 살아남은 한 영혼이 가문의 대를 이어가면서 처절하게 아버지가 거역했던 죄들을 자복하면서 다시는 거역하거나 반역하는 일이 없도록 하나님의 성전에서 충성을 다하는 가문이 되었다.

유한한 인생이 하나님을 거처로 삼고 하나님을 위해 봉사하는 것이 얼마나 큰 특권인지 몰라서 불평하던 고라와는 달리 하나님의 은혜를 깊이 깨달은 고라의 손자는 이렇게 고백을 한다.

"주의 궁전에서의 한 날이 다른 곳에서의 천 날보다 나은즉 악인의 장막에 사는 것보다 내 하나님의 성전 문지기로 있는 것이 좋사오니…"

주님 당신을 이토록 사랑합니다. 성전의 문지기라도 행복합니다. 이것이 고라 자손의 신앙고백이 되었다. 고라 자손은 아버지 고라와는 달리 하나님을 죽도록 사랑하는 자들이 되었다. 우리 일생에 이런 고백과 은혜로 늘 하나님을 사랑하고 갈망하며 산다면 오늘 고라가 했던 실수는 안할 것 같다.

오늘 혹시 나의 마음이 스스로 높아져서 나도 모르게 고라를 닮아가는 자가 있는가? 여기서 멈추어야 한다. 내 인생의 행복과 불행은 100% 내 책임이다. 내가 선택하고 내가 결정한 결과이기 때문이다.

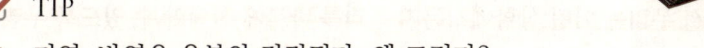

 TIP

01. 거역, 반역은 음부와 직결된다. 왜 그런가?
02. 당신은 리더에게 순복하라. 왜 그런가?
03. 고라 당을 통해서 우리에게 주시는 교훈은 무엇인가?

:: 04
마땅히 물을 것을 묻지 않다
_여호수아

| 기브온 족속과 화친조약

길갈의 유혹

"너는 마음을 다하여 여호와를 의뢰하고 네 명철을 의지하지 말라 너는 범사에 그를 인정하라. 그리하면 네 길을 지도하시리라"(잠3:5-6)

우리가 인생을 살아가면서 순간순간 선택해야 하는 일들이 참 많이 있다. 그럴 때마다 하나님께 뜻을 묻고 나아갈 방향을 선택한다는 것은 사실 쉽지 않다. 왜냐하면 우리의 사고 속에 하나님 없었기 때문이다. 그래서 하나님께 묻고 행한다는 것이 익숙하지 않다. 예수를 믿고 거듭났음에도 불구하고 하나님께 묻고 행하는 것이 쉽지 않다. 그래서 실수를 많이 한다. 예수 믿고 거듭난 우리는 하나님 아버지로부터 엄청난 유산을 받은 자들이다.

그런데 우리가 받은 유산은 반드시 믿음의 말씀과 성령의 인도를 받아야 우리가 이 땅에서 누리며 살 수 있다.

KTX가 300킬로미터로 달릴 수 있어도 레일이 깔리지 않으면 무용지물이다. 그래서 우리는 어떤 상황에서든지 진리를 바르게 선택할 수 있도록 우리 안에 말씀의 레일이 깔려야 한다.

"너는 마음을 다하여 여호와를 신뢰하고 네 명철을 의지하지 말라. 너는 범사에 그를 인정하라 그리하면 네 길을 지도하시리라"(잠3:5-6)

"너의 명철을 의지하지 말라 그리고 범사에 그 분을 인정하라 그리하면 네 길을 지도하시리라"

우리는 그 분을 인격적으로 인정하며 그분께 묻고 행하는 것이 잘 안 된다. 그런데 하나님의 마음에 합한 사람이라고 불렀던 다윗의 생애를 보면 다윗은 습관처럼 주님께 묻고 행한 것을 볼 수 있다.

"다윗이 여호와께 묻자와" 라는 표현이 자주 나온다. 사실 이것이 다윗의 전 생애를 아름답고 인정받게 한 근거였다. 비록 그가 여러 차례 실수했음에도 불구하고 하나님은 다윗을 오고 오는 세대 속에 왕들의 모델과 기준으로 삼으셨다.

하나님께서 다윗을 그리워하시는 이유도 바로 다윗이 언제나 하나님의 뜻을 늘 물으며 살았기 때문이다.

오늘 여호수아의 실수는 바로 하나님께 묻지 않고 결정한 것이었다. 여호수아가 실수한 것은 그가 그들의 말을 듣고 감각적으로 보고 느끼고 판단해서 결정한 것이다. 그런데 속은 것이다. 그렇다면 왜 여호수아가 이런 실수를 했는가?

| 신앙인의 무신론적 태도

그들이 사용하는 종교적인 용어 때문에 쉽게 믿었던 것이다. 우리 시대는 참으로 분별하기 어려운 시대다. 사역을 하면서 묻지 않고 어떤 일을 결정해서 낭패를 본 경험이 나에게도 참 많다.

어느 날 교회 안에 심방 전도사가 필요했다. 그래서 우리는 교회적으로 중보기도를 했다. 마침 전도사님이 한 분이 찾아오셨다.

아무런 이력서도 없이 오셔서 당신은 전에 모 교회 심방 전도사로 있었다고 자신을 소개하면서 당신은 전도의 열정이 남달라 사역하는 교회마다 부흥이 되고 전도의 불길을 일으켰다고 한다. 그동안 몸이 아파서 사역을 몇 개월 쉬었다고 했다. 어떻게 오셨냐고 물으니 버스 운전하는 우리 교회 집사님이 찬양 테이프를 틀고 버스를 운행하시는데 버스에서 찬양 소리를 듣고 운전하시는 집사님에게 은혜스러운 찬양을 듣게 되어 어느 교회 다니시냐고 서로 인사하다가 우리 교회에서 심방 전도사를 구한다는 말을 듣고 왔다는 것이다.

자신은 마침 성령님께서 인도하신 것 같다고 말을 했다. 그런가 하면 당신은 매일 아파트를 전도를 하는 사람인데, 너무 사역이 하고 싶다고 눈물을 흘리셨다. 나는 눈물을 보자 인간적인 생각이 들었다. 그래서 주님께 묻지도 않고 사역을 허락해 주었다. 주님께 묻지 않고 내가 즉각적으로 결정을 한 것이다. 하나님의 뜻을 묻지 않고 심방 전도사를 교회에 맞아들였던 실수 때문에 나는 정말 뼈아픈 대가를 지불하게 되었다.

전도사는 교회에 10시에 출근해서 5시에 퇴근을 했다. 오전에는 기도실에서 기도하고 오후에 심방을 갔다. 그런데 문제는 얼마 지나지 않아 나타나기 시작했다. 성도들에게 돈을 요구하고, 여기저기 성도들에게 빌려 쓴 돈을 갚지 않았다. 성도들 집에 가서 잠을 함께 자기도 하고, 성도들의 마음을 훔치며, 목사인 내 앞에서 목사님 잘 모시고, 잘 섬기라고 말을 했다. 그런데 돌아서면 목사에 대해서 비난하고 틀렸다고 담임 목사와 교인들 사이를 이간시키며 교회를 쑥밭으로 만들어 갔다.

내가 주님께 묻지 않고 결정했던 실수로 인하여 교회가 완전히 무너져 버렸다. 신실한 일꾼으로 가장한 심방 전도사를 몇 개월 만에 사임을 시키자 교회 안에 파장은 엄청났다. 이 일로 인해 많은 성도들이 교회를 떠나고 흩어지게 되었다. 교회가 문을 닫아야 할 위기를 맞이했다.

하나님께 묻지 않은 실수는 내 평생 지울 수 없는 뼈아픈 교훈을 얻게 되었다.

오늘날 많은 사람들이 하나님께 묻지 않고, 기도하지 않고, 혼자서 어떤 일을 결정해 버릴 때가 많다. 배우자를 선택하는 것도, 교회를 옮기는 일도, 직장을 옮기는 것도 하나님께 묻지 않는다. 즉 기도하지 않는다는 것이다. 그래서 무엇이든지 혼자 생각하고 결정한다. 여러분은 어떤가? 이런 무신론적인 신앙생활 때문에 마땅히 살아계신 하나님께 묻고 행하는 것이 쉽지 않다.

그렇다면 여호수아는 왜 여호와께 묻지 않은 실수를 했는가?
"기브온 거민들이 여호수아의 여리고와 아이에 행한 일을 듣고"(수9:3)

기브온 사람들의 속임수 때문이었다. 기브온 사람들은 이스라엘 백성들과 전쟁을 해서는 승산이 없다는 것을 알고 멀리서 찾아온 나그네처럼 가장을 하고 화친 언약을 청한다.

여호수아는 하나님께서 이방인과 화친의 언약을 금지하신 명령을 기억하지 못하고, 또 그들의 정체성을 면밀히 조사해 보지도 않고 그들의 요청을 수락함으로써 적들에게 속아 넘어가게 된다. 결국 하나님께 불순종의 죄를 범하게 된다.

왜 길갈에서 여호수아는 그들에게 속임을 당했는가? 여호수아는 하나님께 뜻을 묻고 결정하기 보다는 먼저 우리에게 무엇이 유익되고 이익이 되는가를 생각했다. 우리가 어떤 일을 결정할 때 이런 실수를 많이 한다.

"이것이 하나님의 뜻인가?" 하나님의 뜻을 묻고 찾기 보다는

이것이 내게 얼마나 유익한가를 생각한다. 내게 편리하기 때문에, 내 삶에 어떤 목적과 욕망을 만족시켜 주기 때문에 우리는 대부분 하나님께 묻지 않고 결정하게 된다.

교회를 옮기는 경우도 그렇다. 어느 교회 가면 쉽게 직분을 주고, 권사, 장로가 될 수 있기 때문에 교회를 옮기는 사람도 있다. 초대 교회의 교부들은 교회

에 대해서 이렇게 말했다.

"교회를 어머니처럼 섬길 수 없는 사람은 하나님을 아버지라고 부를 자격이 없다"

초대 교회 시대에는 교인들의 영혼의 고향은 교회였다. 그런가 하면 중세 교회 교인들은 태어난 교회에서 결혼식을 올리고 또 같은 교회에서 죽는 것을 일생 가장 영광스럽게 여겼다. 하나님은 우리의 목자이시다. 목자 되신 주님께 묻고 행하는 연습을 하자. 그 분이 약속하셨다.

"너는 마음을 다하여 여호와를 의뢰하고 네 명철을 의지하지 말라 너는 범사에 그를 인정하라. 그리하면 네 길을 지도하시리라"(잠3:5-6)

늘 주님께 묻고 행하자 안 들릴지라도 묻고 행하자. 주님께 묻고 행하는 일에 대해서는 주님께서 확실하게 책임을 지실 것이다. 아버지 없이 고군분투하며 살지 말자.

우리는 외롭게 혼자 전쟁터에 나가서 싸우는 그런 자들이 아니다. 우리에게는 친밀하신 아버지가 계신다. 백 번, 천 번을 물어도 싫어하지 않으시고 언제나 다정하게 말씀해 주시는 자비로우신 아버지가 있다. 그분께 범사에 묻고 행하자. 그분께 묻지 않아서 쓰디쓴 쓴물을 마신 적도 있지만 우리가 살아계신 하나님께 묻고 행할 때 때로는 정말 꿈같은 일들을 경험하게 되기도 한다.

우리 동네를 크게 한 블록을 돌아보면 교회가 15개 정도 있다. 그 가운데 1개 교회만 건축이 된 교회이고 나머지는 고만 고만한 상가 교회들이다. 상가 지하나 2층, 그리고 주택가 지하에 자리 잡은 많은 개척 교회가 있다. 그래서 해년마다 교회 간판들이 자주 바뀐다. 지역적으로 목회하기가 어려운 지역이다. 그래서 많은 사역자들이 뜨거운 복음의 열정을 가지고 들어왔다가 실패하고 가는 경우가 많다.

나도 예외는 아니었다. 지하실 교회에서 7년을 하루같이 섬기던 때의 일이다. 밤낮으로 부르짖으며 전도와 기도하기를 멈추지 않았다. 하나님이 그런 나를 불쌍히 여기신 것이다.

그 날도 어느 날과 다름없이 한 영혼을 만나서 집에까지 따라가서 복음을 전하고 돌아오는 길이다. 유일하게 우리 동네에 하나 밖에 없는 큰 교회 앞을 지나 올 때였다. 갑자기 주님이 말을 걸어 오셨다.

"얘야 이 교회를 너에게 주마"

"옛!! 주님 무슨 말씀이셔요?"

"이 교회를 너에게 보너스로 주마!"

주님께서 우리 동네에서 건축된 큰 교회를 주신다는 음성이다. 그것도 보너스로 주신다고 하신다.

순간 얼른 주님께 이렇게 물었다.

"주님! 그러면 본봉은 뭔데요?" 주님은 즉시 말씀하셨다.

"본봉은? 소중한 영혼들을 가득 채워 주리라"

주님의 음성 앞에 내 영혼이 요동을 쳤다. 가슴이 터질 것 같았다. 한걸음에 달려 왔다.

"여보! 여보! 여보... 주님이, 주님이 교회를 주신대 교회를"

"교회를요, 뭔~ 교회를요?"

아내가 눈을 동그랗게 뜨며 되물었다.

"어 저기 ○○교회 있지? 그 교회를 주신다고 하셨어, 그것도 보너스로 주신대"

아내는 도무지 내가 무슨 말을 하는지 멍했다. 나는 그날 밤 잠이 오지 않았다.

우리 동네는 한 사람 불신자가 전도 되어 교회에 나오려면 온 동네가 떠들썩

거렸다. 어떤 빌라에 살던 30대 중반 여성이 저녁 무렵에 열심히 집안 청소하고 있는데 갑자기 불현듯이 교회가 가고 싶었다. 그래서 냉장고를 청소하다가 언젠가 버스 정류장에 내려서 오는 길에 봐 두었던 교회를 찾아 왔다.

마침 그날이 수요예배가 있는 날이었다. 교회 이름도 모른 채 들어와서 제일 뒤 끝자리에 앉았다. 수요 예배는 레위기를 강해해 나갔다. 레위기는 정말 재미가 없는 말씀이다. 그날 밤 설교를 마치고 기도를 할 때 성령의 불이 내렸다. 실제로 성령의 불이 내려서 처음 나온 이 여인의 가슴속에 불이 떨어졌다. 성령의 불을 받아 버린 것이다.

하나님이 하시는 일은 참으로 대단했다. 그날 이후 이 여인은 너무 기쁘고 행복한 것이다. 우울증이 떠나버린 것이다. 어둡고 우울한 얼굴에 기쁨이 충만하고 연신 함박꽃 같은 웃음을 웃었다. 달라진 아내의 모습을 살피던 남편이 그때부터 핍박이 시작되었다. 자기 사랑을 빼앗긴 것 같아서 아내를 밤새도록 핍박했다.

남편은 자수성가한 사람이었는데, 직장 생활을 15년 동안 한 번도 지각을 해 본 적이 없었다고 한다. 그런데 하루 사이에 바뀌어 버린 아내를 핍박하는데 "무엇 때문에 그렇게 웃느냐? 넌 뭐가 그렇게 기쁘냐? 아무래도 이상하다. 나 몰래 누구를 만났느냐. 어떤 좋아 하는 애인이 생겼느냐. 도대체 뭐가 그리 좋아서 웃고 기뻐하냐……" 퇴근하고 오면, 밤마다 아내를 핍박을 한다.

때로는 믿지 않는 남편이 칼을 들고 와서 아내를 죽이겠다고 예배당 안을 뛰어 다니면 나도 함께 그 남편을 뒤따라서 뛰어야 했다. 어느 곳이나 마찬가지겠지만 수원은 척박한 지역이다. 원주민들은 그렇지 않지만 타지에서 실패하고 흘러 들어온 사람들은 뺀질이 같았다. 주님께서 보내셔서 왔지만. 7년 동안은 이 지역이 정이 들지 않았다. 아무리 부흥을 위해 몸부림쳐도 인간의 힘으로 되지 않았다. 목회 실패를 두어 번 경험한 후에 하나님의 음성이 들려진 것이다.

주님께서 주시겠다고 말한 교회는 뒤편에 나대지 땅이 한 200평이 있었다. 주차장으로 꼭 필요한 땅이다. 전에 있던 교회에서는 그 땅을 구입하려고 몇 년 동안 시도를 해왔다. 그런데 땅 주인이 절대로 안 팔겠다는 것이었다. 땅값을 두 배로 주겠다고 하는데도 땅 주인은 무조건 땅을 안 팔겠다고 했다. 당회에서 하는 수 없이 교회를 이전하기로 했다. 그리고 지금 사용하던 교회도 함께 운영하기로 할 모양이었다.

어느 날 전도를 다녀오는 길에 "○○교회 건축 현장"이라는 간판과 함께 철골이 올라가는 것이 눈에 들어 왔다. 반가웠다. 나는 교회에 돌아와서 곧 바로 ○○교회 목사님께 전화를 드렸다. "목사님, 교회 건축을 하시나 봅니다. 너무 기쁘고 좋아 보입니다. 목사님 건축하고 나시면 지금 사용하시던 교회는 어떻게 할 계획이세요?"

목사님의 대답은 너무 뜻밖이었다. "아... 기존 교회는 우리가 교육관으로 쓸 겁니다."

"아 네... 그러세요?, 교회를 두 군데 운영하실 거예요"

"예 교육관으로 우리가 쓸 것입니다."

주님은 분명히 나에게 주신다고 말씀을 하셨는데...

"아... 네, 그러세요." 나는 전화를 끊었다. 나는 하나님께서 약속하신 것을 믿었고 하나님이 일하실 것을 기대하며 기다렸다.

1주일이 지났다. ○○교회 목사님에게서 전화가 왔다.
"○○교회 ○목사입니다."
"아 목사님 웬일이세요?"
"저희 교회를 사실 계획이 있으신지요?"
와우! 주님께서 그 사이 일을 행하신 모양이었다. 나는 확신에 차서 단도직

입적으로 나도 모르게 이렇게 말했다.

"목사님! 땅값만 받으신다면 한번 진행해 보겠습니다."

이것은 내가 한 번도 생각한 말이 아니었다.

"옛! 땅값 만요?"

목사님은 순간 놀라신 모양이셨다. 목사님은 이미 당회에서 교회를 매각하기로 결정을 한 것이었다. 땅값은 평당 얼마 정도 계산을 하고 건평도 어느 정도 받기로 계산해서 십 몇 억 정도는 생각하고 전화를 하신 모양이셨다.

"예 목사님 땅 값 만요? 땅값만 받으신다면 저희가 한번 진행을 해 보겠습니다."

"으음... 그래요? 그러면 우리 장로님들과 상의해서 다시 연락을 드리지요."

"알겠습니다. 목사님 그렇게 하시지요."

후일에 들은 이야기다. 당회 계획은 원래 교회를 두 군데 운영하는 것이었다. 건축을 하다 보니 마무리 공사에 건축비가 부족한 것이다. 아파트 앞이다 보니, 교회 1층을 상가로 분양해서 그 돈으로 교회 건축 공사를 마무리를 할 계획이었다.

그런데 어느 날 새벽 기도 중에 하나님께서 목사님을 강하게 책망하신 모양이다. 결국 1층 상가 분양을 포기하고, 기존 교회를 팔아서 건축을 마무리하기로 당회에서 결의 하셨다. 전화가 다시 걸려 왔다. 목사님은 몇 번이고 아쉽다는 말씀을 하시면서 땅값만 받고 계약서를 쓰기로 했다.

나는 다음 날 계약금을 준비해 가지고 ○○교회 목양실로 갔다. 목사님과 장로님 2분이 함께 계셨다. 계약서를 작성했다. 장로님이 물으셨다.

"목사님 중도금은 3억입니다. 중도금 날짜를 언제로 하시겠습니까? 가급적이면 빨리 주셨으면 합니다."

중도금이 3억이란다. 나는 현재 가지고 있는 돈이 없다. 그래서 나는 주님께 물었다.

"주님 어떻게 해요? 중도금이 3억인데, 언제 어떻게 해야 하나요?"

그러자 주님은 내 마음에 이렇게 말씀하셨다.

"지금부터 20일 후에 중도금을 치뤄라."

"20일요? 알겠습니다."

나는 목양실 벽에 걸린 달력을 보고 20일을 헤아렸다. 11월 첫 째 주일이 지난 월요일이었다. 나는 주님께서 말씀하시는 대로 중도금을 앞으로 20일 후에 지불하기로 계약서를 쓰고 교회로 돌아 왔다. 사실 무모한 짓이었다. 자치 잘못하면 우리 교회가 공중분해 될 수도 있는 일이였다. 아파트 한 채 매매하는 데도 중도금 날짜를 한 달 가량 여유를 잡고 준비를 한다. 그런데 나는 손에 현금을 쥐고 있는 것도 아니었다. 그런데 20일 만에 어떻게 중도금 3억을 준비한단 말인가?

"목사님이 어떻게 감당하시려고... 일을 벌이셨나......"

"큰일 났구나! 목사님이 큰 실수를 하셨구나. 내가 성도님들 형편을 다 아는데, 심방을 다녀 보니 집 가진 성도가 두 세집 밖에 없는데, 주여 이 일을 어떻게 합니까?"

심방 전도사님은 걱정과 근심이 역력했다.

하루 이틀이 지나자 남자 집사님 두 사람이 찾아 왔다. 그들 또한 걱정이 되어서 온 것이다.

"목사님 중도금을 어떻게라도 준비해 보셔야지요. 집이 있는 사람들에게 담보 대출이라도 받게 한다든지, 무슨 대책을 세우셔야 않겠어요?"

"담보 대출? 아닙니다."

나는 손사래를 쳤다. 교회 부흥회를 할 때 일이다. 부흥회 때 은혜를 받고 부흥 강사가 건축 헌금을 작정하게 했다. 강사 목사님은 1억씩 작정한 사람들을 숙소로 불러서 1억씩 작정한 작정서에 싸인을 하게 했다. 몇몇 집사님들이 싸인을 했다. 그러자 부흥 강사 목사님은 작정서를 방바닥에 놓더니 손바닥을 눌러 도장을 찍었다. 집사님들의 손바닥에 자신들이 1억씩 작정한 건축 헌금에 대한 싸인이 선명하게 찍혔다. 그리고 한 장은 교회 보관용으로 한 장은 집사님들이 간직할 수 있도록 각각 나누어 주었다. 부흥회는 은혜롭게 잘 끝났다. 아무런 문제가 없었다.

하나님께서 나에게 한참 물질 훈련을 시키실 때 이 부분이 생각나게 하셨다. 나는 부흥회 때 건축 헌금을 1억씩 작정하신 집사님들을 불러 작정서를 가지고 오게 했다. 나는 집사님들이 가지고 온 건축 헌금 작정서를 들고 말을 했다.

"집사님들이 주님을 사랑하는 마음은 잘 알겠습니다. 주님께 아낌없이 드리고자 하는 마음과 교회를 사랑하는 마음 또한 충분히 알겠습니다. 허나 주님 앞에 드리고 싶어서 작정하신 이 물질이 집사님께 평생에 올무가 될 수가 있습니다. 그리고 집사님들이 신앙생활을 하는데 이것이 무거운 짐이 될 수도 있습니다.

그러니 작정하신 이 건축 헌금 작정서는 없었던 것으로 하겠습니다. 자유 하십시오. 그 대신 행복하게 신앙생활을 하십시오. 나는 확신합니다. 주님이 원하신다면 이런 방법이 아닐지라도 교회를 건축하게 하실 것입니다."

그리고 나는 집사님들이 작정한 건축 헌금 작정서를 수거해서 처리해 버린 적이 있었다.

사람은 은혜 받을 때는 무엇이든지 다 할 수 있을 것 같다. 남다르게 헌금도 드릴 수 있고 작정할 수도 있다. 그런데 육신의 연약함 때문에 인간은 은혜가 떨어지면 그것이 원망이 되고, 무거운 짐이 되고, 후회가 생길 수 있다. 많은 사람들이 믿음이 좋아 보여도 돈에 대해서 무척이나 민감하고 인색한 것을 많이 보았다. 하나님은 당신의 교회를 세워 가실 때 당신의 방법으로 행하신다.

6.25 전쟁 후 울산에서 동태 장사를 하던 김 집사에게는 한 가지 소원이 있었다. 죽기 전에 성전 하나 건축해서 봉헌하는 것이다. 그래서 그는 새벽마다 눈물로 기도를 했다.

"하나님, 저는 가난합니다. 배운 것도 가진 것도 없습니다. 비록 생선 장사를 합니다만, 제 소원은 교회 하나 건축해서 하나님께 봉헌하고 싶습니다."

그는 새벽마다 울면서 늘 그렇게 기도를 드렸다. 기도한지 10년이 되던 어느 날, 할머니 한 분이 동전 한 꾸러미를 주고 동태 한 상자를 사갔다. 할머니가 간 다음에 동전 꾸러미를 살펴보니 이상한 물건이 하나 들어 있었다. 그것은 골동품이었다. 집에 돌아가는 길에 골동품 상점에 들러 감정을 의뢰했더니 엄청나게 값비싼 물건이었다. 당시 돈으로 600만 원을 준다고 해서 팔았다.

며칠 후 꿈을 꾸는데 울산 앞바다의 자갈밭이 보였다. 다음 날 복덕방에서 울산 앞바다에 자갈밭이 5,000평 있는데 평당 300원씩 싸게 나왔으니 사라고 했다. 꿈도 꾸었고 복덕방에서 찾아와 이야기를 해서 손해가 없겠다 생각하고 150만 원을 주고 샀다.

어느 날 어떤 회사에서 그 자갈밭에 공장을 짓고 싶으니 땅을 팔라고 했다. 땅 주인이 안 팔겠다고 하자. 회사 측은 안달이 났다. 꼭 필요한 땅이니, 반드시 매매해야만 했다. 절대 안 팔겠다는 김 집사님은 결국 29억에 땅을 팔았다.

김 집사님은 그 땅을 팔아서 아름다운 성전을 지어서 하나님께 봉헌을 했다. 상식적으로 동태 장사를 해서 교회를 짓는다는 것은 불가능한 일이다. 그러나 하나님을 향한 좋은 생각을 갖고 열심히 기도하니 "은도 내 것이요 금도 내 것이니라 만군의 여호와의 말이니라."(학2:8) 하나님께서 때가 되니 당신의 마음에 합당한 자를 통하여 당신의 일을 행하셨던 것이다.

그렇다면 왜 김 집사의 기도가 10년씩이나 걸렸을까? 그것은 아마 '진정성' 때문일 것이다. 교회 건축을 놓고 10년 정도 기도했다면 진정성으로는 충분한 것이다. 많은 사람들이 기도는 그럴듯하게 하지만 막상 물질을 얻게 되면 기도와는 상관없이 물질을 사용하게 될 때가 많다.

우리는 교회 중도금을 놓고 모든 성도가 전심으로 기도했다. 벌써 한 주일이 흘러갔다. 아무것도 없는데 중도금 3억을 20일 만에 준비한다는 것은 정말 불가능한 일이었다. 나는 하나님께 물었다.
"하나님 어떻게 할까요?"
하나님은 그때마다 말씀하셨다.
"한 번만 옥합을 깨라."
나는 성도님들에게 한 번만 옥합을 깨자고 선포했다. 하나님께서 일을 행하셨다. 아직 등록한 성도가 아닌 집사님 한 가정이 1억2천을 헌금해 주었다. 나도 빚을 내서 십 분일을 감당했다. 성도님들도 최선을 다해 주님께 귀한 옥합을 깼다. 우리가 주님의 말씀에 순종한 결과 약속한 날짜에 중도금을 치를 수가 있었다. 정말 꿈과 같은 일이 일어난 것이다. 하나님의 일에 쓰임 받음으로서 참 영광스러웠다.

목회자는 교회를 위해 생명을 바친다. 이 땅에 교회가 그냥 세워지는 것이 아니다. 교회를 위해 주님이 생명을 쏟으셨던 것처럼, 목사 또한 교회를 위해 생명을 바쳐야 한다. 주님은 한 사람이 주의 일꾼으로 세워지기까지 당신의 모든 것을 쏟으시고 투자하시고 설득하시고 기다리신다. 나는 주님께서 말씀하신 것은 그것이 무엇이든지 이루어진다는 것을 알고 있다.

그런데 주님의 일에 순종하며 동참해 준 우리 성도님들이 눈물 나도록 고맙고 자랑스러웠다. 어떤 성도님은 아무도 모르게 노후 대책으로 적립해 놓은 적금을 아낌없이 주님께 드렸다. 마침 적금 만기 날짜가 설마 했는데 중도금을 치르는 날짜와 똑같았다. 그래서 집사님은 중도금 치르는 날에 은행에 뛰어다니며 적금을 찾아서 중도금을 치르는 현장으로 직접 가져와서 주님께 드렸다. 그렇게 하나님은 당신의 교회를 세워나가셨다.

하나님께서는 당신의 자녀에게 복을 주시고 싶어 하신다. 그런데 하나님께서 주시는 복도 그 몫이 있다. 사람도 주고 싶은 사람에게 꼭 주고 싶듯이 하나님께서도 꼭 주고 싶은 사람이 있으신 것 같다. 중도금을 치루고 교회에 입당을 해 보니 자동차를 주차할 공간이 없었다. 아무 것도 모르는 나는 사람을 시켜 땅 주인에게 주차할 공간이 없으니, 교회 뒤편에 있는 나대지 땅을 임대해서 쓸 수 있겠느냐고 말을 넣어 보라고 했다.

땅 주인을 만나고 온 집사님은 이렇게 말을 했다.

"목사님! 임대는 무슨 임대! 우리 보고 사라고 합니다."

나중에 안 사실이지만 전에 있던 교회에서 땅 값을 2배로 준다고 했지만 주인이 절대 안 팔겠다고 해서 끝내는 사지 못한 땅이다. 그런데 우리는 정말 시세보다 더 싸게 땅을 구입했다.

나는 많은 생각을 했다. 왜 전에 있던 교회가 엊그제까지만 해도 땅값을 2배로 준다고 하는데도 땅을 안 판다고 했다가 우리에게는 땅 주인이 사라고 했을까? 사실 땅 주인은 교회 사람들이 바뀐 것도 모른다. 그렇다. 이것은 하나님이 행하신 것이다.

"나는 여호와라 이 모든 일을 행하는 자니라 하였노라"(사45:7)

하나님은 당신께서 꼭 주고 싶은 사람에게 주신다는 것이다. 모든 인간의 흥망성쇠가 하나님의 손에 달려 있다. 하나님은 큰 손으로 보관하셨다가 주고 싶은 사람에게 기다렸다는 듯이 안겨 주시는 좋으신 아버지이다. 그래서 우리는 걱정할 것이 없다.

우리는 기도를 게을리 해서는 안 된다. 세상에서는 삶의 격차는 있을 수 있다. 돈을 버는 능력이 부족해서 생활의 정도는 차이가 있을 수 있다. 그러나 복음을 소유한 성도에게는 절대 생겨서는 안 될 격차가 있는데 바로 기도의 격차다. 하나님은 공평하시다. 기도를 심으면 반드시 응답으로 거두게 하신다. 성도는 다른 것은 몰라도 기도의 격차가 생겨서는 안 된다. 기도의 씨를 뿌려야 한다. 울더라도 씨를 뿌려야 한다.

"왕의 마음이 여호와의 손에 있음이 마치 보의 물과 같아서 그가 임의로 인도 하시느니라" (잠21:1)

모든 것이 하나님의 은혜였다. 우리가 입당해 오자 하나님은 기다렸다는 듯이 땅 주인의 마음을 하루아침에 움직인 것이다. 하나님이 하시면 능치 못함이 없는 것이다. 사람이 어디 이런 일을 할 수 있겠는가? 하나님이 하시면 무슨 일이든 충분했다. 이것은 완벽한 하나님의 작품이었다. 하나님께 묻고 행하는 일은 이처럼 꿈같은 일들을 경험하게 된다.

☑ TIP
01. 당신은 하나님께 묻고 행하는 것 어떻게 생각하는가?
02. 내 생각대로 결정하고 선택한 실수가 있는가?
03. "너는 마음을 다하여 여호와를 의뢰하고 네 명철을 의지하지 말라 너는 범사에 그를 인정하라. 그리하면 네 길을 지도하시리라"(잠3:5-6)
    이 약속의 말씀을 어떻게 생각하는가?

PART 6

믿음의 실수를 저지르지 않으려면

01 _ 정탐꾼들의 실수 | 02 _ 하나님을 알라 (영생) | 03 _ 감각적인 사실이냐? 진리냐? | 04 _ 하나님을 경외하라 | 05 _ 십일조 | 06 _ 사람에게 먼저 용서를 구하라 | 07 _ 결혼은 언약이다 (1.2.3.) | 08 _ 모든 영혼에는 절댓값이 있다 | 09 _ 직분과 영향력

:: 01
정탐꾼들의 실수 (불신)

"야! 꿈같은 일이다. 이것 좀 봐요"
"정말 가나안 땅은 젖과 꿀이 흐르는 땅이구나!"
"이보게 이 과일 좀 보게나…"
　12명의 정탐꾼들은 모세의 명을 받고 가나안 땅을 정탐했다. 가나안 거민들이 거하는 땅의 호, 불호와 상태가 어떤지… 좋은지 나쁜지와 토지의 후박과 수목의 유무와 그들이 사는 곳이 성읍인지 산성인지 알아보고, 그 땅 실과를 가져오라는 명령을 받고, 40일 동안 정탐을 했다.
　정탐꾼들은 또 남방으로 올라가서 헤브론에 이르러 보니 그곳에는 아낙 자손인 아히만과 세새와 달매가 기거하고 있었다. 그들의 모습을 보니 기골이 장대하고 모두 다 힘이 센 장사들 같았다. 반면에 정탐꾼들은 그들에 비하면 영락없는 메뚜기 같았다. 그들은 에스골 골짜기에서 포도송이를 꺾어 막대기에 꿰어 메고 또 석류와 무화과를 취해서 돌아왔다. 12명의 정탐꾼들은 가나안 땅을 다녀온 보고를 온 회중 앞에서 하게 되었다.

　　"이스라엘 자손 앞에서 그 탐지한 땅을 악평하여 가로되 우리가 두루 다니며 탐지한 땅은 그 거민을 삼키는 땅이요 거기서 본 모든 백성은 신장이 장대한 자들이며 거기서 또 네피림 후손 아낙 자손 대장부들을 보았나니 우리는 스스로 보기에도 메뚜기 같으니 그들의 보기에도 그와 같았을 것이니라."(민13:32-33)

정탐꾼들의 보고를 마치자 여기저기서 통곡하며 하나님을 원망하며 거역하는 일들이 일어났다. 하나님은 이 일의 결과로 진노하사 가나안을 정탐한 날수를 계산하셨다. 하루를 1년으로 계산하여 광야 1세대들이 다시 40년 동안 광야생활을 하면서 모두 다 광야에서 죽음을 맞이하게 하셨다. 실로 엄청난 형벌이다.

그렇다면 정탐꾼들은 어떤 실수를 했기에 하나님께서 이토록 혹독한 벌을 내리셨는가? 정탐꾼들은 40일 동안 그들이 정탐한대로 보고를 했을 뿐이다. 그런데 이들이 무슨 실수를 했단 말인가? 여러분은 어떤가? 정탐꾼들은 감각적으로 그들이 보고 느끼고 온 사실을 그대로 말한 것뿐이었다.

그런데 어찌하여 이것이 그들에게 가장 큰 실수가 되었다는 것인가?

왜 그런가? 이들은 참된 믿음이 무엇인지 잘 모르는 자들이었다. 그동안 광야 생활 속에서 하나님이 이들에게 약속하신 땅이 가나안 땅이다. 가나안 땅은 하나님께서 주시겠다고 약속하신 땅이다. 그런데 이들은 하나님이 약속하신 가나안 땅을 확인했어도 이들은 하나님의 약속보다 이들이 보고 느낀 감각적인 지식을 바탕으로 보고를 하는 실수를 한다.

이들에게는 하나님께서 약속하신 말씀 즉 믿음의 실체인 하나님의 약속의 말씀이 전혀 없었던 것이다. 그래서 그들은 자신들이 감각적으로 본 것 느낀 것이 전부였다. 이들의 사고 속에는 하나님에 대한 믿음과 약속을 믿는 믿음의 실체인 말씀이 전혀 없었다. 그래서 이들은 가서 감각적으로 본 대로 말하고 판단하고 결정했던 것이다.

그러면 이들은 무슨 실수를 했는가?

믿음은 감각에 기초하는 것이 아니다.

믿음의 실체는 하나님의 약속의 말씀이다.

믿음은 하나님께서 약속한 것을 믿는 것이다.

하나님의 약속의 말씀을 믿는 것이 바로 우리의 믿음의 실체이다. 이들이 실제로 가나안 땅을 그렇게 보고 느낄 수 있었다. 사실이다. 그럴지라도 믿음이 있는 자라면 하나님의 약속의 말씀을 주장하고 선포해야 한다. 이것이 믿음의 실체이기 때문이다.

그렇다면 똑같은 상황을 보고 느끼고 온 여호수아와 갈렙을 보자 이들은 어떻게 보고를 하는가?

"그 땅을 탐지한 자 중 눈의 아들 여호수아와 여분네의 아들 갈렙이 그 옷을 찢고 이스라엘 자손의 온 회중에게 일러 가로대 우리가 두루 다니며 탐지한 땅은 심히 아름다운 땅이라. 여호와께서 우리를 기뻐하시면 우리를 그 땅으로 인도하여 들이시고 그 땅을 우리에게 주시리라 이는 과연 젖과 꿀이 흐르는 땅이니라. 오직 여호와를 거역하지 말라 또 그 땅 백성들을 두려워하지 말라 그들은 우리의 밥이라. 그들의 보호자는 그들에게서 떠났고 여호와는 우리와 함께 하시느니라. 그들을 두려워 말라." (민14:6-9)

이들도 똑같은 환경과 상황들을 보고 왔다. 이들 또한 동일하게 보고 듣고 느끼고 왔다. 그런데 이들은 뭐가 다른가? 바로 감각적인 사실 보다는 이들은 하나님의 약속의 말씀을 믿고 선포한다.

그러자 온 회중들의 반응은 어떤가?

믿음으로 선포하는 여호수아와 갈렙을 돌로 치려 한다.

이스라엘 회중들이 왜 그런가? 이들은 하나님의 약속 자체를 믿지 않았다 이들은 믿음의 실상을 전혀 알지 못했다. 단지 믿음을 감각적인 기분으로 여겼다. 육신적인 감각으로 보고 느끼는 것이 이들에게는 믿음의 전부였고 그것이 실상이었다.

어떤가? 오늘날 많은 그리스도인들이 이와 같은 실수를 한다. 믿음은 감각에 기초한 것이 아니다. 바로 하나님의 약속의 말씀이 우리가 믿는 믿음의 실체이다. 그렇다면 당신은 무엇을 믿는가? 당신이 믿는 믿음의 실체는 무엇인가?

바로 하나님의 약속의 말씀이다. 그렇다면 하나님의 약속의 말씀을 믿음의 실체로 알고 있었던 여호수아와 갈렙은 어떻게 되었는가?

"오직 내 종 갈렙은 그 마음이 그들과 달라서 나를 온전히 좇았은즉 그의 갔던 땅으로 내가 그를 인도하여 들이리니 그 자손이 그 땅을 차지하리라"(민14:24)

이것이 믿음의 보상이다. 어떤가? 지금 믿음이 없어서 광야에서 죽어 갔던 이스라엘 백성들의 소리가 들리지 않는가?

불신 때문에 광야 40여년의 처절한 삶을 생각하면 섬뜩해진다. 우리는 이러한 실수는 절대로 하지 말아야 한다. 그렇다면 우리가 실수하지 않으려면 우리의 믿음을 점검해 보야 한다. 당신은 무엇을 믿음의 실체로 여기며 붙잡고 있는가?

믿음의 실체는 바로 하나님의 약속의 말씀이다. 말씀이 우리가 붙들어야 할 믿음의 실체이다. 당신이 믿음의 사람이라면 해야 할 일이 있다. 내 생각과 내 감정과 내 경험을 믿음의 실체인 말씀 앞에 먼저 굴복시켜야 한다. 그럴 때 믿음의 실체인 말씀이 나의 생각과 감정과 경험을 다스릴 수가 있다. 만일 여러분이 말씀으로 여러분의 생각이나 감정이나 경험을 다스리고 지배하게 된다면 인내라는 과정을 거쳐서 여러분이 소유한 말씀은 반드시 열매라는 성과를 거두게 된다.

나는 한 자리에서 목회를 25년째 해 오고 있다. 하나님의 말씀은 진리이다. 우리의 삶에 어떤 영역이든 말씀 위에 세운다면 반드시 성공할 수밖에 없다. 그렇다면 오늘 당신이 회복하고 싶고, 세우고 싶고, 성공하고 싶은 어떤 영역이 있는가? 있기를 바란다. 있다면 먼저 그 분야에 속한 하나님의 약속의 말씀을 찾아라.

예를 들어 나에게 고질적인 질병이 있다. 이 질병으로부터 치유 받고 회복되고 싶다면 먼저 하나님의 약속을 찾는다.

사53:5 말씀을 찾았다.

"그가 찔림은 우리의 허물을 인함이요 그가 상함은 우리의 죄악을 인함이라 그가 징계를 받음으로 우리가 평화를 누리고 그가 채찍에 맞음으로 내가 나음을 얻었노라"

이 말씀을 믿음으로 취하고 선포하라. 그리하면 당신의 고질적인 질병은 치유가 될 것이다. 수많은 사람들이 예수 그리스도가 우리의 병을 이미 십자가에서 100% 담당하신 사실을 믿고 선포할 때 수많은 사람들이 질병에서 치유가 되고 자유하게 되었다. 이처럼 믿음은 허상이 아니라 실제이다.

그러므로 우리는 어떤 상황에서나 환경에서든지 믿음으로 반응해야 한다. 이것이 그리스도를 믿는 우리의 일이다. 오늘 가나안 정탐꾼들처럼 감각적으로 반응하는 실수가 없기를 바란다.

 TIP

01. 당신은 어떤가? 믿음으로 반응하는 것은 말씀으로 반응하는 것이다.
02. 믿음의 기초는 내가 보고 느끼는 감각이 아니라 하나님의 약속의 말씀이다.

:: 02
하나님을 알라 (영생)

할머니 3분이 대화를 나눈다.

김씨 할머니 : "봐라, 예수가 죽었단다."
이씨 할머니 : "저런 우짜다가 죽었노?"
김씨 할머니 : "못에 찔려 죽었다 카더라."
이씨 할머니 : "쯧쯧쯧 내 그 인간 머리 산발하고 맨발로 다닐 때부터 알아 봤다."
(옆에서 대화를 듣고 있던) 박씨 할머니 : "그런데... 그 예수가 누꼬?"
김씨 할머니 : "잘은 모르겠는데... 우리 며느리가 아버지 아버지! 하는 걸 보니 아마 우리 사돈인가 보다..."
박씨 할머니 : 그러면 문상은 갔었나?
김씨 할머니 : 안 갔데.
박씨 할머니 : 와 안갔노?
김씨 할머니 : 사흘 만에 살아났다고 해서 안 갔데.

우리가 신앙생활을 하는데 실수하지 말아야 할 것은 우리도 살아계신 하나님을 맛보아 알 수 있어야 한다. 영적으로 하나님을 만난 사람들은 그 맛을 안다.

"너희는 여호와의 선하심을 맛보아 알지어다."(시34:8)

그래서 중요한 것은 하나님에 대해서 아는 것이 아니다.

하나님을 경험적으로 알아야 한다. 기독교는 관념적으로 아는 것이 아니라. 경험하는 종교다. 살아계신 하나님을 경험하는 것이다. 하나님의 선하심을 맛보아 알아야 한다.

하나님의 관해서 아는 것이 아니다. 그분의 인격을 맛보아 알아야 한다. 하나님의 인자하심을 맛보아 알아야 한다. 하나님의 긍휼하심과 성실하심을 맛보아 알아야 한다. 지고지순하신 하나님 그분의 진실한 사랑을 맛보아 알아야 한다. 하나님을 만났을 때 경험하는 그 맛을 우리가 경험하면 우리 영혼은 늘 그 맛을 그리워하며 산다. 그리고 내 영혼이 그 맛을 또 다시 갈망하며 살아간다.

그러므로 오늘 우리가 실수하지 말아야 하는 것은 바로 살아계신 그분을 맛보아 알아야 한다는 것이다.

그런데 현대 그리스도인들은 하나님을 맛보아 알지 못한다는 것이다. 성경은 상고하고 말씀을 묵상하는데 그분을 맛보아 알지 못한다. 그분을 경험하지 못한다는 것이다. 만일 우리가 그분을 맛보아 알면 우리는 정말 그분을 사랑하지 않을 수 없다. 그분을 자랑하지 않을 수 없다. 어떤 환경에서나 우리는 그분을 사랑할 수밖에 없다. 그러므로 하나님을 맛보며 살아온 시인은 고백한다.

"목마른 사슴이 시냇물을 찾듯 갈급한 내 영혼이 하나님 찾기에 갈급하나이다."(시42:1)

하나님을 모르는 사람은 그럴 수가 없다. 이것은 하나님을 경험한 사람만이 할 수 있는 고백이다.

그런데 유대인들은 어떤가? 이들은 구약 성경을 암송한다. 그리고 늘 성경을 묵상한다. 그런데 이들은 정작 하나님을 모르는 것이다. 우리가 예수님을 믿으면서 이런 실수는 하지 말아야 한다. 성경을 연구해도 하나님을 경험하지 못하면 하나님을 모를 수가 있는 것이다. 하나님에 관해서 우리가 말은 할 수 있다. 그러나 하나님을 체험한 사람은 내가 만난 예수를 말하는 것이다. 내가 만난 예수는 이러하더라. 이것이 증인인 것이다.

그렇지 않으면 무수한 이론과 변론일 뿐이다. 종교적인 신념뿐이다.

그렇다면 오늘 우리는 어떤가?
당신은 정말 영생을 소유 했는가?
구원을 받았는가? 거듭났는가?
새로운 피조물이 되었는가?
영생을 가졌고 영생의 맛을 아는가?
우리가 신앙생활 하는데 있어서 이것만은 실수하면 안 된다.
확실해야 한다. 하나님을 맛보았는가?
하나님의 선하심을 맛보았는가? 영생을 맛보았는가?
정말 거듭났는가? 새로운 피조물이 되었는가?
하나님의 자녀라면 하나님 아버지의 인자하심을 맛보았는가?
하나님의 자녀라면 하나님 아버지를 아는가? 그분의 성실하심을 맛보았는가?

우리가 인생을 살아가면서 우리 안에 우리를 아프게 하는 사람들이 있다. 사랑하는 자식이든, 아내든, 남편이든, 성도든, 우리의 마음을 아프게 하는 사람들을 가슴에 품고 살아가는 것이 힘이 들 때가 있다. 왜 그런가? 우리가 하나님을 몰라서 그럴 수 있다.

"사랑하는 자들아 우리가 서로 사랑하자 사랑은 하나님께 속한 것이니 사랑하는 자마다 하나님께로 나서 하나님을 알고 사랑하지 아니하는 자는 하나님을 알지 못하나니 이는 하나님은 사랑하심이라"(요1서4:7-8)

하나님을 맛보아 알면 사랑하게 된다. 그런데 하나님의 사랑을 맛보지 못하고 하나님의 인자하심을 맛보지 못하면 하나님을 모를 수밖에 없다.

그렇다면 어떻게 해야 하는가?

"... 너희가 영생을 얻기 위하여 내게 오기를 원하지 아니하는 도다."(요5:40절)

우리는 말씀을 묵상할 때마다 그분께로 가야 한다. 그분 앞에 머물러서 그분을 경험해야 한다. 말씀이신 그분을 만나서 그분의 인격을 맛보아 알아야 한다. 우리는 때로는 결혼도 원치 않게 실수할 수 있다. 인생의 중요한 시험도 우리는 실수할 수 있다. 운전을 하면서도 우리는 실수할 수 있다.

그런데 정말 실수를 해서는 안 될 일이 있다. 이것만은 실수해서는 안 된다. 당신은 그것이 무엇이라고 생각하는가? 바로 유대인들이 하는 실수이다.

그렇다면 유대인들은 무슨 실수를 했는가?

유대인들이 이 땅에 사는 이유와 목적은 오로지 하나님이다. 그래서 이들은 성경을 암송하고 연구한다. 이들이 성경을 암송하고 연구하는 목적은 '어떻게 하면 영생을 얻을 수 있을까?' 해서 이들은 주야로 하나님의 말씀을 묵상하고 연구한다.

이들은 정말 진지하게 하나님의 말씀을 상고한다. 그런데 이들은 예수님에 대해서 어떻게 반응을 하는가? 이들은 그렇게 열심히 성경을 연구하고 상고하지만 결국 이들은 하나님을 몰랐다는 것이다.

하나님이 어떤 분이신지 몰랐다. 그래서 결국은 예수님을 죽이게 되었다. 이들은 성경을 상고했고 연구했다. 그런데도 이들은 예수님을 몰랐다.

이처럼 성경을 연구하고, 상고하고, 묵상하면서도 우리는 하나님을 모를 수가 있다는 것이다.

우리는 이런 실수를 하면 절대로 안 된다. 그렇다면 우리가 하나님을 어떻게 맛볼 수 있을까? 하나님을 어떻게 경험할 수 있을까? 하나님은 영이시다. 그래서 우리가 하나님을 감각적으로 경험하는 것이 아니다.

"...너희가 내 말에 거하면 참 내 제자가 되고 진리를 알지니 진리가 너희를 자유케 하리라"(요8:31-32)

너희가 내 말에 거하면 여기서 '거한다'는 말은 말씀과 함께 사는 것이다. 말씀을 묵상하고 믿음으로 취하고 선포하며 사는 것이다. 하루, 1주일, 1달, 혹은 1년을 말씀과 함께 사는 것이다. 마치 부부가 결혼하여 사는 것처럼 말이다.

그러면 하나님을 경험하게 되는 것이다.

하나님을 맛보아 알 수 있다.

하나님은 인격이 있다. 그래서 하나님을 매 순간 인정하며 하나님을 인식하며 살면 하나님의 섭리가 느껴진다.

때로는 내면으로 음성이 들려온다. 하나님께서 먼저 말을 걸어오신다. 하나님과 동행하게 된다. 우리는 하나님과 교제를 나눌 수 있다. 모든 인생의 궁금증도 의문도 하나님께 물어볼 수도 있다. '말씀에 거한다'는 말은 말씀과 함께 사는 것이다.

그러면 하나님을 경험할 수 있다. 하나님을 맛보아 알 수 있다.

그런데 오늘 우리는 어떤가? 나름 성경을 읽고 성경을 상고하면서도 살아계신 하나님을 맛보거나 경험하지 못한다. 성경을 읽을 때 계시의 영으로 읽고 말씀이신 하나님을 경험하는 것이 아니라.

성경만 읽기 때문이다. 성경을 교훈으로 습득하기 때문이다. 하나님은 말씀으로 만나는 것이다. 믿음은 바로 말씀을 믿는 것이다.

그렇다면 우리가 말씀을 읽고 상고하면서도 왜 하나님을 만나지 못할까? 우리는 진리를 받아들이는데 몇 가지 장애물이 있다. 말씀을 말씀 그대로 순수하게 받아들이지 않는 것은 우리 안에는 다음과 같은 선지식과 가치들이 올바른 지식을 받아들이는데 방해를 하기 때문이다.

그런가 하면 우리가 말씀으로 거듭난 자들이다. 말씀이 곧 우리 자신의 모습이냐. 우리의 모습은 바로 말씀이다. 우리가 말씀으로 태어난 자이기 때문이다. 그런데 우리가 말씀으로 행하지 못하는 것은 우리가 진리를 경험하는데 방해하는 것들이 우리 안에 있기 때문이다.

영국의 경험주의자인 베이컨은 경험을 통해 지식을 얻을 수 있다고 했다. 그러나 잘못된 경험이나 선지식은 올바른 지식을 습득하는 것을 방해한다. 베이컨은 경험을 통해 우리 안에 생긴 억측이나 편견을 이둘라(idola) 라고 부른다. 우리 안에 있는 억측이나 편견으로 생긴 우상을 다음 4가지로 구분했다.

- **종족의 이둘라**(idola)

  이것은 인간의 본성 속에 잠재하는 선입관을 말한다. 인간이 감각적으로 느끼는 것 가운데 하나다. 예를 들어 지구가 태양을 돌고 있는데 태양이 지구를 도는 것 같은 느낌이다. 하늘이 움직이는 것 같다.

  그리고 사람들은 '나는 선하고 착하다.' 라는 의인관이다.

- **동굴의 이둘라**(idola)

  사람은 자신이 자란 환경에 의한 사고방식과 편견으로 생긴 우상이 있다. 내가 자라난 가정환경이나 상황에서 경험한 가치들이 우리 내면에 우상이 되어 있다.

  예를 들어 시골에서 어릴 때 옆집에 송아지만한 큰 개가 나를 보고 반갑다고 껑충 뛰면서 달려들었는데, 나는 어린 마음에 엄청 놀랐다. 그 후로 개를 정말 무서워한다. 그런가 하면 우리 안에 내가 배운 지식과 교육과 학습과 독서의 영향으로 생긴 선입관이 있다.

- **시장의 이둘라**(idola)

  요즘 같은 시대에 인터넷 정보와 잘못된 소문들과 언론을 통해서 가짜 정보 및 오도 되는 지식들이다.

- **극장의 이둘라**(idola)

  유명인이나 훌륭한 사람들이 방송에 나와서 하는 말을 믿어 버림으로써 생기는 편견 또 유명한 정치인들이나 훌륭한 사람들의 말 등으로 생기는 편견 등이 있다. 이런 편견들이 우리 안에 의식적이든 무의식적이든 가치로 자리하고 있어서 올바른 진리 지식을 받아들이는 것을 방해한다.

우리 안에 생긴 이런 우상들 뿐 만아니라, 그리스도인들이 어렵게 사는 이유는 율법적인 생각 때문이다. 복음은 율법이 아니다. 그래서 말씀을 대할 때도 하나님의 뜻과 성품을 발견하지 못하고 언제나 하라, 하지 말라는 의미로만 받아들이게 된다.

어떤 사람은 하나님의 말씀을 대할 때 도덕적으로 판단해서 맞지 않을 때는 받아들일 수 없게 되는 경우가 있다.

그러나 성경은 도덕을 가르치는 책이 아니다. 하나님께서 우리에게 성경을 통해서 가장 주시고 싶어 하시는 것은 영생과 풍성한 삶이다.

그러므로 말씀을 통해서 하나님을 만나야 한다. 하나님을 맛보아야 한다. 우리 일생에 하나님을 만나는 일 만큼은 절대 실수를 하지 말아야 한다.

"너희가 성경에서 영생을 얻을 줄 생각하고 성경을 상고하거니와 이 성경이 곧 내게 대하여 증거 하는 것이로다. 그러나 너희가 영생을 얻기 위하여 내게 오기를 원하지 아니하는도다."(요5:39-40)

☑ TIP

01. 당신은 진리 지식을 받아들이는데 방해가 되는 당신 안에 있는 선지식이 있다면 무엇인가?
02. 믿음은 내 경험보다 감정보다 생각보다 하나님의 말씀을 최고의 가치로 두어야 한다. 어떻게 생각하는가?

:: 03
감각적인 사실이냐?
진리냐?

진리(truth)라는 말은 실재(reality)라는 말이다.

육을 가지고 사는 인간은 감각적으로 느끼는 것을 모두 진리라고 생각하며 산다. 그래서 사람은 이 땅에 사는 어간에는 자신이 감각적으로 느끼는 모든 것은 사실이며 진리라고 여기며 살아간다. 그러나 분명한 것은 사실과 진리는 다르다는 것이다.

내가 감각적으로 느끼는 것이 사실일 수는 있지만 그것이 전부 진리는 아니라는 것이다. 예수를 믿고 거듭난 그리스도인들이 어렵게 사는 이유가 바로 여기에 있다.

믿음으로 사는 것이 아니라 감각을 기초로 살기 때문이다. 그러나 우리가 믿는 믿음의 실체는 하나님의 말씀이다.

하나님은 영이시다.

하나님께서 하신 말씀은 영이요 진리요 생명이시다.

예수님께서 말씀하시되

"… 내가 너희에게 이른 말이 영이요 생명이라"(요6:63)

그런데 우리는 육신의 감각적인 기반을 두고 육신적인 사고와 물질적인 사고를 하기 때문에 어렵게 산다. 감각적인 사고를 하기 때문이다. 눈으로 봐야 믿는다. 이것은 오랫동안 감각적으로 보고 느끼고 살아온 익숙해진 육신을 가진 인간의 자연스러운 모습이다.

그래서 현실적으로 암이나 질병에 걸리면 그 사실 앞에 치료책을 간구한다. 어떤 사람은 병원 전문의 권고를 받고 적당한 치료를 받는다. 그런데 어떤 사람은 하나님의 말씀을 믿고 치유를 받는다.

어느 쪽이든 좋다. 우리가 건강하게 사는 것이 하나님의 뜻이다. 그래서 질병에서 자유하게 되는 것은 어떤 방법이 옳고 그르다고 판단할 일은 아니다. 의사도 약도 사실 질병을 치유하기 위한 하나님의 선물이기 때문이다.

그래서 그 사람은 자신의 믿음의 분량에 따라 선택하면 된다.

만약 예수믿고 거듭난 사람이 질병 때문에 고통을 당할 때 예수님께서 우리에게 행하신 사실을 믿음으로 취하면 치유가 되기도한다.

그런가 하면 예수님이 가지신 모든 것이 우리가 거듭날 때 우리의 영안에 주어졌다.

이 사실을 알고 치유는 내 것이구나, 내안에 이미 치유가 와있구나, 내가 가진 것이 무엇인지 알고 믿음으로 선포하고 취한다면 그는 회복되고 다시 건강해질 것이다. 왜냐하면 하나님의 말씀은 진리이기 때문이다.

우리 교회 한 집사님이 있었다. 그녀가 처음 교회에 나오셨을 때는 의자에 앉지도 못하셨다. 들것에 실려 올 정도였다.

그런데 하나님께서 은혜를 베푸셔서 조금씩 회복이 되었다. 그렇지만 완쾌 되지는 않았다. 지금도 병원에 다니시면서 한 달 분량의 약을 처방 받아서 복용한다. 그녀는 오래 투병 생활을 하다 보니 늘 생각 속에 나는 아프다는 생각과 부정적인 사고방식이 있었다. 이것은 그녀가 느끼는 감각적인 사실이다. 실제로 육신적으로 감각적으로 아픈 것이다. 그녀에게는 이것은 사실이다.

그런데 어느 날 나의 성경공부 반에 들어왔다. 말씀을 아침, 저녁으로 치유를 선포하라고 숙제를 내어 주었다. 그녀는 그대로 순종하셨다. 그 결과 기적이 일어났다. 사실 기적 가운데 가장 쉬운 것이 질병을 치유하는 것이다. 먼저 말씀을 선포하자 그녀의 생각이 치유되었다. 생각이 바뀐 것이다. 부정적인 생각이 떠나갔다. 그리고 뒷목이 치유가 되었다. 허리 디스크가 치유가 되었다.

왜 그런가? 말씀은 진리다. 내 몸이 아픈 것이 사실이지만 사실일 뿐이지 진리는 아니다. 그녀의 간증을 잠깐 들어 보겠다.

"안녕하세요? 저는 온누리 교회 박○○ 집사입니다. 제가 처음 온누리 교회에 왔을 때는 아무런 소망이 없었습니다. 온 몸이 어찌나 아프든지 겨우 누워서 예배를 드려야만 했습니다. 앉아 있지도 못하고 제가 할 수 있는 것은 아무것도 없었습니다. 하지만 이제는 모든 상황을 바꾸는 자가 되었습니다. 저는 목사님께서 인도하시는 성경공부를 통해 저에게 꿈같은 일들이 일어났습니다. 일생동안 저를 괴롭혔던 질병이 떠나갔습니다.

성경공부를 시작한다는 광고를 듣고 나이 70이 다 되어서 공부는 무슨 공부야 라는 생각도 들었지만 저는 일단 사모하는 마음으로 참여하였습니다. 목사님께서 성경공부 숙제로 아침, 저녁으로 선포기도를 하라고 하셨습니다. 저는 목사님의 말씀에 그대로 순종했습니다. 아침, 저녁으로 말씀을 쓰고 선포하고 말씀을 내 것으로 취했습니다. 특별히 저는 "그가 찔림은 우리의 허물을 인함이요 그가 상함은 우리의 죄악을 인함이라 그가 징계를 받음으로 우리가 평화를 누리고 그가 채찍에 맞음으로 우리가 나음을 입었도다."(사53:5) 이 말씀을 선포하며 내 것으로 취했습니다.

매일 선포 기도를 하자 기적이 일어났습니다. 먼저 저의 생각이 바뀌기 시작했습니다. 부정적인 저의 생각이 바뀌면서 늘 아프던 머리가 치유되었습니다. 그리고 뒷목 아랫부분이 치유가 되었습니다. 그리고 평생 동안 아파왔던 허리 디스크가 치유가 되었습니다.

저는 하나님의 말씀이 이렇게 능력 있는 줄을 정말 몰랐습니다. 오래 동안 아파왔던 지긋 지긋한 질병 때문에 병원에 한 번 가면 한 달 치 약을 처방 받아와야 했습니다. 그런데 그런 저를 주님은 온전하게 고쳐 주셨습니다. 할렐루야!

이런 소식을 여수에서 학교 교사로 일하는 딸아이가 엄청나게 스트레스를 받는다기에 성경공부 때 목사님께 배운 말씀 기도를 그대로 딸에게 알려 주면서 선포해 보라고 했습니다. 말씀을 선포하던 딸아이에게도 동일한 역사가 일어났습니다. 스트레스가 사라지고 마음이 너무너무 편해지고 좋아졌다고 합니다.

저는 이제 진리를 조금 알 것 같습니다. 내 생각을 내려놓고 말씀을 단순하게 믿고 선포를 하자 정말 꿈같은 일이 일어 난 것입니다 저를 이렇게 고쳐 주시고 회복시켜 주신 주님을 찬양합니다. 여러분을 사랑하고 축복합니다."

어떤가? 오늘 당신도 도전해 보고 싶지 않은가? 오랫동안 미루어 왔던 해결해야 할 문제가 있는가?

그 부분을 하나님의 말씀으로 세워라. 하나님의 말씀은 진리이다. 진리와 사실은 다르다. 진리는 하나님의 약속에 근거한 것이다. 그러나 사실은 내가 지금 감각적으로 느끼는 증상이다. 중요한 것은 감각적으로 느끼는 것이 사실일지라도 진리는 아니다. 우리는 진리로 사는 자들이다. 우리는 말씀으로 거듭난 자들이다. 말씀이 우리가운데 역사하는 것은 자연스러운 것이다.

예수님께서는 이미 우리의 질병을 담당해 주셨다. 뿐만 아니라 우리의 영이 거듭날 때 예수님의 모든 것이 우리 영안에 주어졌다.

예수님의 치유가 내 것이다. 예수님의 형통이 내 것이다.

예수님의 능력이 내 것이다. 예수님의 지혜가 내 것이다.

이것은 약속이 아니다. 실제 이루어진 사실이다. 이것이 진리이다. 그러므로 당신의 질병을 거절하라. 당신의 가난을 거절하라. 당신의 저주를 거절하라. 당신의 연약함을 거절하라. 그리스도께서는 이미 당신의 신성한 건강에 대한 계획을 완성하셨다. 당신의 건강 상태가 어떠하든지 상관이 없다. 선포하라.

"예수 이름으로 나는 이 질병을 거절한다."

당신의 몸의 어떤 부분이 도전을 받고 있든 예수 이름으로 명령하라. 당신안에 이미 치유의 능력이 주어졌다.

그런가 하면 당신은 예수 이름의 권세를 가지고 있다. 그 이름을 사용하라. 누군가 편두통으로 고통 받고 있거나 혹은 오랫동안 심장병을 앓고 있다면 지금이야 말로 진리가 진리되게 할 때이다. "노!"라고 말할 때이다. 예수님께서 당신에게 올 수 있는 모든 고통을 담당하셨다. 이것이 진리다.

그러므로 이제 당신의 삶에서 승리하는 것은 100% 당신의 책임이다. 그렇다. 진리를 선택하라. 당신은 할 수 있다. 바로 지금 이렇게 선포하라.

"나사렛 예수 그리스도의 이름으로 나의 심장은 정상이 될 지어다!"

당신이 믿음으로 진리를 선포하고 말한 것을 얻게 될 것이다. 우리에게 중요한 것은 사실보다 진리이다.

여기 주님의 약속을 보라!

"그가 찔림은 우리의 허물을 인함이요 그가 상함은 우리의 죄악을 인함이라 그가 징계를 받음으로 우리가 평화를 누리고 그가 채찍에 맞음으로 우리가 나음을 입었도다."(사53:5)

"친히 나무에 달려 그 몸으로 우리를 담당하셨으니 이는 우리로 죄에 대하여 죽고 의에 대하여 살게 하려 하심이라 저가 채찍에 맞음으로 너희는 나음을 입었나니"(벧전2:24)

이 말씀들은 하나님께서 이미 이루신 것을 우리에게 주신 것이다. 그러나 사람들은 하나님의 약속의 말씀들을 믿지 않는다. 정신적인 동의와 실행은 다른 것이다. 정신적으로 동의는 얼마든지 할 수 있다. 그러나 믿음의 역사는 실행할 때 나타나는 것이다.

"내 백성이 지식이 없으므로 망하는 도다."(호4:6)

많은 사람들이 예수를 믿으면서도 영적으로 아는 지식 곧 하나님을 아는 계시 지식이 없이 신앙생활을 한다. 이런 무지함 때문에 사람들이 예수를 믿으면서도 곤고한 것이다. 고통 가운데 산다. 예수를 믿으면서도 실패하며 낙심 가운데 산다. 예수를 믿으나 안 믿으나 별반 다름이 없이 살아간다. 이유는 하나님을 아는 계시 지식이 없기 때문이다.

하나님의 말씀에 대한 무지는 우리 인생에 가장 큰 손해를 가져온다. 우리 인생에 가장 큰 사기는 하나님의 말씀 없이 사는 인생이다. 하나님의 말씀은 진리이다. 예수 믿는 사람은 말씀을 가져야 한다.

당신의 삶에서 하나님의 영광을 보기 원한다면 하나님의 말씀으로 당신의 영을 가득 채워야 한다. 영적인 지식을 적게 적용할수록 성령님의 축복 역시 당신을 통해 적게 흐를 것이다. 당신이 삶에서 영적인 자유와 하나님의 축복을 누리는 것은 당신의 영에 있는 하나님을 아는 지식에 달려 있다. 당신의 삶이 나아지고 이 세상의 시스템을 능가해서 살려면 당신 안에 말씀이 있어야한다.

"그러므로 성령이 이른 비와같이 오늘 너희가 그의 음성을 듣거든... 너희 마음을 완고하게 하지 말라."(히3:7-8)

하나님의 말씀이 당신에게 올 때 첫 번째로 해야 하는 중요한 일은 받아들이는 것이다. 이것은 어떤 사람들에게 너무 간단하게 들릴지도 모르지만 하나님에 관한 것들은 매우 간단하다. 그분은 복잡하지 않다. 그래서 그분을 단순하게 받아들이면 된다. 그분께서 당신을 위해 하신 모든 것들을 받아들이면 된다. 그분의 약속의 말씀인 성경을 받아들이면 된다.

그분께서는 당신에게 영생을 주셨다. 받아들이라. 그분은 당신을 의롭고, 강하고, 활기차고, 건강하고, 번영하며, 영향력 있게 만드셨다. 받아들이라. 만약 그분이 당신을 위해 하신 일과 주신 것과 당신이 그렇게 살도록 만드신 것을 받아들이지 않는다면 당신은 삶의 피해자로 살게 될 것이다. 내 인생은 100% 내 책임이다. 내가 길들인 습관도 내 책임이다. 사실 내가 만들지 않은 인생은 없다. 다만 행복한 이는 행복을, 불행한 이는 불행을 선택했을 뿐이다.

당신은 엄청난 사람이다. 복음을 믿고 받아들여라. 그분은 이미 십자가에서 다 이루셨다. 이것을 받아들이라. 여러분의 인생에 문제가 있다면 그 상황에 대해 기록된 말씀을 찾고 받아들이고 그대로 행하라. 진리는 믿는 자에게만 역사하는 메시지다. 만약 믿지 않는다면 하나님의 능력은 역사하지 않는다. 하나님께서 당신을 축복하셨다는 것을 믿고 받아들이라. 하나님께서는 축복하실 계획을 갖고 있는 것이 아니라. 이미 다 축복하셨다.

"찬송하리로다. 하나님 곧 우리 주 예수 그리스도의 아버지께서 그리스도 안에서 하늘에 속한 모든 신령한 복을 우리에게 주시되" (엡1:3)

지금도 당신의 삶에서 변화되기 원하는 상황이 있다면 당신은 말씀에 "예"라고 말함으로써 기적을 얻을 수 있다. 그분의 말씀이 바로 해답이다. 당신과 비슷한 상황들에 놓였던 많은 사람들이 말씀을 믿고 변화를 받았다. 만약 말씀이 그런 사람들에게도 역사했다면 당신에게도 역사할 것이다. 그러므로 말씀을 신뢰하라. 말씀을 믿으라.

감각적인 사실을 선택할 것인가? 아니면 하나님의 말씀인 진리를 선택할 것인가? 만일 당신이 말씀으로 거듭난 하나님의 자녀라면 감각적인 사실 보다는 어떤 상황에서도 진리를 선택하라.

 TIP

01. 사실을 선택할 것인가? 하나님의 말씀인 진리를 선택할 것인가?
02. 민13:26-33 읽고 당신은 무엇을 선택할 것인가?

:: 04
하나님을 경외하라

"여호와를 경외하는 것이 지식의 근본이거늘 미련한 자는 지혜와 훈계를 멸시하느니라."(잠 1:7)

사람이 어떻게 인생을 살든지 언젠가 하나님 앞에 서게 된다. 우리가 하나님 앞에 섰을 때 하나님은 우리의 전 인생을 한 단어로 평가를 한다면 어떤 단어라고 생각하는가?

'헌신, 희생, 섬김, 봉사' 이런 단어일까? 아니다. 우리가 하나님 앞에 섰을 때 우리의 전 생애를 하나님께서 '경외' 라는 한 단어로 우리의 전 인생을 평가하신다. 하나님은 물을 것이다.

"네가 나를 얼마나 경외했느냐?"

하나님은 내가 어떤 모양으로 어떤 수준으로 어떤 일을 하면서 어떻게 살았는지를 우리가 살아 온 모든 삶을 총체적으로 평가할 때 하나님의 잣대는 바로 경외이다. "네가 나를 얼마나 경외하며 살았느냐?"

그렇다면 경외란 무엇일까?

경외란? 경외라는 단어에는 공경+존경+사랑+두려움 이런 뜻이 있다.

경외란? 막연한 두려움이나 무서움이 아니다. 내가 하나님을 너무나 사랑하고 존중히 여기기 때문에 그분을 실망시키지 않기 위해서 갖는 나의 마음의 내도이다.

사랑하시는 그분의 마음이 나로 인하여 깨어질까봐 조심하는 우리의 태도를 경외라고 말하는 것이다.

오늘날 성도들이 오래 동안 신앙생활을 하는데 하나님을 경외함이 없는 모습들을 볼 수가 있다.

왜 그럴까?

이것은 참된 경외가 무엇인지 잘 모르기 때문이다. 그렇다면 참된 경외란 뭘까?

경외란 마치 여행과 같다. 여행은 출발하는 지점과 목적지가 있다.

모든 여행은 출발과 목적지가 있듯이 하나님을 경외함도 이와 같다.

그렇다면 하나님 경외함의 출발점은 무엇일까?

경외함의 출발은 "하나님에 대한 올바른 이해이다." 하나님의 대해서 바르게 아는 것이다.

왜 그런가?

하나님에 대한 올바른 진리 지식과 이해 없이 신앙생활을 하면 우리는 하나님을 왜곡하게 된다. 하나님을 자기 나름대로 믿게 된다. 그래서 오래 동안 신앙생활을 했어도 하나님과 인격적인 교제가 이루어지지 않는다. 인격적인 교제가 이루어지지 않으면 아무리 오래 믿어도 하나님에 대한 친밀함이 생기지 않는다. 하나님을 진정으로 경외하지 않는다.

그렇다면 하나님을 경외함의 도착점은 어디인가? 바로 하나님과의 친밀함이다. 한 마디로 하나님은 우리와 친밀하기 원하신다. 우리와 교제하시길 원하신다. 이것이 하나님의 소원이다. 하나님은 우리가 하나님을 바로 알고 하나님과 친밀함을 갖기를 간절하게 원하신다. "아들아, 나는 너와 친밀함을 갖고 싶다"

이것이 하나님의 소원이다. 그렇다면 우리가 어떻게 하나님을 경외함을 학습해 나갈 수 있을까?

하나님을 경외함에 있어서 두 가지 큰 기둥이 있다.

하나는 하나님을 경외함에 있어서 하나님에 대한 올바르게 반응하는 우리의 태도가 중요하다.

또 다른 하나는 하나님을 경외함에 있어서 죄에 대한 우리의 반응과 태도이다. 내가 죄에 대해서 어떻게 반응하고 태도를 취할 것인가 이것이 중요하다.

하나님이 쓰셨던 수많은 믿음의 사람들은 공통적인 특징이 있었다. 노아, 아브라함, 요셉, 모세, 여호수아, 다니엘, 느헤미야, 예레미야, 이사야, 바울... 이들의 공통점은 모두 하나님을 경외했던 사람들이다. 실제로 이들은 하나님을 머리가 아니고 삶으로 경험했던 사람들이다. 그래서 이들은 하나님에 대한 올바른 이해를 하고 있던 사람들이다.

그리고 하나님의 말씀에 절대적인 반응을 보였던 사람들이다. 이렇게 하나님을 바로 알면 우리는 어떤 경우나 상황 속에서도 하나님을 향해 절대적인 반응을 보일 수가 있다.

왜 그럴 수 있는가?

하나님이 어떤 분이신지 알기 때문이다. 너무도 진실한 아버지의 사랑을 알기 때문이다. 무조건적인 아버지의 사랑을 알기 때문이다.

오늘날 현대 교인들의 모습은 어떤가? 예수를 믿고 따르는데 하나님을 모른다. 참되고 진실한 아버지의 사랑을 알지 못한다.

그래서 하나님에 대한 바른 진리 지식이 없다. 왜 그런가? 하나님을 경외하는 출발점에서부터 잘못 출발을 한다.

그래서 성도들이 경외라는 단어를 모른다. 하나님이 어떤 분이신지 모르기 때문에 하나님을 경외함도 없고 수 삼년 예수를 믿어도 자의적 숭배나 자신이 생각한 하나님인 우상을 숭배한다.

예수를 믿어도 자기 자신을 위해서 사는 자의적 숭배를 한다. 하나님을 마치 무당처럼 믿고 섬기며 자신이 원할 때는 언제든지 하나님이 나타나 소원이나 들어주는 요술 램프처럼 여기기도 한다. 내가 하나님을 얼마나 올바르게 아느냐가 하나님을 경외하는 것과 비례한다.

"영생은 곧 유일하신 참 하나님과 그의 보내신 자 예수그리스도를 아는 것 이니 이다." (요 17:3)

"영생은 아는 것이다."

영생은 아는 것에 기반을 두고 있다. 영생은 남다른 타이틀을 가지고 있어야 하고, 남다른 자격을 가지고 있어야 하고, 남다른 봉사를 해야 하고, 남다른 사역을 해야 하는 것이 아니다.

"영생은 예수를 아는 것"이다.

그래서 하나님 경외하려면 하나님을 알아야 한다. 하나님을 알되 바로 알아야 한다. 내가 하나님을 아는 것만큼 나의 삶이 풍성해진다. 내가 하나님을 아는 것만큼 부요해진다. 내가 하나님을 아는 것만큼 자유를 누릴 수가 있다. 그래서 우리는 하나님을 힘써 알아야 한다.

어느 날 내 아이폰에 문제가 있어서 서비스 센타에 갔다.

"고객님 어떻게 오셨습니까?"

"네 아이폰이 치매끼가 있어서 왔습니다."

"증상이 어떠세요?" 담당 직원이 친절하게 되묻는다.

"예, 손에 이렇게 쥐고 있어도 전화가 와도 아무런 반응이 없습니다."

담당직원은 핸드폰을 받아들더니 화면을 가리키면서 이렇게 말한다.

"고객님 여기에 초생달 표시가 있지요?"

"네…"

"이것은 잠금 장치 표시예요. 고객님 핸드폰은 잠금 장치가 되어 있었군요. 그래서 그런 것입니다."

"아~ 예"

참 어이가 없었다. 나는 아이폰을 빼앗다시피 받아서 나왔다. 내가 아이폰 기능을 몰라도 너무 몰랐던 것이다. 똑같은 스마트 폰을 가지고 있어도 아는 것만큼 다르다. 아는 것만큼 누리며 사용한다. 어떤 사람은 이 스마트 폰을 겨우 전화 통화용으로만 사용한다. 그런데 어떤 사람은 스마트 폰을 가지고 열차표를 예매한다. 비행기 표를 예매한다.

어떤 사람은 출퇴근 하는데 차가 어느 정류장에 오고 있는 것까지 실시간으로 미리 알 수 있다. 그런가하면 영화를 보기도 한다. 국제 전화도 무료로 사용한다. 스마트 폰을 네비게이션으로 이용하기도 한다. 그런가하면 게임도 즐겁게 한다. 폰뱅킹으로 은행 업무도 본다. 아는 것만큼 누린다.

많은 사람들이 하나님을 믿는다고 하는데 하나님을 잘 모른다. 하나님에 대한 바른 지식 없이 신앙생활을 한다. 그래서 하나님을 진정으로 경외함이 없다. 수 삼년 예수를 믿어도 경외함이 뭔지 잘 모른다. 하나님의 경외함의 출발은 하나님을 올바로 아는 데서 출발한다. 그리고 경외함의 도착점은 바로 하나님과 친밀함이다. 그런데 많은 사람들이 하나님을 알아가는 수준을 보면 일이나, 사건이나, 사람이나, 환경을 통해 하나님을 알아간다.

그러나 일이나 어떤 사건이나 사람이나 주변에 환경을 통해 하나님을 알아가는 이것만 의존할 때 우리는 하나님을 오해할 수 있다. 우리가 간절히 소망하는 것이 이루어지지 않을 때 우리에게 찾아오는 생각은 섭섭함이다. 내가 열심히 봉사하고 일하고 섬겼는데 하나님은 나를 사랑하시지 않으신다는 생각이 들기 때문이다.

그러나 진정 하나님을 아는 사람은 이런 보이는 일, 사람, 사건, 환경을 넘어서는 사람이다. 이런 것 때문에 요동하지 않는다. 어떤 상황이나 환경에 상관없이 하나님을 깊이 경외한다. 아버지를 알아 가면 갈수록 우리 자신의 삶의 차원이 달라지기 때문이다.

나의 삶에 좋은 기반은 하나님이다. 그분의 말씀이다. 그 하나님을 말씀을 통해 바로 알고 믿는 것이다. 이것이 하나님을 경외하는 것이다. 그런데 많은 사람들은 자신의 능력과 재력을, 힘과 능력과 건강을 자신의 삶의 기반으로 삼고 산다.

그러나 내가 아버지를 얼마만큼 아느냐, 하나님에 대한 올바른 이해와 절대적인 진리 지식이 경외의 출발이며 경외함의 목적은 하나님과 친밀함이다. 이것이 우리 인생에 좋은 자산이 되어야 한다. 오늘 하나님을 경외했던 한 사람을 살펴보자 믿음의 조상 아브라함이다.

"...네 아들 네 독자라도 내게 아끼지 아니하였으니 내가 이제야 네가 하나님을 경외하는 줄을 아노라"(창22:12)

여기서 아브라함은 하나님을 어떻게 경외했는가?

아브라함은 삶의 모든 주재 권을 인정한 것이다. 100세난 아들도 주인이 여호와이신 것을 철저하게 인정한 것이다.

이것이 주재권이다.

그렇다면 하나님을 경외하기 위해서 우리가 구체적으로 어떻게 반응해야 할까?

모든 삶에 주재권(Lordship)을 인정하는 것이다. 하나님이 내 삶의 모든 영역에 주인으로 계심을 고백하고 나타내고 표현하는 것이다. 주님의 로드 십을 인정하는 것이다. 이것을 주재권이라고 한다.

"우리가 살아도 주를 위하여 살고 죽어도 주를 위하여 죽나니 그러므로 사나 죽으나 우리가 주의 것이로다. 이를 위하여 그리스도께서 죽었다가 다시 살아나셨으니 곧 죽은 자와 산자의 주가 되려 하심이라"(롬14:8-9)

예수님이 우리의 주되심을 고백한다는 이 사실에 주의해 보시라.

이제 우리는 우리 것이 아니다. 이미 값으로 산 것이 되었다.

내게 속하지 않을 것을 포기할 수도 내 것이 아닌 것을 드리겠다고 제단에 내려놓을 수도 없는 것이다. 이미 나는 주님 것이 되어 버린 것이다. 주재 권을 인정하며 사는 것은 당연지사다.

그런데 우리는 늘 교회에서 헌신예배를 드린다. 원래 주님 것을 내 것으로 알고 착각해서 주인 노릇하다가 헌신예배 때 정신 차리고 또 주님 것이라고 인정한다.

그러다가 또 시간이 지나면 내 것이라고 착각해서 주장하며 산다.

그러다가 주님께 또 드리고 또 뺏고 우리는 마치 인생의 주권을 가지고 장난을 친다.

"예수께서 거기를 떠나사 고향으로 가시니 제자들도 좇으니라. 안식일이 되어 회당에서 가르치시니 많은 사람이 듣고 놀라 가로되 이 사람이 어디서 이런 것을 얻었느뇨. 이 사람의 받은 지혜와 그 손으로 이루어지는 이런 권능이 어찌 됨이뇨. 이 사람이 마리아의 아들 목수가 아니냐. 야고보와 요셉과 유다와 시몬의 형제가 아니냐. 그 누이들이 우리와 함께 여기 있지 아니하냐 하고 예수를 배척한지라 예수께서 저희에게 이르시되 선지자가 자기 고향과 자기 친척과 자기 집 외에서는 존경을 받지 않음이 없느니라 하시며 거기서는 아무 권능도 행하실 수 없어 다만 소수의 병인에게 안수하여 고치실뿐이었고 저희의 믿지 않음을 이상히 여기셨더라. 이에 모든 촌에 두루 다니시며 가르치시더라."(막6:1-6)

주님께서 갈릴리 지방을 중심으로 복음을 전하시다가 고향 땅 나사렛 마을로 가셨다. 나사렛은 어릴 때 자랐던 고향이다. 안식일에 회당에서 예수님께서 복음을 전하자. 고향 사람들이 처음에는 다 놀란다. 예수님의 가르치심과 행하심에 감탄을 한다. 그런데 나중에 그들은 주님을 배척한다.

왜 그럴까? 그들은 주님의 출신을 알았기 때문이다. 감각적인 지식으로는 별 볼일 없는 사람이라는 것이다. 목수의 아들이라는 것이다. 예수님은 고향 사람들과 더 많은 것을 나누고 싶고 행하시고 싶으셨다. 그런데 고향 사람들은 주님을 배척한다.

주님을 가장 지지해 주고 신뢰해 주고 믿어 주어야 하는 고향 사람들에게 보이신 주님의 대한 반응은 배척이었다.

무엇을 말씀하는가? 바로 고향사람들은 주님이 주되심을 인정하지 않은 것이다.

결과적으로 주님이 주되심을 인정하지 않는 고향에서 주님은 사역을 하실 수가 없으셨다.

5절 "거기서는 아무 권능도 행하실 수 없어 다만 소수의 병인에게 안수하여 고치실뿐이었고"

주님은 아무 권능도 행하지 않으셨다. 아니 행하실수가 없었다. 하고 싶었지만 예수님의 의도대로 예수님의 계획대로 되어 지지 않았다.

그래서 예수님은 사역에 실패를 하신다. 주님은 자기의 고향 땅에서 더 많은 것을 행하시고 싶었고 나누고 싶었지만 실패를 하신다. 이유가 뭘까?

주님이 영혼을 사랑하는 마음이 식어져서 그럴까?

주님의 기도가 약해져서 그러셨을까? 아니면 주님의 자신의 에너지가 떨어져서 그러셨을까?

아니다. 결코 아니다. 문제는 주님이 문제가 아니라 나사렛 사람들이다. 로드 십이 무너진 것이다. 주님을 인정하지 않는 마음 때문이다. 나사렛 사람들이 주님의 주재 권을 인정하지 않았다.

그렇다면 오늘 우리는 어떻게 해야 하나? 주님을 내 삶의 주인으로, 내 사역의 주인으로, 내 인생의 주인으로, 매 순간 나의 주인으로 인정하고 고백하는 것이다. 주재 권을 인정하는 것이다.

그런데 많은 사람들이 신앙생활을 하면서 그렇게 주님은 부르지만 관념 속에 주님이고, 생각 속에 주님이지, 실제 내 삶의 주인이 아니다. 우리의 소유 우리의 모든 것에 주인이 주님이신데 우리는 자꾸 담을 쌓고 벽을 쌓는다.

그래서 어떤 영역은 하나님의 주재 권을 인정하지 않는다. 어떤 영역은 주님의 통치를 거부하게 된다.

하나님은 인격적인 분이시다. 그래서 내가 거부하면 주님은 멈추신다. 내가 안 돼요. 그러면 주님은 일을 안 하시는 분이시다.

"볼지어다 내가 문 밖에 서서 두드리노니 누구든지 내음성을 듣고 문을 열면 내가 그에게로 들어가 그로 더불어 먹고 그는 나로 더블어 먹으리라"(계3:20)

주님이 하시는 일은 노크만 하신다. 우리가 환영할 때 주님은 들어오신다. 우리가 주님의 존재를 인격적으로 인정할 때 들어오신다.

"주님! 안 됩니다. 들어오지 마십시오." 그러면 주님은 우리 안에 안 들어오신다. 로드 십은 그분을 주인으로 인정하는 것이다. 말이 아니라 우리의 삶으로 실재로 주님을 인정하는 것이다.

우리의 삶의 모든 영역에서 주재 권를 인정하는 것이다. 이것이 경외의 첫 걸음이다. 예수 믿는 사람의 마음속에 이런 하나님을 경외함이 있다면 하나님은 그런 사람에게 축복을 약속하셨다.

"여호와를 경외하며 그 도에 행하는 자마다 복이 있도다.
네가 네 손이 수고한 대로 먹을 것이라 네가 복되고 형통하리로다. 네 집 내실에 있는 네 아내는 결실한 포도나무 같으며 네 상에 둘린 자식은 어린 감람나무 같으리로다.
여호와를 경외하는 자는 이같이 복을 얻으리로다. 여호와께서 시온에서 네게 복을 주실지어다. 너는 평생에 예루살렘의 복을 보며 네 자식의 자식을 볼지어다. 이스라엘에게 평강이 있을지로다."(시128:1-6)

신, 구약을 통틀어서 경외함의 단어가 170번이나 나온다. 사람들은 예수를 믿고 수 삼년이 지나도 하나님을 바로 알지 못해서 하나님을 경외함이 없다.

하나님이 어떤 분이신지 모르기 때문에 순종하지 못한다. 내가 예수 믿고 달라진 것이 있다면 하나님을 알고 아버지가 말씀하시는 나의 정체성을 찾은 것이다. 하나님이 내 아버지라는 것이다.

그래서 우리가 하는 일이 때로는 하찮게 보이는 일일 수 있다.

내가 예수 믿고 거듭나기 전에는 하찮은 일을 할 때면 자존심이 상할 수 있었다. 그런데 예수 믿고 거듭난 이후에는 아무리 사람 보기에 하찮게 보이는 일일지라도 기쁘고 즐겁게 찬송하며 할 수 있었다.

왜냐하면 하나님을 만나고 나니 나의 자존감이 회복이 되었기 때문이다. 그러므로 나의 마음속에 하나님을 경외함이 있고 하나님의 주권을 인정하자 내 안에 무엇보다도 안정감이 생겼다. 그래서 변죽이 없어졌다. 요동함이 없어졌다. 어떤 경우든지 하나님의 주권을 인정하기 때문이다.

"하나님은 우리의 피난처시오 힘이시니 환란 중에 만날 큰 도움이시라 그러므로 땅이 변하든지 산이 흔들려 바다 가운데 빠지든지 바닷물이 솟아나고 뛰놀든지 그것이 넘침으로 산이 흔들릴지라도 우리는 두려워하지 아니하리로다."(시47:2-3)

☑ TIP

01. 하나님을 경외함은 여행과 같습니다. 경외함의 출발과 목적지를 나누어 보십시오.
02. 하나님을 바로 아는 것이 왜 중요할까요?

:: 05
십일조

어느 날 성경공부 시간에 영생의 가치를 설명했다.

"여러분, 우리나라 대기업 모 회장님은 재산이 6조라고 합니다." 그러자 한 집사님이 불쑥 이렇게 말을 했다.

"목사님 저희는 6조 재산 부럽지 않습니다."

"아니 왜요?"

"우리는 십일조가 있습니다."

"우 하하하"

우리는 한바탕 웃었다.

어느 해 춘계 심방 때 일이다. 사업하시는 부부 집사님 가정에 심방을 갔다. 기도 제목을 물었더니 이렇게 말했다. "목사님, 우리 사업이 잘 되어서 한 달에 십일조 일천만 원씩 드렸으면 합니다. 사업장을 위해 기도해 주십시오." 나는 가슴이 벌렁거렸다. "이야... 십일조를 천만 원씩이나 와우..." 나는 그 다음 날 새벽부터 새벽마다 기도를 했다.

그 후 6개월이 지나서 추계 심방 때 그 가정을 심방하게 되었다. 기도제목을 물었더니 춘계 심방 때와 동일했다. "목사님 우리 사업이 잘 되어서 한 달에 십일조 일천 만원입니다" 말이 끝나자마자 집사님은 벌떡 자리에서 일어나

시더니 냉장고 위에 있는 대학 노트를 들고 펼치면서 이렇게 말을 했다.

"목사님 그동안 십일조 못낸 것 여기에다 다 이렇게 적어 놓았습니다. 그동안 밀린 것 얼마입니다."

"아니?" 나는 순간 정신이 아득해왔다. 이미 그 사람은 복을 누릴 수 있는 그릇이 아니었다. 그 후 다시는 십일조 일천 만원 기도는 하지 않았다. 왜 그럴까? 지금 주신 것 가운데 십일조 못 떼는 사람이 어떻게 더 많은 수입에 십일조를 뗄 수 있겠는가? 그들은 십일조에 대한 개념을 잘 몰랐던 것이다. 십일조는 헌금이 아니다. 그래서 작든 많든 십일조는 그대로 하나님께 드리는 것이다.

"땅의 십분의 일 곧 땅의 곡식이나 나무의 과실이나 그 십분의 일은 여호와의 것이니 여호와께 성물이라 사람이 그 십분의 일을 속하려면 그것에 그 오분의 일을 더할 것이요"(레27:30-31)

십일조는 하나님의 것이다. 하나님께 속한 것은 거룩한 것이다. 그래서 십일조는 헌금이 아니다. 원래 하나님께 속한 것이다. 하나님께서 '거룩한 것'이라고 말씀하시는 것을 우리가 평범하게 대하면 항상 죽음이 일어난다.

예를 들어 언약궤는 거룩한 것이다. 이 언약궤를 만질 수 있는 사람은 하나님께 바쳐진 사람들만 만질 수가 있다. 이 사람들이 언약궤를 만지면 괜찮다. 그러나 평범한 사람이 언약궤를 만지면 죽는다. 하나님이 화가 나서 죽이는 것이 아니다. 하나님의 능력이 죽이는 것이다. 십일조가 그와 같은 것이다.

에덴동산에 모든 나무는 평범한 나무다. 우리가 마음대로 먹을 수 있다. 그런데 하나님께서 선악과나무만 구별시켜 놓았다. 거룩한 나무다 하나님께서 구별시켜 놓은 것을 우리가 평범하게 대하면 반드시 죽음이 일어난다. 그래서 선악과나무에 손을 대면 안 된다.

아나니아와 삽비라 부부도 마찬가지이다. 땅이 있었다. 평범한 땅이다. 이들이 마음대로 할 수 있는 평범한 땅이다. 그런데 이들이 그 땅을 하나님께 바쳤다. 이제 목록이 바뀌었다. 평범했던 것이 거룩한 것이 되었다. 하나님의 것이 된 것이다. 그런데 이들이 거룩한 것을 평범하게 대한다. 그래서 죽음이 일어난 것이다.

돈과 관련해서 십일조는 거룩한 것이다. 하나님의 것이다. 헌금이 아니다. 그래서 이것에 손을 대면 안 된다. 많은 사람들이 하나님이 정하신 이 규례를 어김으로 저주의 올무에 걸리고 만다. 십일조는 개인적으로나 교회적으로 하늘 문을 여는 열쇠이다. 하나님의 축복을 풀어내는 열쇠이다.

그런가 하면 십일조는 우리에게서 가난의 영이 끊어지게 한다. 인색한 영이 떠나가게 한다. 저주가 떠나가게 한다. 맘몬의 영에서 우리를 해방시켜 준다. 온전한 십일조는 진정한 부가 풀어지게 한다. 그래서 꿈같은 일들이 일어나게 한다.

나는 교회에서 생활비를 받아 즉시 아내에게 넘겨준다. 한번은 그날도 생활비를 받아서 양복 주머니에 넣었다. 그런데 봉투가 빠져 버린 것이다. 나는 아내에게 늘 봉투를 넘겨주었던 것처럼 돈 봉투를 넘겨주었다고 생각하고 있었다. 아내는 이틀이 지나서 생활비 봉투를 달라고 했다.

"아니? 여보 내가 당신에게 주었는데... 무슨 소리야?"

"저에게 안 주셨는데요?" 아내는 받은 적이 없다고 한다. 양복 안주머니에 넣어 두었던 봉투가 빠져버린 것이다. 3일이 지났다. 아무런 일도 일어나지 않았다. 4일이 지났다.

밤에 집 주인이 찾아 왔다. 당신이 새벽에 일을 나가는데 길거리에 웬 봉투가 널어져 있더라는 것이다. 봉투를 잡는 순간 "돈이구나" 하는 생각이 들어서 너무 기분이 좋았다고 한다. 그래서 화장실에 가서 꺼내 보니… 역시 돈이었다고 한다. 그래서 그냥 꿀꺽 하고 삼켜야지 생각하는데… 봉투 겉에 "목사님 생활비"라는 글씨를 보고 차마… 그 돈을 삼켜 버릴 수가 없었다고 봉투를 4일 만에 들고 왔다.

온전한 십일조는 반드시 나가는 구멍을 막아 주신다. 우리가 신앙생활을 하는데 실수하는 것 가운데 하나가 십일조이다. 그런데 십일조는 비밀이 있다. 그 비밀이 무엇일까?

십일조는 하나님의 자격시험이다.

"땅의 십분의 일 곧 땅의 곡식이나 나무의 과실이나 그 십분의 일은 여호와의 것이니 여호와의 성물이라"(레27:30-31)

십일조는 하나님의 것이다.
"사람이 그 십분 일을 속하려면 그것에 그 오 분일을 더할 것이요"
하나님의 것을 떼어 먹으면 반드시 1/5을 더해서 드려야 한다는 것이다. 십일조를 떼어 먹으면 원래 십일조에다 1/5을 더 보태서 십일조를 드려야 한다고 한다. 왜 그럴까? 십일조는 하나님께 속한 것이다. 하나님께 속한 것은 거룩한 것이다. 그래서 헌금과 십일조는 완전히 다르다. 십일조는 거룩한 것이다.

하나님께 속한 것을 잘 관리하면 하나님이 더 주시기 시작한다. 그래서 재산이 증식된다. 그렇다면 거룩한 것과 평범한 것의 차이가 뭘까? 하나님께서 거룩한 것이라고 말씀하시는 것을 우리가 평범하게 대하면 그곳에는 항상 죽음이 일어난다. 매번 죽음이 일어난다.

예를 든다면 언약궤는 거룩한 것이다. 누가 이 언약궤를 만질 수 있을까? 특정한 사람들만 만질 수 있다.

"저희가 나곤의 타작마당에 이르러서는 소들이 뛰므로 웃사가 손을 들어 하나님의 궤를 붙들었더니"(삼하 6:6)

언약궤가 떨어지려고 하자 궤를 붙들었다. 웃사가 나쁜 사람이 아니다. 악한 사람이 아니다. 이 사람이 좋은 의도로 언약궤를 붙들었다. 그런데 죽게 되었다. 왜 그랬을까? 거룩한 것을 평범한 것으로 다루면 항상 그곳에는 죽음이 일어난다.

에덴동산에 선악과나무.
모두 다 평범한 것들이다. 너희가 마음껏 먹어라 그러나 한 나무가 있다. 거룩한 나무다. 하나님께서 구별한 나무다. 이것은 먹기 위한 것이 아니다. 거룩하다. 손을 대면 안 된다. 선악과는 너의 주인이 누구냐? 인간인가 하나님인가를 가름하는 것이다.

하나님께서 십일조는 거룩한 것이라고 했는데 많은 사람들이 십일조를 자신의 주머니 속에 넣는다. 자신의 계좌 속에 넣는다. 돈과 관련해서 십일조는 거룩하다. 하나님 것이다. 하나님께 속한 것이다. 하나님은 오늘도 우리가 이 지극히 작은 것을 어떻게 관리하는지 살펴보는 것이다. 그러므로 십일조는 돈을 관리할 수 있는 자격시험과 같은 것이다.
여러분에게 속하지 않은 재물을 관리하는 시험이다. 하나님께서 물질을 더 많이 주시려는 자격시험과 같다. 그렇다면 십일조는 뭘까? 10%다. 7%는 할 수 없다. 6%할 수 없다. 10%다. 그렇다면 십일조는 어디로 보내는가?

말3:10-12을 보자.
먼저 십일조는 어디에 드리는가? 창고에 드리라고 한다. 창고가 어디인가?

내가 다니는 본 교회이다. 십일조의 창고는 본 교회이다. 선교사에게 보내는 것이 아니다. 이것은 헌금이 아니라 하나님께 속한 하나님의 것이다. 하나님은 왜 십일조를 자신의 것으로 거룩하게 드리게 하셨을까?

십일조는 하나님의 기적이 풀어지게 한다.
십일조는 하늘 문을 여는 열쇠이다. 십일조를 드리는 것은 하나님의 축복을 실질적으로 풀어내는 행동과 같다. 십일조는 하나님의 기적을 풀어내는 단추이다. 십일조는 하나님의 축복을 풀어내는 열쇠다. 그런데 이스라엘 백성들은 하나님이 정하신 이 규례를 어김으로 저주의 올무에 걸리고 만다.

오늘, 예수그리스도의 이름으로 선포한다. 가난은 떠나갈 지어다! 저주는 떠나갈 지어다! 인색한 영은 떠나갈 지어다! -아멘.

하나님의 말씀을 믿음으로 행동했을 때 기적이 일어난다. 그래서 항상 실천하고 행동하는 것이 중요하다.
십일조를 믿음으로 시도하라. 행동이 기적을 풀어낸다. 많은 사람들이 가난에서 벗어나고 싶어 한다. 그러나 가난도 대물림이 된다. 빈곤은 악순환이 된다. 그래서 하늘 문이 열어져야 한다. 하늘 문이 열리는 비결은 바로 하나님께 속한 거룩한 십일조를 하나님께 드리는 것이다.

정말 우리 가운데 가난을 끊고 싶은 사람이 있는가? 그리고 정말 부자가 되고 싶은가? 하나님은 우리에게 방법을 주셨다. 바로 십일조. 십일조를 관리하라. 말3:11절에서 "황충 재앙을 금하겠다.
토지의 소산을 멸하지 않게 하겠다. 포도나무의 과실로 기한 전에 떨어지지 않게 하겠다. 십일조는 하나님의 기적을 풀어내는 것이다.

하나님은 왜 십일조를 자신의 것으로 거룩하게 드리게 하셨을까요? 당신의 가난한 영을 끊어주기 위해서다. 여러분이 십일조를 하려고 하면 맘몬은 여러분의 귀에, 생각에 속삭일 것이다. 야 10% 얼마나 큰돈이냐? 너는 가난해져, 안돼! 10%, 너 미쳤니? 넌 망할 거야!

10% 너는 돈이 충분하지 않을 거야 넌 쓸 곳도 많은데... 10% 엄청나게 많은 것으로 보이게 만든다. 그러나 선포하라. 나는 돈을 신뢰하지 않는다. 나는 하나님을 신뢰한다. 그래서 십일조를 하나님의 창고에 가지고 간다. 내가 돈의 여분이 있어서가 아니라. 돈이 충분치 않지만 하나님께서 초자연적인 일을 하실 것을 내가 믿는다.

맘몬의 영은 떠날지어다.
가난의 영은 떠날지어다.
십일조는 가난의 영을 끊어버린다.
맘몬의 영을 끊어 버린다.
인색한 영을 끊어 버린다.
돈에 대한 두려움의 영을 끊어버린다.

아... 난 충분하지 않을 거야. 십일조를 하면 하나님의 기적을 경험한다. 하나님을 신뢰하기 시작한다. 십일조를 하면 재정에 대해서 두려움이 없어진다. 하나님은 왜 십일조를 자신의 것으로 거룩하게 드리게 하셨을까요? 하나님은 더 많은 축복을 주시길 원하신다. 십일조를 지역에서, 교회에서 제대로 하면 그 교회 위에 천국이 열린다. 그 교회 안에 치유가 많이 일어난다. 꿈같은 일들이 일어난다. 십일조가 하나님의 것을 관리하는 것이라는 것을 알지 못하는 교회는 인색함으로 천국 문이 열리지 않는다 개인도 마찬가지고 가정도 마찬가지다.

"너희가 만일 남의 것에 충성하지 아니하면 누가 너희의 것을 너희에게 주겠느냐"(눅16:12)

십일조는 '남의 것', 하나님의 것이다. 하나님의 것인 십일조에 충성치 아니하면 누가 너희에게 진정한 부를 주겠는가? 귀한 깨달음이 있기를 바란다. 온전한 십일조를 드리시길 부탁한다. 여러분이 부자가 되길 원하신다면 하나님이 정하신 재정의 원칙을 따르십시오. 당신 인생에 꿈같은 일이 일어날 것이다.

"너희가 만일 불의한 재물에도 충성하지 아니하면 누가 참된 것으로 너희에게 맡기겠느냐"(마16:11)

십일조는 진정한 부가 풀어지게 한다. 여러분 자신의 것을 풀어주실 것이다. 주님의 십일조를 잘 관리하면 주님께서 더 많은 기적을 주시고, 더 많은 치유를 주시고, 더 많은 회복을 주시고, 더 많은 물질을 주시고, 꿈같은 일들을 더 많이 경험케 하고, 더 많은 초자연적인 일을 일으키신다.

그러나 십일조를 내지 않는 교회에는 하늘 문이 닫힌다. 개인도 마찬가지다. 거룩한 것을 평범하게 대하지 마라. 거룩한 것은 거룩한 것으로 대해야 한다. 그러면 당신의 가정에 하늘 문이 열릴 것이다. 재물을 얻을 능력이 풀어질 것이다.

 TIP

01. 십일조는 거룩한 것이다. 왜 그런가?
02. 십일조는 자격시험이다. 그렇게 생각하는가?

:: 06
사람에게
먼저 용서를 구하라

"목사님 '밀양'이라는 영화를 보셨나요?"
"밀양?"
"목사님 왜, 아이를 유괴해서 죽인 살인범이 교도소에 있었잖아요."
"예 집사님 저도 그 영화 본 것 같습니다."
"목사님, 그런데 그 살인범 말이죠?"
"네 살인범..."
나는 집사님이 무슨 말을 하려는지 짐작을 했다.
"아이를 잃은 엄마가 예수를 믿고 살인범을 용서해 주기 위해 교도소에 면회를 갔는데, 살인범도 교도소 안에서 예수믿고 구원받았다고, 자신은 하나님께 용서를 받아서 평안하다고 하니까 아이 엄마가 멘붕이 와 버리잖아요? 목사님은 어떻게 생각하세요?"
그렇다.
영화의 장면이 생생하게 떠올랐다.
"내가 당신을 용서하지 않았는데, 누가 당신을 용서해 주었단 말입니까!" 피맺힌 여인의 절규가 들려왔다. 금쪽같은 아들을 죽여 놓고 너무 뻔뻔한 모습이다. 과연 하나님은 그런 하나님이실까? 성경이 말하는 용서가 이런 것일까? 상대방을 죽여 놓고 하나님께 용서 받으면 됐다는 그런 식일까? 기독교가 이런 것일까?

사실 용서란 그런 것은 아니다. 성경은 사람과의 관계를 무시한 채 하나님과의 관계만을 요구하지 않는다. 우리 그리스도인들은 착각해서는 안 된다.

"네 형제에게 원망들을 만한 일이 있는 줄 생각나거든 예물을 제단 앞에 두고 먼저 가서 형제와 화목하고 오라"(마5:23-24)

하나님은 먼저 당신 앞에 나올 때 형제와 화목하고 오라고 하신다.

어떤가?

오늘날 많은 사람들이 이 부분을 가볍게 여긴다. 보이는 사람을 무시하고 보이지 않는 하나님만 잘 섬기면 된다는 식이다.

이것은 사실 어불성설이다. 하나님과 사람 관계가 똑같이 중요하다. 인간은 대부분이 자기중심적이기 때문에 용서도 일방적일 때가 많다. 남에 대한 상처나 피해를 주고 정신적, 물질적인 피해를 주고도 아무런 생각 없이 살아간다.

요즘처럼 SNS를 통해서 근거도 없는 말을 해서 상대방에게 치명적인 상처를 주고도 많은 사람들이 사실이 아니면 말고 식이다. 특히 예수 믿는 사람들은 이런 부분을 주의를 해야 한다. 왜냐하면 남을 죽여 놓고 하나님께만 용서를 받으면 된다는 식으로 삶을 살아서는 안 된다.

남에게 말과 행동으로 상처를 주었다면 마땅히 용서를 구해야 하고 그에 따른 적절한 보상을 해야 한다.

이것은 예수 믿는 사람들이 놓치기 쉬운 부분이다. 사람과는 화해나 용서를 구하지 않고 하나님께만 엎드려 용서를 구하는 자들이 있다. 그리고 하나님께만 용서를 받으면 된다는 식이다.

어떤가? 옳은 일인가? 아니다.

하나님은 사람과의 관계를 때로는 하나님 자신보다 더 중요하게 여기셨다.

그러므로 사람과의 관계 속에서 혹시 사과할 일이나 용서를 구할 일이나 화해할 일이 있으면 즉시 실천하며 살아가야 한다.

하나님은 예배보다 더 중요하게 여기는 것이 사람과의 관계다.

그래서 예배하러 오는 당신의 백성들에게 오늘 말씀하신다.

"그러므로 예물을 제단에 드리다가 거기서 네 형제에게 원망들을 만한 일이 있는 줄 생각나거든 예물을 제단 앞에 두고 먼저 가서 형제와 화목하고 그 후에 와서 예물을 드리라"

하나님은 '나는 예배보다 더 중요한 것이 네가 네 형제들과 화해하는 것이다. 네 형제들과 화목하게 지내는 것이다. 친근하게 사랑을 회복하라 그러니 먼저 형제끼리 화목하고 나에게 나오라' 는 것이다.

목회를 하다 보면 많은 사람들 가운데 늘 사람들에게 상처를 주는 사람이 있다. 그런데 이 사람은 자신이 그런 사람인지를 잘 모른다. 혼자 의로운 척은 다 하기 때문이다.

사람과의 관계는 안중에도 없다. 사람들은 그 사람을 별로 좋아하지 않는다. 그런데 새벽예배에 나와서 제일 늦게까지 남아서 기도한다. 참 아이러니 한 일이 아닌가? 사람들은 그 사람을 좋아하지 않는다. 주님은 먼저 사람과의 관계를 회복하라고 말씀하신다. 그렇지 아니하면 내가 너의 기도에 귀를 막겠다. 네가 드리는 예물을 받지 않으시겠다고 하신다. 하나님은 이처럼 사람과의 관계를 중요하게 여기신다. 그렇다면 어떻게 해야 하는가? 상처를 주었다면 용서를 구하는 것이다.

예를 들어 내가 약속 시간에 늦었다. 이것도 상대방에게 상처를 주는 것이다.

무슨 상처를 주었는가? 상대방의 시간을 도적질하는 것이다. 금쪽같은 시간을 훔친 것이다. 그래서 약속 시간이 늦으면 반드시 상대에게 사과를 해야 한다. 감정을 상하게 하는 것도 도적질이다. 사람에게 상처를 주었으면 반드시 보상을 해야 한다. 그냥 넘어가지 마라. 반드시 보상을 해야 한다. 보상을 어떻게 해야 하는가?

예를 든다면 내가 미팅 시간이 늦었다.

"죄송합니다. 제가 오늘 5분 늦었습니다. 정말 미안합니다. 여러분의 귀한 시간을 훔쳤습니다. 오늘 제가 사과하는 의미로 오늘 점심은 제가 쏘겠습니다."

그러면 와! 하는 함성이 터지면서 마음이 풀어질 것이다. 작은 실수라도 우리는 상대의 마음에 상처를 주었다면 반드시 사과하고 마음을 풀어주는 보상이 있어야 한다.

그래야 상처 받은 사람의 마음이 치유되고 회복이 된다. 하나님은 공평하신 분이시다. 그래서 우리가 상대에게 피해를 입히면 반드시 보상이나 배상을 율법으로 정해 놓으셨다. 손해를 입혔으면 말로만 용서를 구하는 것이 아니라 반드시 배상해 주라는 것이다.

"사람이 밭에서나 포도원에서 짐승을 먹이다가 자기의 짐승을 놓아 남의 밭에서 먹게 하면 자기 밭의 가장 좋은 것과 자기 포도원의 가장 좋은 것으로 배상 할지니라"(출22:5)

키우던 짐승이 남에 밭에 들어가서 농작물을 먹어도 소 주인은 자기 밭에 최상의 것으로 배상하라고 하셨다.

하나님께서 왜 그러셨을까?

그래야 상대방의 마음이 풀어지고 보상이 되기 때문이다. 상대방에게 물질 및 정신적인 보상을 충분히 해서 관계가 막히지 않게 하라는 것이다.

한 자매가 오랜 세월동안 자신에게 상처 준 사람을 용서하는 간증을 잠깐 나누겠다.

"저는 누가 저에게 억울하게 하면 저도 똑같은 방법으로 돌려주고 싶어서 마음에 복수심을 가지고 살았습니다. 주님께 사랑하게 해 달라고 기도는 하면서도 막상 내 가장 가까운 이웃을 사랑하지 못하고 미워하고 원망하고 저주했습니다.

또한 저의 머릿속에는 늘 부정적인 생각으로 가득차서 살았습니다. 생각할 틈만 있으면 그 옛날 억울했던 일을 떠올렸습니다. 그 옛날 그 때로 돌아가서 원망하고 불평하며 제 모든 에너지를 부정적 생각에 쏟으며 살았습니다. 늘 저의 생각과 마음에는 이런 생각으로 끝없이 전쟁을 하고 지냈습니다.

눈에 보이지는 않았지만 제 온 몸과 에너지를 빼앗기고 사람을 의심하고 남편과 제 자신을 괴롭히며 살았습니다. 성령수양회는 이런 고통 가운데 살던 저를 해방시켜 주셨습니다. 내적 치유시간에 강력한 성령의 역사로 제가 자리에 쓰러졌습니다. 그런데 갑자기 제 입에서 생각지 않은 말이 튀어 나왔습니다.

"안 돼! 난 절대 용서 못해! 내가 너를 어떻게 용서해. 난 억울해서 용서 못해!"

내 마음 깊은 곳에 견고한 진이 되어 버린 상처를 붙들고 있던 악한 영이 억울해서 안 나가겠다는 것이었습니다. 순간적으로 용서하고 싶지 않은 마음이 들었습니다. 한편으로는 용서해야 한다고 생각은 하는데 한편에서는 억울한 생각이 들어 용서하고 싶지 않았습니다. 분하고 억울해 하던 내 안에 있던 어둠이 성령님의 능력으로 떠나게 되었습니다.

마치 가슴에서 무거운 짐 덩어리가 빠져 나간 듯했습니다. 하나님은 성령수양회를 통해서 저의 마음을 완전히 새롭게 회복시켜 주셨습니다. 성령수양회를 마친 후 저희 가정은 기쁨이 넘치는 가정이 되었습니다. 남편의 변화는 물론이지만 대학생과 고등학생인 두 아들들이 온누리 교회를 출석하면서 날마다 변화되는 모습에 저희 가족은 주님께 감사하고 있습니다."

용서는 본능을 거스르는 것이다. 그래서 사실 쉽지 않다. 그러나 용서는 반드시 해야 한다. 가해자와 피해자 사이에 용서가 안 되면 아무리 멀리 떨어져 살아도 서로가 쇠사슬에 억매여 산다. 가해자의 목줄에 피해자의 팔목이 죄의 쇠사슬로 연결이 되어 있다.

> "그러므로 예물을 제단에 드리다가 거기서 네 형제에게 원망들을 만한 일이 있는 줄 생각나거든 예물을 제단 앞에 두고 먼저 가서 형제와 화목하고 그 후에 와서 예물을 드리라"(마5:23-24)

그렇다면 유대인들은 어떻게 하나님 앞에서 상처받은 인간관계를 풀어갈까? 유대인들은 신년 명절이 되면 철저히 회개하며 필사적으로 기도한다. 이들은 하나님께서 정확한 심판을 위하여 각자의 행위를 생명책에 기록한다고 믿고 산다. 그러므로 어느 누구도 자기의 행위에 대하여 책임을 면할 수가 없다.

우리는 많은 경우 운명론에 치우치거나 변명에 치우치기도 한다. 그래서 자기가 한 행위에 대해서 남을 탓하거나 변명을 한다. 그런데 유대인들은 그렇지 않다. 각자의 삶은 내가 선택한 결과라는 적극적인 인생관을 가지고 있다.

죄를 지은 것도 내가 지은 것이다. 누구 때문이 아니다. 내 인생은 100% 내 책임이다. 내가 길들인 습관도 내 책임이다. 내가 내 인생을 결정해 왔던 것이다. 그래서 그들의 인생은 그가 선택한대로 생명의 책에 기록될 것이기 때문에 유대인들은 자기가 선택했기에 그에 대한 책임도 자기가 져야 한다는 것이다.

그래서 유대인들은 신년 명절이 되면 회개의 날로 선포한다. 유대의 전통에 따르면 하나님의 심판과 분노를 잠잠케 하는 세 가지 방법이 있다.

하나는 회개(테슈바), 기도(트필라), 구제(쯔다카)이다. 유대인들은 이 세 가지 방법을 통하여 잘못된 하나님과의 관계를 개선한다.

그래서 신년 명절에 이 세 가지를 아주 중요하게 여긴다.

이중에서도 신년 명절에는 회개를 강조한다. 그래서 아무리 악한 사람이라

할지라도 회개함으로서 하나님과의 관계를 개선하고 새로운 마음으로 새해를 맞이할 수 있게 한다.

만일 새해 첫 날에 회개하지 않으면 이들은 하나님의 계명을 어기는 것이 된다.

그래서 모든 유대인들은 신년 명절에 죄를 자백하는 회개 기도문을 읽고 마음이 열리면 용서를 구할 자를 찾아간다.

가족들을 찾아가기도 하고 친지와 친척들을 찾아가고 친구에게 찾아가고 이웃을 찾아가고 동료를 찾아 간다. 가서 구체적으로 용서를 구한다. 이런 과정을 통하여 유대인들은 하나님 앞에 더 가까이 나가게 된다. 이들은 반드시 하나님보다 먼저 사람에게 찾아가서 화해하고 관계를 회복한다.

그래서 유대 전통에 따르면 먼저 사람과 화해하지 못한 사람은 하나님과도 화해할 수 없다.

왜 그런가?

유대인들은 유대력 7월10일에는 대 속죄일(욤 키푸르)이다. 이 대 속죄일은 하나님과 관계된 죄만을 회개한다.

그래서 대 속죄일이 되기 전까지 사람과의 관계를 화해하거나 정리해야 한다. 사람과 화해하지 못한 사람은 욤 키푸르 (대 속죄일인 7월10일)의 회개가 불가능하다. 하나님이 받아주지 않기 때문이다.

그러므로 사람들과의 문제는 대 속죄일이 되기 전에 다 해결하고 당일에는 7월 10일에는 하나님께 지은 죄에만 집중할 수 있어야 한다. 이처럼 유대인들은 철저하게 사람과의 관계를 먼저 화해할 수 있도록 하나님이 제정하셨다. 잘못한 사람이 찾아와 용서를 빌면 받아준다. 탈무드는 "용서할 때는 삼나무처럼 뻣뻣하지 말고 갈대처럼 부드럽게 하라."라고 말 한다.

남을 용서하지 않는 자가 어떻게 남에게 용서 받을 수 있는가? 그러한 자는 하나님의 용서도 기대할 수 없기 때문이다.

그러므로 먼저 사람과의 관계 속에서 늘 화목 하라. 그리고 혹시 관계가 깨어지면 빨리 회개하고 회복하는 것이 우선인 것을 잊지 말아야 한다.

어떤가?

왜 예수님께서는 우리에게 이렇게 말씀을 하셨는지를 의미있게 읽어 보자.

"그러므로 예물을 제단에 드리다가 거기서 네 형제에게 원망들을 만한 일이 있는 줄 생각나거든 예물을 제단 앞에 두고 먼저 가서 형제와 화목하고 그 후에 와서 예물을 드리라"(마5:23-24)

먼저 '사람과 화해하라'는 것이다. 먼저 사람에게 용서를 구하라는 것이다. 먼저 가서 풀고 오라는 것이다. 상처 준 사람에게 먼저 가라는 것이다. 사람이 먼저다.

베트남 전쟁이 한창이던 1972년 6월 당시 9살 소녀였던 킴 푹은 동네 근처의 한 사찰에서 가족들과 함께 숨어 있다가 살상력이 큰 화염 무기 '네이팜 폭탄'의 폭격에 거리로 뛰어나갔다.

당시 온몸에 화상을 입은 킴 푹은 겁에 잔뜩 질린 모습으로 필사적으로 도망쳐 나와 거리를 내달렸고, 이 극적인 모습이 AP통신 사진 기자의 카메라에 찍히게 되었다.

'네이팜 소녀'로 알려진 이 사진은 전 세계에 알려지는 계기가 되었고, 많은 사람에게 큰 충격을 주게 되었다.

세월이 20여년이 흘렀다.

1996년 워싱턴에서 열린 월남전 기념비 제막식에 킴 푹 씨가 초청돼 연설하게 되었다. 연설에서 그녀는 "만약 민간인 마을에 폭탄을 투하한 비행기 조종사를 만나게 된다면 나는 그를 용서할 것이다." 라며 놀라운 발언을 했다.

그런데 놀라운 일이 벌어졌다.

마침 바로 그 자리에 그때 폭탄을 투하했던 비행기 조종사 '죤 머플러'가 참석해 있었다. 그녀의 연설을 들은 그는 도저히 그냥 앉아 있을 수가 없었고 벌떡 일어나 소리를 쳤다.

"정말 죄송합니다! 제가 바로 그때 그 조종사입니다. 저의 오판으로 당신에게 고통을 드려서 정말 죄송합니다. 그 일로 인해 저는 그동안 고통스러운 마음으로 살아왔습니다. 나를 용서해 주십시오. 나를 용서해 주세요. 나를 용서해 주십시오."

그러자 킴 푹 여인은 다음과 같이 선포했다.

"당신을 용서합니다. 괜찮습니다. 저는 다 용서합니다. 당신을 용서합니다."

순식간에 벌어진 일에 사람들은 깜짝 놀라기도 했지만 용서를 빌고 진심으로 용서하는 두 사람의 모습에 감격해 눈물을 훔치며 우레와 같은 박수를 보냈다.

☑ TIP

01. 당신은 상처 준 사람에게 진정한 용서를 구해본 적이 있는가?
02. 당신은 진정으로 누군가를 용서해 본적이 있는가?
03. 당신이 현재 용서해야 할 사람이 있는가?
04. 용서는 말로만 하는 것이 아니다. 반드시 피해에 따른 보상이 함께 가야 한다. 어떻게 생각하는가?
05. 하나님은 당신에게 오는 것보다 먼저 사람에게 가서 화해하고 오라고 하셨다. 그 이유는?

:: 07
결혼은 언약이다 (1, 2, 3)

❶ 결혼은 언약이다

"아빠, 결혼할 오빠야!"

어느 날 딸들이 모두 남친 들을 데려고 와서 인사를 시켰다.

"…"

나는 두 딸들에게 물었다.

"얘들아…

남친들 무엇을 보고 배우자로 선택했니?"

그러자 두 딸들은 서슴없이 대답했다.

"아빠와 똑같아서!"

"뭐, 나랑?… 뭐가 똑같은데?"

"아빠, 성격이랑 성품이랑… 그리고 많은 부분이…"

"…"

나는 할 말이 없었다. 아니 아빠하고 성품이 똑같다는 이유로 요즘 말로하면 직업도 없고, 스펙도 없는 남자 친구를 데려 와서 결혼하겠다는 것이다.

결혼은 현실인데 얘들이 어려도 한참 어리구나. 아빠랑 똑같아서 배우자로 선택했다는데 참 난감했다.

그렇다고 목사가 현재 직업과 스펙도 없다는 이유로 안 된다고 거절하면 목사가 세상 사람들과 똑같다는 말을 들을 것 같고 또 하나는 아빠와 똑같아서 배우자로 선택했다는 딸에게 안된다고 하면 내가 살아왔던 내 삶 전체를 부인하는 것 같았다. 며칠 동안 많은 생각을 하게 했다.

그래서 어느 날 나는 두 딸의 남자 친구들을 집으로 불렀다. 저녁식사 후에 우리는 성격 유형 검사를 해보았다. 정말 딸아이 말이 맞는지 확인하고 싶었다. 내심으로 나와 똑같은 유형인지 확인하고 싶었다.

'애니어 그램'이라는 검사지를 가지고 검사해 본 결과 두 예비 사위들은 딸들의 말대로 정말 나와 똑같은 성격 유형이 나왔다.

"와우! 똑 같네 똑 같다...하하하"

우리는 한바탕 웃었다. 나는 할 말이 없었다. 아빠 같은 삶의 모습이 딸들의 마음속에 이상적인 남성상으로 새겨졌던 모양이다. 나는 두 딸들의 결혼을 허락해 주었다. 인간적인 조건이 전혀 갖추어지지 않았다는 것 때문에 결혼을 반대하는 것은 마치 한평생을 믿음으로 살아온 내 인생을 부인하는 것 같았기 때문이다.

두 딸들은 모두 본인들이 원하는, 아빠와 똑 같은 사람들을 만나서 결혼했다. 믿음 안에서 이들은 하나님 나라의 꿈과 비전 하나만 가지고 가정을 시작 한 것이다.

싱가폴에 가면 유명한 새 공원이 있다. 그런데 그 공원에는 유독 눈에 들어오는 한 종류의 새떼가 있었다. 오로지 집만 짓고 있는 새가 있었다.

사람이 가까이 가도 도망가지 않고 집을 짓는다. 그 새는 집을 짓는데 온 정신이 팔려 있었다. 나는 수컷 새가 집을 짓는 이유가 무엇인지 궁금했다.

함께한 가이드에게 묻자 그가 이런 말을 해 주었다.

"이 새들이 집을 짓는 목적은 딱 한가지입니다."

"뭡니까?"

"오직, 장가가기 위해서입니다."

수컷 새는 집이 어느 정도 완공이 되면 자기와 함께 살 여친 새를 초대한단다.

"자기야! 우리 집 완공되는데, 와서 보렴. 34평짜리야 자~ 봐, 집 잘 지었지? 자기야 인테리어는 어떠니? 자기야 어떼,마음에 드니?"

남친 새는 여친 새에게 열심히 설명하며 물어 본다.

그러면 여친 새는 집를 둘러본다.

"자기야 집 어떠니?"

"…"

"어떠니?"

"…"

남친 새는 조급한 마음에 재촉하며 물어 본다.

집을 둘러본 여친 새가 마음에 들어 하고 흡족해 하면 결혼해서 함께 그 집에서 산다.

그런데 여친 새가 집을 둘러보고 마음에 안 들면 어떻게 하는가?

남친 새는 그 집을 미련 없이 버리고 다시 다른 집을 짓기 시작한다고 한다.

"TO FIND A BRIDE, FIRST BUILD A HOME!

신부를 찾기 위해, 집부터 지어라" 라고 안내문에 적혀 있다.

우리나라에서 서식하는 꼬마물떼새, 흰물떼새도 집짓기는 수컷의 몫이다. 수컷이 지은 집이 마음에 안 들면 암컷은 쳐다보지도 않고 가버린다.

와우! 사람만 그러는 것이 아니라.

새들도 집이 없어 결혼을 못하는 친구가 있다.

요즘 청년들을 N포 세대라고 한다. 그러나 이 세대가 아무리 그런다 할지라도 청년들이여 사랑마저 포기하거나 희생하지 마라. '사랑은 죽음보다 강하다.' 지금 사귀는 사람이 있다면 서로 썸만 타지 말고 진정으로 사랑한다면 결혼해서 시작하라.

이 시대가 돈 없으면 결혼도 못하는 시대라고 하는 거짓된 말에 속지 말라. 남자는 아파트나 집을 장만해야만 되고 여자는 세간 살림을 다 채워야 한다는 결혼 비용 부담 때문에 엄두를 못 낼 수 있다.

그러나 그렇게 출발해도 어떤 사람은 불행하게 사는 사람도 있고, 아무것도 없이 출발해도 행복하게 사는 사람이 있다. 인생은 여러분의 선택에 달려 있다. 진실한 사랑은 돈의 가치를 뛰어 넘어 숭고한 것이다.

사랑의 가치를 돈으로 평가하지 마라. 돈은 꼭 필요한 것이지만 인생의 전부는 아니다. 진실은 돈으로 사는 것이 아니다. 꼭 돈만 있어야 결혼도 사랑도 할 수 있는 것은 아니다. 돈보다도 더 중요한 것은 여러분의 가슴에 뜨거운 사랑이다.

지금 손에 쥔 돈이 없다고 결혼을 포기하지 말라. 지금 취업이 안 되어서 직장이 없다고 결혼을 포기하지 말라. 여러분의 가슴 속에 꿈이 있으면 된다. 여러분에게는 무엇이든 시작할 수 있는 젊음이 있다. 사람에게 무엇보다도 가장 큰 자산은 젊음이다. 젊음은 무엇이든지 도전할 수 있다. 그래서 가장 큰 자산이다. 서로에 대한 믿음이 있고, 뜨겁게 사랑하는 사람이 있다면 시작하라. 돈이 없어도, 스펙이 없어도, 직장이 없어도, 결혼할 수 있지 않겠는가?

나는 그렇게 두 딸을 2016년도 11월에 큰 딸을 결혼시키고, 3개월 후에 2017년 1월에 둘째 딸을 결혼시켰다.

아내는 어느 날 결혼을 준비하는 둘째 딸을 불렀다.

"자 결혼 비용이다."

"…"

"150만 원이다. 지난번 언니도 150만 원, 너도 150만 원이다."

"엄마, 고마워요."

두 딸은 수원 지역에 있는 '무료 결혼 추진 위원회'를 방문해서 결혼 일체를 안내 받았다. 그곳에 129만 원을 내면 웨딩에 관한 스튜디오 촬영, 본식 드레스, 헤어 메이크업, 본식 촬영, 앨범 등 일체의 모든 비용이 끝이 난다. 그리고 그곳에서 알선해 주는 예식장에서 결혼식을 하면 30만 원을 신랑 신부에게 돌려준다.

우리는 신랑 측 부모님들께서 혼수 인사로 오고 가는 예단 일체는 없기로 합의를 해 주어서 두 딸들은 결혼식을 잘 치렀다.

큰 딸은 결혼 후 호주로 떠났다. 가끔씩 페이스 독하면 딸아이 얼굴과 손에 페인트가 묻어 있다. 남편과 함께 페인트칠을 한단다. 하루 일당으로 10만 원 남짓 받는다고 한다.

얼마 전에는 작은 냉장고도 하나가 생겼다고 좋아했다. 이웃집에서 이사 가면서 버리고 가는 것 얼마 주고 샀다고 감사하며 기뻐했다.

"하하하"

30년 전에 우리 부부도 그렇게 살았다. 어떤 선교사님이 홍콩으로 선교하러 가시면서 쓰던 짤 순이 하나를 주고 가셨다. 얼마나 감사한지 우리 부부가 행복해 하던 그때의 생활이 떠올랐다.

딸아이는 그곳 섬기는 교회 목사님께서 어느 날 캄보디아 대학에 강의하러 가시는데, 목사님께 여비로 봉투 하나를 드렸다고 한다. 그러자 목사님께서는 교회 앞에 말씀하셨다.

"어디서 온 신혼부부가 페인트 칠 해서 번 돈으로 잘 다녀오시라고 봉투를 주었다"고 하시더라는 것이다.

"아빠! 저희들은 엄마 아빠에게서 보고 배운 대로 한 것 뿐 이예요."

"그래 예쁜 딸아 고맙다. 매순간 그렇게 행복하게 살아 주어서 고맙다."

하나님께서 베풀어 주신 호의에 우리 부부는 감사했다. 남녀가 만나서 한 가정을 이루는 것은 정말 가슴 설레며 아름다운 일이다. 결혼은 하나님의 축복된 언약 안에 들어가는 것이다. 하나님은 교회보다 먼저 가정을 세우시고 복을 주셨기 때문이다.

"이러므로 남자가 부모를 떠나 그 아내와 연합하여 둘이 한 몸을 이룰지 로다."(창2:24)

성경은 오늘 하나님은 남자와 여자가 결혼을 하면 남자가 부모를 떠나 그 아내와 연합하여 둘이 한 몸을 이루라고 말씀 하신다.

왜 그런가?

두 사람이 잘 연합하여 행복하게 잘 살기 위해서 하신 명령이다. 그렇다면 어떻게 떠나는 것이 부모를 잘 떠나는 것일까? 부모를 잘 떠난다는 말은 부모로부터 이제 독립한다는 뜻이다.

부모로부터 육체적으로 독립을 하라는 것이다. 부모로부터 재정적으로 독립하라는 것이다. 부모로부터 정서적으로 독립하라는 것이다. 부모로부터 영적으로 독립하라는 것이다.

이제는 부모의 둥지를 떠나 둘만의 새로운 둥지를 만들어서 행복하게 살라는 말씀이다.

그렇다면 하나님께서는 결혼을 하면 왜 부모를 떠나가라고 했는가? 부모를 떠나는 것은 이제 결혼하면 남편과 아내는 가장 우선으로 섬겨야 하는 대상이 바꿔졌다는 것이다. 결혼 전에는 우리가 부모님을 가장 우선으로 섬겼다. 남편이 참 효자였을 수 있다. 아내가 참 효녀였을 수 있다. 그러나 결혼을 하면 이들이 가장 먼저 섬겨야 할 대상은 이제 부모가 아니라 배우자라는 사실이다.

이것이 성경의 가르침이다. 아내는 남편을 가장 우선으로 섬겨야 할 대상이다. 남편은 아내를 가장 우선으로 섬겨야 할 대상인 것이다.

그래서 성경은 "... 맡은 자가 구할 것은 충성이니라."(고전4:2)

남편은 아내의 영혼을 맡은 자이다. 아내는 남편의 영혼을 맡은 자이다. 맡은 자가 구할 것은 충성이다. 가장 우선으로 섬겨야 할 대상은 이제 부모가 아니다. 자식이 아니라 바로 배우자이다.

그렇다면 부모님은 어떻게 하라는 것인가? 부모를 떠났다고 해서 불효하라는 말이 아니다.

"부모에게 효도하고 공경하라"는 성경의 명령은 영원히 유효하다. 이 계명을 무시해서는 안 된다. 늘 아버지는 존경하고 어머니는 공경하는 것이다. 이것은 약속 있는 첫 계명이다.

우리가 이 땅에서 잘 되고 장수의 복을 누리는 약속 있는 첫 계명이다. 그래서 부모님께 효도하고 공경하며 그들의 감정을 무시하지 말라는 것이다. 그리고 어떤 경우든지 양가 부모에 대해서 비판하거나 험담하지 말라.

"네 아버지와 어머니를 공경하라 이것이 약속 있는 첫 계명이니 이는 네가 잘되고 땅에서 장수 하리라."(엡6:2-3)

부모님을 잘 공경하면 하는 일마다 잘 될 것이다. 이 땅에서 장수 하게 된다. 성경은 부부의 온전한 연합을 위해서 부모를 잘 떠나는 것이다. 부모를 떠나올 때 우리 가정에 좋은 전통은 가져올 수 있다. 그러나 그렇지 못한 전통은 두고 와야 한다.

찐 계란을 먹다가 부부 싸움한 이야기가 있다.
"자기야 계란 먹어요?"
남편이 계란 껍데기를 벗기더니 "자기야 소금 좀 줘요."
"소금은 왜요?"
"소금 찍어 먹게"

"자기야, 우리 집은 설탕에 찍어 먹는데, 자기네 가정은 좀 이상하다"

남편은 아내가 '당신네 가정은 좀 이상하다'라는 말에 살짝 기분이 상했다. 그래서 남편은 더 단호하게 말했다.

"계란은 소금에 찍어 먹는 거예요"

아내도 질세라

"아니네요, 계란은 설탕에 찍어 먹어요!"

그러면 우리를 소개팅 해 주신 교수님에게 물어봅시다. 핸드폰을 꺼내 교수님에게 물어봤다.

교수님은 웃으시면서 이렇게 대답하셨다.

"우리 집은 계란을 그냥 먹는다."

그런데 아까 당신네 집은 좀 이상한 집안이라는 말이 생각이 나서 당신네 가문은 뭐가 그리 좋은데... 한바탕 싸움이 벌어졌다는 이야기가 있다.

전통도 주장하지 말라. 부부 사이에 어떤 것도 장애가 되어서는 안 된다. 그것이 전통이든, 부모든, 자녀든... 왜 그런가?

온전한 부부의 연합을 위해서이다. 부부는 하나이다. 남자가 온전한 것이 아니다. 여자가 온전한 것이 아니다. 부부가 온전한 것이다. 부부는 부모를 떠나서 두 사람만이 행복하고 멋진 가정 문화를 만들어 가는 것이다.

그렇다면 부모를 떠날 때 어떻게 잘 떠나야 하는가? 혹시 부모로부터 입은 상처가 있다면 용서하고 떠나라는 말이다.

사람은 100번 잘하다가도 한 번 잘못하면 그것을 기억한다.

남편이나 아내가 자랄 때 부모로부터 받은 상처가 있을 수 있다. 호리라도 남김없이 풀어버리고 떠나라. 당신의 행복한 삶을 위해서다.

부모로부터 받은 상처를 끌고 다니지 말라. 그것 때문에 나의 가정이 불행해지지 않도록 하라. 그리고 또 남편과 아내가 성장해 온 환경과 문화가 달라서 가치관이 다를 수 있다. 그래서 별것도 아닌 것에 상처를 받을 수 있다. 그때마다 예수님께서 우리의 죄와 허물을 아무런 조건 없이 덮어주시고 용서해 주신 것처럼 남편과 아내가 서로 늘 용서하며 덮어주고 살면 된다.

그런가 하면 결혼은 언약이라는 사실을 명심해야 한다. 언약이라는 말은 하나님 앞에서 두 사람이 맺은 이 결혼 언약은 어떤 이유라도 어떤 경우라도 깨질 수 없다는 것이다.

그렇다면 이 언약은 언제까지 유효한 것인가?

죽음이 찾아와서 두 사람을 갈라놓을 때까지 유효한 것이다. 그전에는 이 언약을 깨뜨려서는 안 되는 것이다.

죽음으로만이 이 언약을 대신할 수 있다.

그렇다면 건강한 가정의 남편의 역할은 어떤 것일까? 아내의 머리다. 남편이 아내의 머리됨의 성경적 원리는 하나님의 결정에 따라 남편은 아내의 머리이다.

그럼 머리된 남편은 아내와 가정을 돌보며 그들에게 필요한 것을 공급하는 적극적인 지도자이다. 머리된 남편은 아내 위에 군림하거나 권위를 행사하지 않고 아내를 이해하고 귀하게 여김으로 아내를 이끌어야 한다는 말이다.

남편은 아내의 머리가 되라는 하나님의 우선적인 부르심에 순종하여 부모보다, 자녀보다, 친구보다, 사역보다, 일보다, 오락보다, 그 어떤 것보다 먼저 아내에게 헌신해야 한다. 머리된 남편은 자기 아내가 흠이 없고 거룩하고 영광스럽게 되도록 양육하는 영적인 지도자이다.

그렇다면 건강한 가정의 아내의 역할은 어떤 것일까? 돕는 배필이다. 많은 남성들의 성공 뒤에는 아내의 도움이 숨어 있다. 아내가 남편의 돕는 배필이라는 성경적 원리는 남편을 돕는 배필로 삼으신 분은 하나님이시다. 돕는 배필은 자신의 에너지를 남편을 돕는데 우선적으로 사용한다.

아내의 최우선 순위는 자신의 일이 아니다. 사역이 아니다. 자녀가 아니다. 남편이다. 아내가 가장 먼저 도와줄 대상은 남편이다. 돕는 배필은 하나님이 임명하신 집안의 일꾼이다. 돕는 배필은 자기 집을 관리한다. 돕는 배필은 남편이 사람들의 존경을 받을 수 있도록 자신의 삶을 투자한다. 그런 아내는 남편의 믿음을 얻는다. 그런 아내는 남편에게 선을 행한다. 그런 아내는 남편의 칭송을 받는다.

그렇다면 행복한 가정을 위한 남편의 책임은 어떠한가? 행복한 가정을 위한 남편의 책임은 성경은 딱 한 문장으로 명령한다.

"네 아내를 사랑하라!"

남편은 아내를 어떻게 사랑할 것인가? 그 사랑의 표현과 방법은 한 가지 예를 따라야 한다.

"그리스도가 교회를 사랑하신 것처럼" 아내를 사랑하라. 아내를 조건 없이 사랑하는 것이다. 아내를 희생적으로 사랑하는 것이다. 아내를 충성스럽게 사랑하는 것이다.

남편들은 아내를 사랑하는데 있어서 자신을 희생하라는 것이다. 희생이란 아내가 필요한 것을 위해 내가 원하는 것을 포기한다는 뜻이다. 아내를 사랑한다면 아내를 괴롭게 하지 마라. 괴롭게 한다는 말은 말을 날카롭게 하고 아내를 거칠게 대한다는 뜻이다. 불친절한 말투를 쓰지 말고 항상 부드럽게 말하고 대하라.

아내에게 무례한 태도로 대하지 말고 항상 정중하게 대하라. 상처 주는 말을 하지 말고 항상 아내를 세워주는 말을 하라. 아내를 통제하지 말고 권한을 위임해 주라.

행복한 가정을 원한다면 남편들은 아내를 실망시키거나 좌절하게 하거나 분노하게 하는 모든 일을 중단하라. 그리고 남편들은 아내와 연애할 때 가졌던 느낌과 행동을 회복하라.

남편들이여 당신의 사랑을 보여 줌으로써 아내가 사랑받고 있음을 실제로 느끼게 하라. 만약 당신이 남편으로써 이런 권위를 잃어 버렸는가? 그러면 십자가 밑에 오면 회복할 수 있다. 아내도 마찬가지다. 남편의 권위 아래 기쁘게 복종하고 즐겁게 순종하며 사는 것이 어려운가?

십자가 밑에 오면 잃어버린 순종을 회복할 수 있다. 그래서 자자손손 믿음의 명문가를 이루며 천대에 이르기까지 복을 누리며 살기를 바란다. 바로 우리 가정이 이러한 가정이라고 우리는 자신 있게 말할 수 있어야 한다.

❷ 결혼은 언약이다

"예수님! 저 예수님과 같이 다니고 싶어요. 저를 제자로 받아주세요" 그러자 주님은 일언지하에 거절하신다.

"아니다! 네 집으로 돌아가거라."

"싫어요! 저는 집으로 돌아가지 않을래요. 예수님 당신을 따르고 싶어요."

거라사 지방의 귀신들린 자가 주님을 만나 온전해지자 주님을 따르겠다고 한다.

그러자 주님은 일언지하에 집으로 돌아가라고 거절하신다.

왜? 사실 귀신들려 펄펄뛰던 이 친구는 모든 관계가 파괴되었기 때문일 것이다.

"예수님 전 돌아가고 싶지 않아요. 내 가족들도 날 보고 싶어 하지 않을 거예요. 그러니 예수님 저도 예수님과 같이 다니고 싶어요."

"아니다! 돌아가거라. 가서 전하거라. 하나님께서 너에게 어떻게 큰일을 행하셨는지, 어떻게 너에게 자비를 베푸셨는지를 가족들에게 말하거라. 집으로 돌아가라."

거라사 광인은 예수님을 만나 영혼, 몸이 온전히 회복되어 집으로 돌아왔다. 오랜 만에 가슴이 벅차고 설랬다.

그는 먼 나라를 오랫동안 여행을 하고 돌아 온 것 같은 기분이 들었다. 거라사 광인은 마을 동구 밖에서부터 한걸음에 달려왔다. 문득 잊고 살았던 아내와 자식들이 너무 보고 싶은 것이다. 그리운 얼굴들을 생각하면서 한걸음에 도착한 남편은 아내를 불렀다.

"여보! 여보! 여보! 나왔어요!"

반가움에 마당에 들어서자마자 아내를 불렀다.

아무런 대답이 없다. 그래서 남편은 방문을 열고 들어가 보았다.

그런데 이게 웬일인가? 웬 낯선 남자와 아내가 방안에 뒤엉켜 있었다. 남편이 돌아와 보니… 예수 잘 믿는다는 아내가 다른 남자와 함께 살고 있는 것이다.

어떤가?

인생을 살다보면 원치 않게 많은 일들이 일어난다.

막5:1-20절에 보면 예수님은 귀신들려 온전하지 못한 한 사내를 찾아 갔다. 그 한 영혼을 위해 예수님은 바다를 건너가신 것이다.

그런데 그는 미친 사람이었다. 현대 의학으로 조현증(정신분열증)세가 극심한 사람이었다. 그러나 그는 귀신이 들린 것이다. 광인이다.

그는 밤낮 무덤가에서 서성이며 괴성을 지르는, 통제가 되지 않는 사람이다. 어쩌면 이 사람은 중독자였을 수도 있다. 술 중독, 섹스 중독, 폭력 중독, 마약 중독, 게임 중독 등. 이 사람은 누구의 남편이었는지도 모른다. 이 사람은 누구의 아버지였는지도 모른다. 만일 여러분의 남편이 이와 같다면 여러분은 어떻게 하시겠는가?

이미 파경에 이르렀을 것이다.

그런데 극적으로 이 사람이 예수님을 만나서 회복이 되었다. 제 정신이 돌아온 것이다. 중독에서 해방이 되었다.

그리고 그는 새 사람이 되어 집으로 돌아왔다. 그런데 예수를 잘 믿고 교회에 충성스럽던 아내가 다른 남자와 살고 있는 것이다.

여러분 어떤가? 이것이 어쩌면 이 시대에 현대 교회의 모습이 아닌가 싶다. 무엇을 말하는가?

결혼은 하나님께서 세우신 제도이다. 그래서 하나님은 결혼 의식을 통해서 세워진 가정은 영적인 보호와 축복을 해 주신다. 왜 그런가? 결혼은 언약이기 때문이다. 우리는 결혼 전에 배우자를 선택할 수 있다. 어떤 사람은 겉보기에 괜찮은 사람을 선택해서 번번이 결혼에 실패하는 사람을 본다.

그럴지라도 배우자에 대한 선택은 내가 할 수 있다. 그러나 한번 선택하면 하나님께서 그 가정을 위해 싸워 주시고, 지켜 주시고, 보호해 주신다. 결혼은 언약이기 때문이다. 그래서 성경은 말씀한 다.

"… 누구든지 그 아내를 내어버리고 다른데 장가드는 자는 본처에게 간음을 행함이요 또 아내가 남편을 버리고 다른 데로 시집가면 간음을 행함이니라."(막10:10-12)

남편이 아내를 버리고 다른데 장가드는 자는 본처에게 간음을 행함이요. 또 아내가 남편을 버리고 다른 사람에게로 시집을 가면 이것도 간음이라고 한다.

우리가 결혼해서 살다보면 많은 경우 원치 않게 이혼을 경험하게 된다. 왜 그런가? 물론 수많은 생각 끝에 이혼을 생각하겠지만 많은 경우 결혼을 계약 정도로 생각하기 때문이다.

그러나 결혼은 계약이 아니다. 결혼은 언약이다. 언약은 죽음으로만이 그 효력이 끝나는 것이다. 하나님이 세운 결혼은 언약이다. 그렇다면 거라사 부부가 왜 이혼했는지 그 이유를 생각해 보자. '예수님! 저는 남편이 귀신들려서 매일 술 먹고 저를 학대해요. 그래서 이혼을 했어요!'

'예수님 저는요 제 남편이 허구한 날 무능해서 한 번도 돈을 벌어다 준적이 없어요. 그래서 이혼을 했어요. 예수님 우린 성격이 너무 안 맞아요, 예수님 저는 저희 남편이 외도가 너무 심해요. 직장에서 어떤 여자와 바람이 났어요. 전 남편의 성격이 불량해서 이혼을 했어요. 예수님 저는 남편이 저를 버렸어요. 예수님 제 남편은 집을 나가 행방이 불명 되어서 어쩔 수 없이 이혼을 했어요.'

우리가 살다보면 이런 이유와 저런 사정 때문에 이혼을 한다. 물론 그럴 수 있을 것이다. 그러나 한 가지 분명한 것은 이런 저런 이유 때문일지라도 예수님께서 하신 말씀은 달라질 수가 없다는 것이다. 여러분은 어떻게 생각하시는가?

"또 일렀으되 누구든지 아내를 버리거든 이혼 증서를 줄 것이라 하였으나 나는 너희에게 이르노니 누구든지 음행한 연고 없이 아내를 버리면 이는 저로 간음하게 함이요 또 누구든지 버린 여자에게 장가드는 자도 간음함이니라."(마5:31-32)

이것은 남편이 아내와 이혼하는 이유가 아내가 싫어서 버리는 경우다.

"난 당신이 싫어. 미스 오양에게 마음에 있소. 난 당신이 싫으니까 이혼 증서를 써 주겠소. 당신은 갈 길로 가시오."

남편이 아내가 싫어서 버렸다. 그런데 이렇게 남편이 아내를 버리는 것을 성경은 뭐라고 말씀하는가?

'아내를 간음하게 한 것' 이라고 말씀한다.

왜 그런가? 아내는 이혼을 원치 않았다. 그런데 남편이 원해서 이혼을 했다. 아내는 그냥 이유 없이 이혼을 당한 것이다. 이처럼 남편이 이유 없이 아내와 이혼을 하면 아내를 간음하게 하는 것이라고 한다.

왜 남편이 아내를 간음하게 하는 만드는 것인가?

마태복음은 유대인들을 대상으로 쓰인 말씀이다. 유대인 문화에서 여자는 일을 못 한다. 직업이 없다. 돈을 벌 방법이 없다. 그래서 남편이 아내를 버리면 그 아내는 당시 사회에서 가장 빈곤층이 된다.

그래서 남편에게 이혼을 당한 여인은 3가지 운명 중 하나를 선택해야 한다. 하나는 거지가 되거나 노숙자가 된다. 또 하나는 창녀가 된다. 다른 하나는 재혼을 하게 된다. 많은 여인들이 거지나 창녀가 되는 것을 원치 않는다.

그러면 이혼당한 여자는 무엇을 할까? 굶주리지 않기 위해서 다른 남자와 결혼을 한다. 죄 없이 남편으로부터 버림당한 여인이 다른 남자와 재혼하는 것을 예수님이 뭐라고 말씀하시는가? 간음이라고 한다. 지금 남편이 잘못을 해서 여자가 이혼을 당하고 버림을 당했다.

그런데 이 여인이 재혼하면 예수님이 재혼을 뭐라고 부르시는가?

'간음'이라고 한다.

그렇다면 남편이 이 여인을 뭐하게 만들었는가? 바로 간음하게 만든 것이다. 이 여인은 이혼을 원치 않았다. 남편이 이혼을 원해서 남편이 이 여인을 버림으로 이 여인이 간음하는 상황이 되도록 강요한 것이다.

그런데 어떤 남자가 와서 이 여인을 불쌍히 여겨 이 여자와 결혼을 했다. 그러면 이 남자가 무엇을 한 것이라 말씀하는가? 불쌍히 여겨서 이혼당한 여자와 결혼한 이 남자를 성경은 뭐라고 말씀하는가? 바로 간음한 것이라 말씀한다. 왜 그런가? 결혼은 언약이기 때문이다. 그렇다면 무엇이 이 언약을 끝나게 하는가? 바로 죽음이다.

"나는 너희에게 이르노니 누구든지 음행한 연고 없이 아내를 버리면 이는 저로 간음하게 함이요 또 누구든지 버린 여자에게 장가드는 자도 간음함 이니라"(마5:32)

여기서 음행이라는 단어의 뜻은 헬라어로 "포니아"이다. 간음이라는 단어는 헬라어로 "모이케이오"이다. 여기서 쓴 '포니아'는 혼전 성관계를 말한다. 유대 문화는 결혼한 아내가 간음을 하면 돌로 쳐 죽인다. 이혼을 할 필요가 없다. 여기서 음행한 연고라는 말은 혼전 성관계를 의미한다.

유대인들은 약혼을 하고 1년 정도 준비 기간을 갖는다. 그런데 결혼식하기 전에, 혼전에 다른 사람과 관계를 하면 이때 이혼 증서를 써 주라는 것이다. 이혼 증서를 써주라는 말은 이때뿐이다. 마치 요셉과 마리아처럼 말이다. 그 정혼한 사이에 마리아가 배가 부른 것이다. 그럴 때 이혼 증서를 써 주어서 그 여자를 보호하라는 것이다.

왜 그런가? 결혼은 언약이기 때문이다. 언약의 끝은 오직 죽음으로 끝이 난다. 지금 주님은 무엇을 강조하고 있는가? 결혼은 언약이라는 것이다. 그러므로 결혼이 언약이라면 어떤 이유로든 이 언약은 깨질 수가 없다는 것이다. 남편이 외도할지라도 이 언약을 파괴할 수 없다는 것이다. 아내가 외도할지라도 이 언약을 파괴할 수 없다는 것이다. 남편이 무능력할지라도 이 언약을 파괴할 수 없다는 것이다.

왜 그런가? 언약이기 때문이다. 언약은 죽음으로만이 끝이 나는 것이다.

우리의 결혼을 그리스도와 교회의 관계로 비유를 한다. 결혼은 신랑 되신 주님이 신부인 교회를 대하는 태도이다. 우리가 영적인 신랑이신 예수님에 대해서 영적인 간음을 한다. 음행을 한다. 내가 주님을 배반하고 등을 돌려 버린다. 때로는 세상 남편이 좋아서 주님을 버리고 간다. 세상이 나에게 꿈을 주고, 돈을 주고, 행복을 약속하는 것 같아서 주님께 등을 돌려 버린다.

그러면 주님은 우리를 어떻게 하시겠는가? 내가 다른 신들에게로 가버린다. 나에게 돈을 주고 꿈을 주고 행복을 약속해 주는 것 같아서 세상 남편을 따라갔다. 내가 주님을 버리고 떠나버렸다. 그러면 예수님은 나를 어떻게 대하실까? 예수님께서 나를 당장에 버리실까? 나와의 관계를 영구적으로 끊어 버리실까? 그리고 나를 대신해서 다른 사람으로 내 자리를 대처해 버리실까? 아니다. 주님은 절대로 그러시지 않는다. 주님은 기다리신다. 주님은 언제나 기다리신다. 주님은 눈물을 흘리시면서 우리를 기다리신다.

고멜! 돌아와~ 난 너를 포기할 수 없다!
돌아와
방황치 말고 주께로 돌아오세요.
돌아와
방황치 말고 여기에 생명 있어요.
그리움이 내 영혼에 별처럼 피어오르면
돌아 와 돌아와 주께로 돌아오세요.

"… 그가 친히 말씀하시기를 내가 과연 너희를 버리지 아니하고 과연 너희를 떠나지 아니하리라 하셨느니라."(히13:5)

우리는 결혼이 언약이라는 것을 잘 모르기 때문에 배우자가 간음했다는 이유로 그 사람을 버리고 다른 배우자로 대처한다. 결혼이 언약이라는 진리를 잘 모르기 때문에 배우자를 여러 가지 이유로 버리고 다른 배우자로 대처를 한다. 그러나 예수님은 우리를 그렇게 대하시지 않으신다.

구약에서 결혼한 자가 간음하면 그 사람을 죽였다. 신약에서 간음하면 누군가 죽어야 한다. 신약에서 간음하면 그 사람대신 예수님이 죽어야 했다. 여기 살인자가 있다. 여기 절도범이 있다. 여기 간음한 자가 있다. 이들 대신 예수님이 죽으셨다. 그러므로 우리는 이들을 용서해야 한다. 예수님이 대신 죽으셨기 때문이다. 구약에서는 죄인을 죽였다. 간음한 자를 돌로 쳐서 죽였다. 신약에는 간음한 죄인 대신에 예수님이 죽으셨다.

그러므로 간음은 용서받지 못할 죄가 아니다. 예수님의 보혈이 다른 죄는 다 덮는데 간음은 안 된다. 그렇지 않았다. 구약에서는 간음을 하면 그 간음 자는 죽였다. 신약에서는 간음을 하면 그 간음 자를 용서한다. 그렇다면 간음을 했을 때 해결책은 무엇인가? 구약에서는 죽음이다. 신약에서는 용서다.

구약과 신약을 다해서 성경은 말씀한다. 이혼은 그 해결책은 아니다. 그렇다면 이혼은 무엇인가? 이혼은 절대적으로 마귀의 궤계이다. 가정을 파괴하기 위한 마귀의 궤계 말이다. 하나님의 언약을 깨뜨리는 마귀의 전략이다. 세상은 이것을 받아들였다. 이것이 지금 점점 교회 안에도 깊숙이 들어왔다.

"혼인한 자들에게 내가 명하노니 여자는 남편에게서 갈라서지 말고 남편도 아내를 버리지 마라."(고전7:10-11)

결혼은 언약이다. 여자는 남편과 갈라서지 말라. 결혼은 언약이다. 남편도 아내를 버리지 말라. 결혼은 언약이다.

현대 사회에는 여러 가지 사회적인 이유로 이혼을 많이 한다. 결혼이 언약인가? 아니면 계약인가? 결혼이 계약이라면 결혼식을 할 때 반드시 정확하게 선포해 주어야 한다.

모든 사람이 다 알도록 명시해야 한다. 남편이 외도할 때 우리 결혼 계약은 그것으로 끝이다. 남편이 무능력할 때 우리 결혼 계약은 그것으로 끝이다. 남편이 학대할 때 결혼 계약은 끝이다. 남편이 학대하면 그것으로 결혼 계약은 끝이다. 결혼이 언약이 아니고 계약이라면 분명하게 이렇게 선포해 주어야 한다.

그러나 결혼은 언약이다. 이스라엘 백성들이 하나님과 이혼을 한다.

"내게 배역한 이스라엘이 간음을 행하였으므로 내가 그를 내어 쫓고 이혼서까지 주었으되"(렘3:8-14)

하나님은 배역한 이스라엘에게 이혼서를 써 주신다. 그런데 하나님께서 어떻게 하시는가? 이제 난 너와 끝났다. 그리시면서 하나님이 다른 사람으로 이스라엘을 대신하셨는가? 아니다. 하나님께서 어떻게 하셨는가?

"배역한 이스라엘이여 돌아오라. 돌아오라. 나는 긍휼이 있는 자라. 나는 노를 한없이 품지 아니한다. 오직 돌아만 와 다오. 나는 너의 남편이다."(렘3:12-14)

주님은 돌아오라고 기다리신다. 얼마나 기다리시는가? 인류 역사 굽이굽이마다 돌아오기를 기다리신다. 돌아오라 가지 말라. 끝난 것이 아니다. 난 너를 결코 떠나지 아니하리라. 왜 하나님께서 그러신가? 결혼은 언약이기 때문이다.

이스라엘 교회가 영적으로 간음한다. 이방 신에게 절하고 주님을 배반한다. 간음했다. 그런데 주님은 부르신다. 돌아오라. 오늘도 눈물로 기다리신다. 하나님과 우리는 언약 관계이기 때문이다. 결혼은 언약이다. 언약은 언제 끝이 나는가? 바로 죽음으로 끝이 난다. 내 주와 맺은 언약은 영 불변하시니 그 나라 가기 까지는 늘 보호 하시네...

❸ 실수한 결혼은 어떻게 하나?

| 이혼 그리고 또 재혼

내 인생은 100% 내 책임이다. 누가 내 인생을 대신 살아 준 것이 아니다. 내가 내 인생을 살아 왔다. 내 인생은 지금까지 내가 선택해 왔고, 내가 결정했다. 그것이 지금의 내 인생을 만들어 왔다.

누구를 탓하지 말라. 누구를 원망하지도 마라. 어떤 사람을 탓하거나 환경도 탓하지 마라. 그런데 우리가 어떤 일을 선택할 때 실수할 수 있다. 그래서 많은 사람들이 여러 가지 이유로 이혼을 한다.

우리나라 25세에서 39세 여성들 42%가 미혼이라고 한다. 그런데 60대 이상의 황혼 이혼이 10년 전보다 3배나 증가 했다. 왜 이렇게 황혼 이혼이 늘어 났을까?

여러 가지 이유가 있다. 사회 제도적인 개선도 한 몫을 한다. 이제 이혼을 하면 남편의 퇴직금도 똑같이 나누고, 국민 연금도, 재산도...

그리고 이제 사람들의 욕구가 누구로부터 구속받으며 희생하며 살고 싶지 않다는 것이다. 사랑이라는 이름으로 구속받으며 살고 싶지 않다는 것이다. 자유로운 영혼이 되어서 남은 인생을 살고 싶은 대로 살고 싶다는 것이다.

뻐꾹새는 알을 남의 둥지에 낳고 떠난다. 어미 새가 알을 품거나 새끼를 키우는 수고나 책임을 지고 싶지 않은 것이다. 사랑은 하는데 그에 따른 수고나 책임은 싫은 것이다. 뻐꾹새 새끼는 어미를 꼭 빼닮아서 그런지 새끼도 알에서 부화가 되면 둥지에 있는 다른 새의 알이나 깨어난 새끼를 둥지 밖으로 밀쳐내기 시작한다. 그리고 자신이 둥지를 독차지 한다. 어미 새는 그것도 모르고 열심히 먹이를 물어다가 키운다.

뻐꾹새 어미는 무정하기 이를 데 없다. 뻐꾹새만 그런 것이 아니다. 사람도 살다보면 내가 낳은 자식을 잊을 때가 있고, 상황에 따라 버릴 때도 있다. 어떤 사람은 뻐꾸기처럼 이 둥지 저 둥지 다니면서 새끼만 낳고 다니는 사람도 있다. 또 만나 살다가 이혼하고 살다가 외롭고 생활고에 지쳐서 다시 배우자를 만나 재혼해서 살 수도 있다.

그러면 거기에 따른 아이들의 문제가 함께 노출이 된다. 또 나이 들면서 이혼하고 혼자 사는 것이 외로워서 친구처럼 말동무 하면서 만나서 생활 할 수가 있다. 우리 가운데 어떤 사람은 결혼이 언약인지 모르고 이혼하고 다른 사람과 재혼을 해서 살아갈 수도 있다.

어떤 사람은 한 번, 두 번, 그리고 세 번째, 네 번째 살다가 내 마음에 들지 않으면 헤어지고 마음에 드는 사람을 만나서 또 살기도 한다. 이 사람하고 영원하리라고 생각하고 만나서 살지만 인생이 어디 그런가? 나도 내 자신이 마음에 들지 않을 때가 있는데 남남끼리 만나서 살다 보면 또 그것이 아니다. 또 인간의 육신은 만족이 없는 것이다.

　　한때 동양에 진주로 불리던 영화배우 김 지미 씨는 공식적으로 한국에서 당대 최고로 성공한 남성들과 결혼을 4번이나 했었다. 당대 유명한 영화감독과 결혼을 했다. 그리고 당대 최고의 배우와 결혼을 했다. 그리고 당대 최고의 가수 그리고 당대 최고의 전문의 의사와 결혼을 했다.
　　그런데 그의 결혼 생활은 모두 실패로 끝났다. 그녀는 당대 최고로 잘나가던 남성들과 결혼해서 살아보았다. 그녀는 조선일보 인터뷰에서 기자가 결혼해서 살아본 소감을 물었다.

　　"얼마나 행복 했습니까?"
　　"남자들은 다 똑 같더라" 라고 고백했다.
　　그녀가 고백하는 말이 사실일 것이다. 이것이 육신의 욕망을 따라 끝없이 달려가는 인간의 모습일 수도 있다. 이처럼 우리 육신의 만족은 끝이 없다는 것이다.
　　이런 현대 사회의 모습과 시대적 풍조가 지금 교회 안에도 깊숙이 들어왔다. 주님은 분명히 결혼은 언약이라고 말씀하시는데 우리는 고개를 흔들면서 말한다.
　　"주님! 아닙니다. 결혼은 언약이 아닙니다. 계약입니다!" 라고 소리치며 항변한다.
　　그리스도인들에게도 이 세대 풍조에 따라 결혼을 하나의 계약으로 여기고 있다. 쉽게 만났다 쉽게 헤어진다.
　　그래서 교회 안에도 이혼율이 계속 증가되고 있다. 그렇다면 하나님께서 말씀하시는 언약 결혼이 시대에 뒤떨어진 거라고 치부하면서, 그리스도인들도 이 세대의 풍조를 따라 결혼을 계약 정도로 여기면서 살아가야 하는가?

계약은 내 이익을 위해 하는 것이다. 그래서 내가 싫으면 언제든지 계약은 파기할 수 있다. 나만 그렇게 생각하고 내 마음대로 만나고 내 마음대로 헤어질 것인가? 내가 싫으면 이혼을 하고 다른 사람을 만나서 살 것인가? 우리는 이런 실수는 하지 않았으면 한다. 지금 이 시대가 그렇지 않은가?

그렇다면 누가 결혼은 하나님의 언약이 아니라 계약이라고 성경의 기준을 고치겠는가? 세상이 변해도 하나님의 말씀인 진리는 영원하다. 결혼에 대한 기준은 언제까지나 언약이다. 그렇다면 오늘 우리는 어떻게 해야 하는가?

지금까지 우리는 예수를 믿었어도 몰라서 어떻게 살아오셨든 괜찮다. 그러나 오늘 우리는 진리를 알았다. 진리는 우리를 자유하게 한다.

그렇다면 오늘 혹시 우리 중에 몰라서 이혼하고 재혼하신 분들이 계실 것이다. 복음의 능력으로 자유케 되시기를 바란다.

그렇다면 우리가 죄에서 자유하게 되려면 과정이 필요하다. 먼저 여러분의 마음에 결혼이 계약이 아니라 언약이라는 진리에 동의해야 한다. 결혼이 언약이라는 사실이 새겨져야 한다. 그렇다면 지금 내가 이렇게 사는 것이 잘못된 삶이었구나. 진리 지식이 깨달아져야 한다.

본의 아니게 아내와 남편과 이혼하고 재혼하신 분들이 있을 것이다. 내가 원해시든 아니든 어떤 이유가 되었든지 간에 재혼하신 분들이 있으실 것이다.

그래서 살면서도 진짜 내 아내가 아닌 것 같을 수 있다. 때로는 진짜 내 남편이 아닌 것 같을 수 있다. 그래서 늘 마음 한쪽에는 언제 떠날지 모르는 불안함도 있었을 것이다.

그런가 하면 누군가 한마디 불쑥 물어본다.

'결혼했어요? 남편 맞아요? 아내 맞아요?' 라고 물으면 언제나 떳떳하지 못한 마음으로 머뭇거릴 수 있다. 그동안 살면서도 죄책감이 있거나 죄의식에 눌려 있으신 분들이 있을 수 있다. 주님은 오늘 우리가 자유하길 원하신다.

그렇다면 오늘 우리가 거듭 실수한 결혼에 대해서 진정으로 자유하게 되길 원하시는가?

그렇다면 자비로우신 주님께 다음 기도를 진심으로 드려보자.

"하나님! 결혼이 언약인 것을 전에 몰랐습니다. 제가 잘못했습니다. 하나님의 말씀에 따르면 제가 재혼한 것이 간음의 행위였습니다. 제가 그렇게 했습니다. 제가 한 것입니다. 주님 저를 용서해 주옵소서. 예수님의 보혈로 주님의 용서를 구합니다. 제 자신을 먼저 용서합니다. 지난날의 죄책감과 정죄의식을 깨끗이 제거해 주옵소서. 다시는 내 안에 죄의식이 자리하지 않게 하옵소서. 주님 다시는 제 생애 가운데 이런 실수를 하지 않기를 원합니다. 우리의 허물을 용서해 주신 주님께 감사드리며 예수님의 이름으로 기도합니다."

여러분이 진심으로 기도하셨다면 이제 여러분은 선택하셔야 한다.

무슨 선택을 한단 말인가?

계속해서 지금 이 사람과 함께 살 것인가? 아니면 돌아갈 것인가? 계속해서 살기를 원한다면 어떻게 해야 하는가?

여호수아서 9장에서 이렇게 말씀하셨다. 여호수아는 기브온 족속과 언약을 맺지 말았어야 했다. 그런데 언약을 맺었다. 이 언약은 처음부터 잘못된 언약이었다. 원래 맺지 말았어야 하는데 맺었다. 그럼에도 불구하고 하나님은 여호수아에게 어떻게 하라고 말씀을 하시는가?

그 언약을 지키라고 하셨다. 그렇다면 여러분 어떻게 하시겠는가?

어떤 사람은 예수 믿기 전에 지금 남편을, 아내를 만나서 살았다. 혹은 믿은 후에 이 사람을 만나서 살았을 수도 있다. 비록 우리가 잘못 맺은 언약일지라도 지금 이 언약을 지키며 살고 싶은 사람들이 있을 수 있다. 이 사람과 비록 잘못 맺은 언약일지라도 함께 살고 싶을 수 있다. 그런 사람이 있다면 다음 기도를 따라 해주기 바란다.

"주님 이제 저의 재혼을 축복해 주시옵소서. 늘 제 가슴에 남아있던 죄책감이 안개처럼 사라졌습니다. 부부 사이에 불의도 안개처럼 사라졌습니다. 죄의식도 사라졌습니다. 이제 저는 정말 자유 합니다. 이제 평생 결혼이 언약인 것을 기억하며 살겠습니다. 예수님의 이름으로 기도합니다."

그렇다면 결혼식이 왜 중요한가? 결혼식을 하는 것과 안하고 사는 것은 어떤 차이가 있는가? 그냥 만나서 사는 것과 결혼식을 치루고 사는 것과 무엇이 다른가? 결혼식을 하지 않고 살면 부부가 늘 당당하지 못하다.
"남편이세요?"
"아내 되세요?"
"부부이신가요? 결혼하셨어요?"
행여 누군가 이렇게 불쑥 물어보면 할 말이 없다. 살면서도 결혼식을 치루지 않았기 때문에 당당하지 못하다. 그러나 꼭 이런 부분만이 아니다. 결혼에는 하나님의 축복인 언약이 있다. 결혼식은 하나님의 언약 가운데 들어가는 것이다. 언약 가운데 있는 가정은 하나님께서 지켜주신다. 보호해 주신다. 어둠으로부터 저주로부터 지켜 주신다. 결혼이라는 의식은 하나님께로부터 합법적으로 보호를 받을 수 있는 하나님의 언약 안으로 들어가는 예식인 것이다.
결혼 예식은 그래서 중요하다. 그렇다면 재혼일지라도 그냥 사시지 말고 간단하게라도 결혼식을 하고 사시기를 바란다.

그렇다면 앞으로 어떻게 인생을 살 것인가? 지금 함께 사는 남편과 아내와 더불어 다시는 실수하지 않고 행복하게 사시려면 어떻게 살면 가장 행복하게 살 수 있는가?

인생은 한 권의 책과 같다는 말이 있다. 그런데 어떤 인생은 책을 대충 읽으며 페이지를 막 넘겨 버립니다. 아무런 의미 없이 인생이라는 한 권의 책을 막 넘겨 버린다고 한다.

그런데 지혜로운 사람은 인생이라는 책을 읽을 때 그 책에서 가장 중요한 핵심 키워드를 찾아낸다. 나는 새롭게 만나서 인생을 시작한 아내와 남편에게 인생을 살아가는데 가장 중요한 키워드 3가지를 말씀을 드리고 싶다.

인생을 살아가는데 가장 중요한 첫 번째 키워드가 있다. 그것이 무엇일까? 바로 믿음이다. 무엇을 믿고 살 것인가? 유한한 인생이 무엇을 믿고 살 것인가? 바로 예수 그리스도를 구주로 믿고 사는 것이다.

왜 그런가? 예수 그리스도께서 우리를 위해서 엄청난 일을 행하셨기 때문이다. 사람으로는 할 수 없는 인생의 모든 죄와 허물을 담당해 주셨다. 인생의 모든 저주를 끊어 주셨다. 인생의 죽음과 심판을 대신 담당해 주셨다. 그런가 하면 하나님의 생명에 속한 모든 것을 우리에게 주셨다.

엄청난 유산을 우리에게 주신 것이다. 이것을 알고 믿음으로 취하며 누리며 살아야 한다.

그러므로 예수께서 가라사대 내가 곧 길이요 진리요 생명이니…(요14:6) 라고 하셨다. 예수 안에만 생명이 있다. 부요가 있다. 형통이 있다. 놀라운 축복이 있다. 건강이 있다. 번영이 있다. 예수님께서는 이런 놀라운 것들을 다 이루시고 하나님의 생명에 속한 모든 것을 우리에게 선물로 주셨다.

그러므로 이것은 믿는 자의 것이다. 받는 자의 것이다. 이것은 바로 예수를 구주로 믿는 자의 것이다. 그래서 오늘 아내와 남편이 인생을 믿음으로 산다면 당신은 잘 될 수밖에 없다. 당신은 축복 가운데 번성할 것이다. 당신은 부요하게 잘 살 것이다. 당신은 성공할 것이다. 당신은 행복하게 살 것이다. 분명히 당신은 이전보다 형통할 것이다. 오늘 당신이 믿음으로 산다면 주님이 행하신 모든 것들이 당신 것이 될 것이다.

어느 날 하나님은 아브라함을 부르셨다.
"아브라함!"
"예 하나님~"

너는 너의 본토 친척 아비 집을 떠나 내가 네게 지시할 땅으로 가라 내가 너로 큰 민족을 이루고 네게 복을 주어 네 이름을 창대케 하리니 너는 복의 근원이 될 거야."(창12:1-2)

아브라함이 이 약속을 믿고 간다. 아브라함이 어떻게 되었는가?
복의 근원이 된다. 큰 민족을 이룬다. 그의 이름이 창대케 된다. 거부가 된다. 꿈같은 일들이 일어난다. 아브라함은 하나님께서 하신 말씀을 믿었다. 어떤 환경이나 상황이 아니라 말씀을 믿었다.

그렇다면 하나님의 말씀을 믿으면 왜 역사가 일어나는가? 하나님께서 하신 말씀은 이미 하나님의 마음속에서 이루어져 있었기 때문이다. 그러므로 지금도 말씀을 믿으면 동일한 역사가 일어난다. 하나님은 어제나 오늘이나 영원토록 동일하신 분이시다.

당신이 인생이 핵심 키워드는 첫 번째는 믿음이다. 지금 이 하나님을 믿고 믿음으로 인생을 사신다면 당신은 인생을 재미있게 사실 것이다. 인생을 의미 있게 사실 것이다. 인생을 행복하게 사실 것이다.

인생이라는 책을 읽을 때 두 번째 핵심 키워드는 소망이다.

왜 그런가? 하나님은 여러분의 친밀하신 아버지이다. 여러분의 후원자이시다. 여러분의 공급자이시다. 인생의 생사화복을 주관하시는 분이시다. 그러므로 하나님은 그분 자체가 인생의 소망이시다. 그분이 하신 말씀 자체가 우리에게 소망이다. 그러므로 하나님은 언제나 당신을 향하여 이렇게 말씀하신다.

렘29:11 너희를 향한 나의 생각은 소망이다. 너희를 향한 나의 계획은 축복이다. 너희를 향한 나의 생각은 장래 비전이다. 성공이다. 번영이다. 부요다 형통이다. 하나님은 늘 이렇게 말씀하신다. 그러므로 오늘 당신은 인생을 살아갈 때 하나님께만 소망을 두고 사시길 축복한다.

인생이라는 책을 읽을 때 세 번째 핵심키워드는 사랑이다. 오늘 당신이 인생을 살아가는데 세 번째 키워드 사랑이다. 사랑! 하나님은 사랑이다. 오늘 당신을 향한 하나님의 사랑은 영원토록 변함이 없다. 하나님은 우리에 대한 당신의 사랑을 십자가에서 확증하셨다.

그러므로 당신이 살아갈 때 무슨 일을 만나든지 어떤 환경 속에서든지 여러분을 사랑하는 하나님의 사랑을 절대로 의심하지 말라. 하나님은 우리를 사랑하시되 끝까지 사랑하신다.

"하나님이 세상을 이처럼 사랑하사 독생자를 주셨으니 이는 저를 믿는 자마다 멸망치 않고 영생을 얻게 하려 하심이라"(요3:16)

당신은 인생이라는 책속에서 세 번째 핵심 키워드인 이 사랑을 발견해야 한다. 그리고 이 사랑을 경험하라. 그러면 당신의 인생은 꿈같은 일들이 일어 날 것이다.

이 사랑의 특징은 오래 참는다. 이 사랑은 온유하며, 이 사랑은 시기하지 않으며, 이 사랑은 배려하며, 이 사랑은 위로하며, 사랑은 서로를 존중해 주며, 이 사랑은 서로를 소중하게 여긴다. 이제 당신이 이 사랑으로 산다면 이전보다 더 멋진 가정을 이루어 갈 것이다.

오늘까지 혹시라도 한 권의 책과 같은 우리 인생의 핵심 키워드를 찾지 못한 채 살아오신 분이 있는가? 그런 분이 계신다면 지금 예수님께로 여러분을 초대한다. 조용히 따라서 기도하며 읽어 주기 바란다.

"하나님 나는 죄인입니다. 오랜 세월 방황하다가 이제 돌아옵니다. 예수님은 나의 죄 때문에 십자가에서 내 대신 죽으시고 죽으신 것을 내가 믿습니다. 부활하신 예수님 이 시간 내 마음 문을 열고 예수님을 내 구주로 영접합니다. 예수님 이 시간 내 안에 들어와 주시옵소서. 이제 나는 예수님을 구주로 믿는 하나님의 자녀가 되었습니다. 예수님은 나의 구주가 되셨습니다. 지금부터 영원토록 나를 인도하시고 축복해 주시옵소서. 예수님의 이름으로 기도합니다. 아멘"

유대인들은 결혼식을 할 때 하는 서약서를 켑투바(ketubah) 라고 한다. 이것은 마치 오늘날 신랑 되신 예수님과 우리의 결혼 서약과 같다.

Ketubah

"나는 내 사랑하는 자에게 속하였고 내 사랑하는 자는 내게 속하였으며"(아6:3)
나는 당신을 나의 사랑하는 신부로 맞이하기 위해 약혼자로 택했습니다. 신랑인 나는 당신의 모든 필요를 채울 것을 약속합니다.(마6:25-34)
당신이 나와 함께 하나가 되면 당신은 성령의 열매를 맺을 것입니다. 이 열매들은 사랑과 희락과 화평과 오래 참음과 자비와 양선과 충성과 온유와 절제입니다. (갈5:22, 요15:4-5)
당신이 수고하고 무거운 짐을 질 때, 내가 당신을 평강으로 위로해 주겠습니다.(요14:27)
나는 결코 당신을 버리지도 않고 떠나지도 않을 것입니다.(히13:5)
당신의 마음이 나의 마음에 계속 붙어 있으면 당신이 원하는 것은 무엇이든지 해 주겠다고 약속합니다.(요15:7)

나는 당신이 아무것도 염려하지 않기를 바라고, 내가 예비한 것에 대해 확실히 의지하기를 원합니다. 나는 당신을 열렬히 사랑합니다. 당신은 나의 기쁨입니다.(사62:4)

신랑 예수 그리스도

신부 이 영철

증인 김 희정

 TIP

01. 결혼은 언약이다. 어떻게 생각하는가?
02. 결혼 예식을 통한 부부생활은 하나님의 보호를 받는다. 왜 그런가?

:: 08
모든 영혼에는 절댓값이 있다

| 영혼의 무게란?

21g 이것은 영혼의 무게라고 한다. 영혼은 존재하는 것일까?

영혼의 존재 여부는 인류에게 있어 동서고금을 막론하고 풀리지 않는 숙제 같은 것이었다. 그런 가운데 미국의 한 의사가 영혼의 무게를 재는 실험을 해 화제가 된 바 있다.

1907년 3월 11일, 미국의 대표적인 일간지 뉴욕타임스에 '의사는 영혼이 무게가 있다고 생각한다.'는 제하의 기사가 실렸다.

매사추세츠 주 도체스터에 위치한 한 요양원의 던컨 맥두걸(Duncan MacDougall)이라는 의사가 영혼의 무게를 측정했다는 것이었다.

맥두걸 박사는 영혼이 어느 정도의 질량을 가진 물체이며 질량보존의 법칙이 사람이 사망할 때도 적용될 것이라고 생각하여 영혼이 빠져나간 만큼 무게를 측정하는 실험을 했다. 실험은 임종을 앞둔 환자들의 동의를 얻어 초대형 정밀 저울을 이용해 사망할 때의 무게를 측정하는 방식으로 진행됐다. 땀의 증발이나 체내 호흡으로 인한 수분 감소, 그 외 여러 가지 변수를 감안하여 진행된 실험을 통해 영혼의 무게가 약 21g이라는 결론을 내린다.

이어 맥두걸 박사는 개 15마리를 대상으로 같은 실험을 했다. 그런데 사람과 달리 개는 죽을 때 몸무게에 변화를 보이지 않았다. "개에게는 영혼이 없기 때문"이라고 발표했다.

이후 2007년 스웨덴의 한 연구팀이 맥두걸 박사의 실험 진위 여부를 검증하기 위한 실험을 시도했다. 정밀 컴퓨터 제어장치를 이용해 임종 시 일어나는 체중의 변화를 측정한 결과, 정확히 21.26214g의 차이가 난다는 것을 밝혀냈다.

영혼의 존재를 규명하고자 하는 노력은 오래전부터 있었다.

'해부학의 아버지'라 불리는 그리스의 의사 헤로필로스는 영혼을 찾기 위해 죄수 수백 명을 산 채로 해부했다고 전해진다.

데카르트도 영혼을 찾기 위해 죽은 사람을 해부한 적이 있다. 그는 멜라토닌 생성을 조절하는 뇌의 송과선에 영혼이 자리잡고 있다고 믿었다.

사실 영혼은 가시적인 존재가 아니기에 과학적으로 증명하는 일은 불가능에 가깝다.

그러나 성경에서 하나님의 말씀을 살펴보면 인류가 그토록 규명하고자 했던 영혼에 대해 명확하게 이해할 수 있다.

"여호와 하나님이 흙으로 사람을 지으시고 생기를 그 코에 불어 넣으시니 사람이 생령이 된지라" (창세기 2:7)

생령, 즉 살아 있는 사람은 흙인 육체와 생기인 영혼의 결합체다. 그러나 생명의 수한이 다해 육체와 영혼이 분리되면 육체는 땅으로, 신적 존재인 영혼은 하나님께 돌아간다(전도서 12:7).

많은 사람들은 죽으면 끝이라고 생각하는 경우가 많다. 그러나 육신의 죽음을 맞이한 이후 영혼은 또 다른 세계와 맞닥뜨리게 될 것이다.

"나의 이 가죽, 이것이 썩은 후에 내가 육체 밖에서 하나님을 보리라" (욥기 19:26)

욥이 말한 육체 밖에서 하나님을 보는 존재가 무엇이겠는가. 영혼이다. 이 땅에 사는 동안 우리는 영혼의 존재를 인식해야 하며 영혼을 지으신 하나님을 찾고 믿어야 한다. 육신의 죽음 이후에 맞이할 영혼 세계에서의 삶을 준비해야 하기 때문이다.

"또 내가 크고 흰 보좌와 그 위에 앉으신 자를 보니 땅과 하늘이 그 앞에서 피하여 간 데 없더라. 또 내가 보니 죽은 자들이 무론 대소하고 그 보좌 앞에 섰는데 책들이 펴 있고 또 다른 책이 펴졌으니 곧 생명책이라 죽은 자들이 자기 행위를 따라 책들에 기록된 대로 심판을 받으니" (요한계시록 20:11~12)

육신의 죽음 이후 하나님의 보좌 앞에서 행위대로 심판을 받을 것이라고 하였다. 이 땅에 사는 동안 하나님의 말씀대로 살아야 하는 이유다. 하나님을 경외하고 그 말씀대로 행하는 삶이야말로 사람의 본분임을 잊어서는 안 될 것이다.

"일의 결국을 다 들었으니 하나님을 경외하고 그 명령을 지킬지어다. 이것이 사람의 본분이니라 하나님은 모든 행위와 모든 은밀한 일을 선악 간에 심판하시리라" (전도서 12:13~14)

인간은 영이다

영이라는 말은 하나님처럼 영적인 존재라는 것이다. 혼을 가지고 몸 안에 살고 있다. 그래서 사람이 죽는다는 것은 우리 몸 안에 있는 영혼이 빠져 나가면 죽었다고 말한다.

그런데 영혼이 평생 살던 집인 이 육체를 빠져 나간 후에 바로 영혼의 무게를 확인해 보니 21그램이 차이가 나더라는 것이다.

여러분 이 사람은 의과학자다. 그래서 그의 모든 관심은 영혼의 무게였다. 그런데 하나님의 관심은 어디에 있는가?

영혼의 무게가 아니라 영혼의 가치다. 이 땅에서의 사람들이 영혼에 대한 가치는 거의 모른다. 오직 눈으로 보이고 감각적으로 느껴지는 물질적인 소유만을 어떤 가치로 여긴다. 그래서 영적인 영역에서의 가치와 다르다. 이 세상의 가치는 우리 육신적인 눈으로 보이는 부자요 부요하여 부족함이 없는 육신의 소유를 절대적인 가치로 여긴다.

그런데 하나님께서는 무엇을 가장 가치 있게 여기는가?

바로 우리의 영혼이다.

하나님께서는 영혼을 가장 가치 있게 여기신다. 하나님께서 가장 가치 있게 여기시는 영적인 영역은 사실 인간의 이성으로는 그러한 가치들을 이해할 수 없는 것이다. 영적인 것들은 영적으로만 이해할 수 있기 때문이다. 감각적인 영역에서는 이해할 수가 없다. 육신의 가치로는 전혀 이해할 수가 없다.

절댓값!

이 땅에 사는 사람의 영혼은 우리가 인정하든 인정하지 않든 상관없이 저마다가 가진 절댓값이 있다.

그렇다면 절댓값이란 무엇인가?

사전적 의미는 실수에서 양의 부호(+)와 음의 부호(-)를 뺀 값을 절댓값이라고 한다.

우리 인생에 있어서는 가장 소중한 영혼에는 어떤 부호에 상관없이 절댓값이 있다는 것이다.

이 땅에서 육신적으로 실패하면 직업도 없고, 결혼도 못하고, 되는 일도 없고, 백수로 살면서 스스로 루져라고 생각하는 인생이나 좋은 직장, 좋은 스펙, 좋은 환경, 소위 금 수저로 태어난 인생이 있다.

소위 말하면 물질이 있든 물질이 없든 한 영혼에는 절대적으로 주어진 절댓값이 있는데, 그 절대 값은 똑 같다는 것이다. 이 땅에서 스펙이 좋은 인생이나 스펙이 전혀 없는 인생이나 금 수저로 태어난 인생이든 흙 수저로 태어난 인생이든 영혼의 장막인 육신을 벗어버리면 영혼이라는 실존 자체가 바로 우리다.

이 영혼은 어떤 인생이나 삶을 살았던 상관없이 절대적인 가치를 지닌 절댓값이 있다. 이 세상 어떤 것도 우리 영혼이 가진 절대적 가치의 값보다는 클 수 없다는 것이다.

그래서 성경은 말씀한다. 우리가 이 땅을 떠날 때는 많이 거둔 자도 남는 것이 없고, 적게 거둔 자도 부족함이 없다는 것이다.

그래서 성경은 영혼에 대한 절대 가치를 확증한다.

"사람이 만일 온 천하를 얻고도 제 목숨을 잃으면 무엇이 유익하리요. 사람이 무엇을 주고 제 목숨을 바꾸겠느냐"(막8:36-37)

영혼의 절댓값은 이처럼 온 천하보다 귀한 것이라 무엇과도 바꿀 수 없는 것이라는 말이다. 그렇다면 온 천하는 무엇을 의미하는가? 이 세상이 추구하는 모든 가치를 말한다. 어떤 사람에게는 돈일 수 있다. 어떤 사람에게는 부동산일 수 있다. 어떤 사람은 이세상의 부귀일 수 있다. 어떤 사람은 명예일 수 있다. 어떤 사람은 권세일 수 있다. 이 세상에서 가치 있다고 생각하는 모든 것들이다.

성경은 세상에 모든 가치 있는 것을 다 소유하고 온 천하를 다 소유하고도 당신의 영혼이 구원받지 못하면 육신적으로 소유한 모든 것이 아무런 유익이 없다고 말씀한다.

이것이 무슨 말인가? 그만큼 우리의 영혼이 가치가 크다는 것이다. 이것이 사람의 영혼이 가지고 있는 절댓값이다. 한 사람의 영혼이 지닌 가치가 이처럼 절대적이라는 것이다.

세상에서 가장 부유한 사람들을 매년 조사해서 발표하는 포브스라는 잡지가 있다. 매년 미국 최고의 갑부들을 400명씩 순위를 발표한다. 마이크로소프트사의 빌 게이츠 회장이 지난 10년 동안 부동의 1위를 고수하고 있다.

그리고 주식 투자가인 워렌버핏이 2위, 3위는 미국의 월마트 사장인 샘 월튼이다.

이런 사람들은 우리의 상상을 초월할 정도로 물질적인 재산을 소유하고 있다. 그러나 그들이 경제적으로 성공한 사람들일지는 몰라도 이 세상에서 가장 부유한 사람들은 아니다. 물질적인 재산만으로는 진정한 부자가 되지 못한다.

왜 그런가?

사람은 영적인 존재이기 때문이다. 그렇다면 전 세계에서 가장 큰 부자는 어떤 자인가? 바로 예수님을 구주로 믿고 거듭난 영혼들이다. 예수 안에서 자신의 진정한 가치가 얼마나 되는지를 아는 사람들이다.

당신은 당신의 영혼의 진정한 가치가 얼마나 되는지를 아는가? 하나님께서 당신을 얼마나 가치 있고 귀중히 여기는지를 상상해 보시기 바란다.

세상의 모든 재물을 하나님의 저울 한쪽에 올려놓고 당신이 그 반대편에 올라선다고 해도 저울추가 당신 쪽으로 기울어진다는 사실이다. 그러므로 당신은 이 세상 재물과 보화를 다 합친 것보다 하나님께 더 소중한 존재다.

이것이 영혼의 절댓값이다.

"사람이 만일 온 천하를 얻고도 제 목숨을 잃으면 무엇이 유익하리요 사람이 무엇을 주고 제 목숨을 바꾸겠느냐"(막8:36-37)

그러므로 당신은 보통사람이 아니다. 이 땅에서의 가치는 영적인 영역에서의 가치와는 다르다. 여러분 영혼의 가치를 이해할 수 있는 방법은 이성적으로 아무리 생각하고 계산해도 알 수 없다. 오직 이해할 수 있는 유일한 방법은 딱 한 가지다. 인간을 창조하신 하나님께서 하신 말씀을 통해서다.

진리가 말하는 가치가 최고의 가치요. 하나님이 말씀하시는 가치가 최고의 가치이기 때문이다.

그래서 예수님께서 이 땅에 오셔서 한 영혼을 위해 보여주신 모습을 통해서만 가치를 알 수 있다. 그렇다면 우리 주님은 한 영혼을 위해서 어떻게 행하셨는지를 살펴보면 엄청나다.

막5:1-20을 보면 주님은 거라사 지방을 배를 타고 가신다. 지금 배를 타고 가시는 목적이 무엇 때문인가?

한 영혼 때문이다.

한 영혼이 귀신들려 망가져 버렸다. 주님은 파괴된 인생, 귀신들려 펄펄뛰는 한 영혼을 찾아 가셨다. 그는 모든 것이 끝나 버린 인생이었다. 가정이 부서져 버렸다. 자녀들도 흩어져 버렸다. 부모 형제도 떠나 버렸다. 모든 관계가 무너져 버렸다. 그래서 그는 혼자 무덤가에 거하며 살았다. 자신의 몸을 학대하며 난폭하게 행동하며 지냈다.

주님은 그 한 영혼을 위해 찾아가신 것이다. 가셔서 주님은 어떻게 하셨는가? 풀어주신다. 놓아 주신다. 해방시켜 주신다. 이것이 한 영혼의 가치다. 이것이 복음이다. 이것이 진리다. 이것이 은혜다. 만일 여러분이 거듭난 그리스도인이라면 한 영혼을 구원하는 일에 당신 인생의 모든 초점을 맞추어야 한다. 그 외는 사실 특별한 것은 없다.

우리는 우리가 알고 있는 모든 사람이 천국에 들어올 수 있도록 우리가 이 복음을 전해야 한다. 우리가 이 땅에서 무슨 일을 하든지 상관없다. 그 일을 통해서 영혼을 구원하시길 바란다. 하나님 앞에 갔을 때 하나님은 당신의 직업을 묻지 않을 것이다. 하나님은 당신이 가진 재산을 묻지 않을 것이다. 하나님은 당신의 직분이나, 스펙을 묻지 않을 것이다. 하나님은 당신을 통해 얼마나 많은 사람들이 살아나고 구원받았는지를 물으실 것이다.

당신 영혼의 가치는 예수님 자신의 생명과 똑 같은 가치가 있다. 그래서 예수님은 당신의 영혼 구원을 위해 자신의 생명을 대신하셨던 것이다. 그렇다면 어떻게 해야 하는가? 주님이 가장 소중하게 여기시는 것은 영혼을 대하는 우리의 태도다. 주님처럼 겸손하게 영혼을 섬겨라. 한 영혼을 위해 최선을 다하라. 한 영혼을 전심으로 사랑하라.

 TIP

01. 당신은 한 영혼이 천하보다 귀하다는 사실에 대해서 어떻게 생각하는가?
02. 당신 자신의 영혼의 가치는 바로 예수님의 생명과 똑같은 가치다.

:: 09
직분과 영향력

| 무엇이 옳은가?

　전도를 하다 보면 많은 사람들이 예수 믿는 사람들에게 상처를 받아서 교회를 등진 사람들이 많다.
　이들은 교회를 적대시한다. 오히려 한 번도 예수를 믿어 본 적이 없는 불신자들 보다 더욱 마음이 닫혀져 있다.
　그렇다면 예수 믿는 그리스도인과 불신자들과 다른 것이 있다면 무엇일까? 여러분은 무엇이라고 생각하는가?
　우리가 가진 본성이다. 예수 믿고 거듭나면 우리의 본성이 바뀐다. 하나님과 똑같은 생명을 가지게 된다.
　이것은 엄청난 사실이며 축복이다. 이 사실 하나만 알아도 우리는 영원히 감사하며 살아야 한다. 예수 믿고 거듭난 그리스도인은 불신자들과 본성이 다르다.
　이제 그리스도인들은 하나님의 생명인 조에(ZOE) 생명을 가지게 되었다. 이 하나님의 생명인 조에(ZOE) 생명에는 특징이 있다.
　하나님의 생명은 죽음이 없다. 질병이 없다. 어둠이 없다. 가난이 없다. 저주가 없다. 실패가 없다. 이런 하나님의 생명이 우리의 본성이 되었고, 우리의 정체성이 되었다. 이제 우리는 이 생명으로 그리스도 안에서 왕 노릇 해야 한다.

이제 이 생명으로 교회 안에서 영혼들을 섬기며 돌보아야 한다.

그렇다면 교회 안에서 직분자들과 평신도는 무엇이 다른가?

교회 목사와 장로 그리고 권사와 집사들과 평신도들은 무엇이 다른가?

한마디로 영향력이 다르다. 영향력은 누구나 가지고 있다. 우리가 가진 영향력은 사람마다 그 크기가 다르다. 미국 대통령과 같은 사람은 미국뿐만 아니라 전 세계에 막대한 영향력을 미친다. 우리나라 연예인들이 일본이나 동남아 지역에 막대한 영향력을 미쳤다. 한류 열풍을 일으킨 것이다.

주일학교 교사들은 자신이 맡은 아이들 뿐 아니라 그 아이들이 자라서 만날 사람들에게 영향을 미칠 수 있다.

이처럼 영향력은 중요하다. 내가 사는 집에서 일하는 일터에서 교회에서 조직이나 공동체 속에서 우리의 행동이 남에게 영향력을 준다.

그렇다면 우리가 섬기는 교회에서는 우리의 영향력은 어떻게 나타나는가? 바로 사랑의 섬김을 통해서 영향력이 나타나게 된다. 헌신을 통해서 영향력이 나타나게 된다.

우리나라 초대 교회 선배들이 얼마나 교회를 아름답고 은혜스럽게 섬겼는지 직분과 섬김에 대한 롤 모델이 있다.

필자가 대학원 시절에 한국 교회사를 연구하신 교수님으로부터 들었던 이야기가 생각이 나서 정리 해 보았다. 한국초대 교회사에 훌륭하신 분들이 많다.

그 가운데 한 시대 자신의 집에 머슴으로 일하던 종을 자신이 전도해서 한국 교회사의 유명한 목회자로 세우신 분이 계신다.

조덕삼이라는 사람이다. 그는 철저하게 자신을 내려놓고 믿음으로 교회를 섬겼던 한국 교회사에 빛나는 인물이다.

우리나라는 초기에 복음이 전해질 당시에는 '남녀칠세부동석' 이라는 유교

문화 가운데 복음이 전해졌다. 그래서 유교문화를 포용하며 복음을 전했던 신앙의 유산이 교회건축에도 그대로 남아있다. 대표적인 교회건축이 'ㄱ자 교회'가 있다.

　1908년에 건축된 김제의 금산교회와 1929년에 세워진 익산에 두동 교회다. 지금은 전라북도 문화재자료 제136호와 제179호로 지정돼있다.

　전라북도 김제에 가면 금산교회가 있다. 1905년에 데이트 선교사에 의해 세워진 금산교회는 모양새가 'ㄱ'자 교회로 유명하다. 그때만 해도 남녀가 유별할 때다. 예배당을 'ㄱ'자 형태로 지어서 한쪽은 남성들 다른 쪽은 여성들이 앉아서 하나님께 예배를 드렸다.

　그런가하면 남녀 서로의 얼굴을 보이지 않게 중앙에 흰 천으로 커튼처럼 가렸다. 남녀 회중석에서는 강대상에서 설교하시는 목사님만 볼 수 있는 것이다.

　금산교회는 당시 전주에 선교 기지를 두고 있던 미국의 데이트(한국 이름은 최의덕) 선교사가 정읍을 가기 위해 모악산 자락을 넘어 금산리를 지나다녔다. 말을 타고 다녔기 때문에 자연스럽게 금산에 있는 마방에 들리게 되었고 마방 주인이었던 조덕삼에게 선교사는 복음을 전했다. 복음을 전해들은 조덕삼은 예수를 믿고 자기 집, 사랑채에서 교회를 시작했다.

　조덕삼은 거부였다. 그의 할아버지 조정문과 그의 아버지 조종인은 본래 평안도 출신으로 중국의 봉황성을 드나들면서 홍삼 장사를 하고 무역을 하는 거상이었다. 그러다가 조덕삼 아버지는 넓은 평야와 금광이 있는 김제에 와서 거부의 꿈을 품고 재산을 배로 싣고 이사를 왔다.

　그리고 조덕삼은 아버지를 따라 금광업에 투자하면서 금산의 땅을 거의 다 매입하게 되었고, 금산 지역의 최고의 유지로 자리를 잡게 되었다.

　당시에 금산에서는 조덕삼의 땅을 밟고 다니지 않는 사람이 없었다. 조덕삼이 복음을 듣고 예수를 믿게 되자 조덕삼의 논과 밭을 경작해서 먹고 살던 소작인들도 모두가 다 교회를 다니게 되었다.

예수 믿겠다고 모이는 사람들이 점점 많아지자 조덕삼은 자기 땅에 예배당을 지어 하나님께 봉헌했다.

그런데 그 즈음에 조덕삼의 머슴이었던 이 자익이란 머슴도 교회를 다니게 되었다. 이 자익은 조 덕삼의 마부였는데 사람이 총명하고 신실했다. 교회를 다니면서부터 교회생활도 잘하고 모든 사람들에게 칭찬을 받았다. 신앙적인 행동과 영적인 생활도 뛰어 났다.

이 자익은 1905년 10월 11일 주인 조덕삼과 박 화서와 함께 세례를 받았다.

그리고 교회가 세례 교인이 30명이 넘게 되자 장로 투표를 하게 되었다. 장로 대상자는 조덕삼 영수와 이 자익 영수였다. 투표 결과는 놀랍게도 조덕삼이 떨어지고 이 자익이 장로로 피택이 되었다.

김제의 최고의 갑부, 금산교회를 위해 땅을 헌물하고 예배당을 건축해서 봉헌한 사람, 그리고 교회 재정을 책임지고 담당하고 있는 사람, 그리고 자기 땅을 경작하라고 내준 조덕삼이 장로 투표에서 떨어진 것이다. 세상에 어찌 이럴 수가 있는가?

투표가 끝나고 발표가 된 뒤에 모든 성도들이 술렁거리기 시작했다. 자기들도 모두 조덕삼의 땅을 경작해서 살고 있었기 때문이다.

성도들은 무엇이 잘못되고 있다고 생각했다.

필자가 금산교회를 방문했을 때 재미있게 이야기를 풀어 놓으신 금산 교회 담임목사님은 이렇게 설명하셨다.

"지금부터 타임머신을 타고 우리 금산교회 초대 장로를 뽑던 날로 가봅니다. 장로 선출 투표에서 마을의 지주 조덕삼 영수(집사급 지도자)가 떨어지고 그의 머슴이었던 이자익 영수가 초대 장로가 된 겁니다."

"오메, 오메 이일을 어쩐 당가? 에그 머니나!"

그 당시 성도들은 아마 투표결과로 불안해하고 술렁거리기 시작했을 것이다.

"쬐-께, 껄쩍 찌근 해가지고 참말로 거시기 허겼지요... 그때 조덕삼 영수가 성도들에게 '하나님의 뜻입니다. 저는 이 장로를 열심히 섬기겠습니다.' 라고 말하니 우레와 같은 박수가 쏟아졌지요."

조덕삼 영수가 성도들 앞에서 이런 고백을 하는 것은 사실 쉬운 일이 아니다. 왜 그런가?

성도들 모두가 자기 집 하인들이며 자신의 농지에서 소작하는 소작인들이다. 어쩌면 자신이 전도해서 그들이 교회에 나오고 예수를 믿게 된 것이다. 그런데 장로 투표에서 떨어진 것이다. 정말 자존심 상하는 일일 수도 있다. 그런 관계가 아닐지라도 요즘, 교회에서 직분자 선거에서 떨어지면 많은 사람들이 중심을 잡지 못한다.

그런데 조덕삼 영수는 지금 하나님을 경외하는 마음의 태도를 보여준다. 직분자로서 철저하게 자신을 부인하며 사는 삶이다. 직분자는 사실 이런 마음의 태도가 중요하다. 그럴 때 온 교회가 그를 따르게 된다. 그에게 영향력이 주어지는 것이다.

그래서 직분자는 철저하게 자신이 부인되어져야 한다. 이것이 주님을 따르는 제자의 모습이다. 교회 리더들은 사고의 관점과 시야의 폭을 넓혀 가야 한다. 교회 안에서의 갈등은 언제나 '누가 옳으냐?' 때문이다.

그러나 성숙한 리더는 언제나 자신을 부인한다. 그리고 '누가 옳으냐?' 라는 사람에게 초점을 맞추는 것이 아니다. 성숙한 리더는 '무엇인 옳은가?'에 늘 초점을 맞추고 따르고 결정한다. 사람들에게 초점을 맞추면 반대를 위한 반대가 일을 진행하는데 어렵게 만든다.

그래서 많은 사람들이 실수를 한다. 자신의 생각만을 옳다고 주장하면서 목소리를 높이기 시작하기 때문이다.

'내가 이교회를 어떻게 세웠는데…내 말을 듣지 않고…나를 따르지 않고…' 이런 무서운 생각을 할 수가 있다.

지금 조덕삼은 얼마든지 교회를 좌지우지 할 수 있는 위치다. 그런데 그는 성도들 앞에 조용히 일어나서 입을 열었다.

"여러분! 우리 금산교회는 참으로 훌륭한 일을 해냈습니다. 저희 집에서 일하고 있는 이자익 영수는 저보다 신앙에 대한 열의가 대단합니다. 참으로 감사합니다. 저는 하나님의 뜻을 겸허히 받아들여 이 자익 장로를 잘 받들고 교회를 더욱 잘 섬기겠습니다." 라고 선언했다. 얼마나 멋진 고백인가?

참으로 하나님을 경외하는 성도의 아름다운 모습이 아닌가? 자기 자신을 부인하는 리더의 아름다운 모습이 아닌가?

그러자 성도들은 조덕삼의 인격에 감동하여 박수를 보냈다.

조덕삼 집사와 이자익 장로 두 사람은 이해하기 어려운 일이지만 집에서는 주인과 머슴으로 교회에서는 평신도와 장로의 관계로 성실하게 자신의 일을 감당하면서 살아갔다. 조덕삼은 이자익 장로를 하인이라고 하대하지 않고 주님을 대하듯 섬겼으리라.

조덕삼의 신앙 인격이 참으로 빛나고 아름다운 것이다. 그러다가 후에 조덕삼은 금산교회 예배당을 짓기 위해 또 다시 땅을 기증했고, 성도들이 힘을 모아

예배당을 지었다.

그리고 후에 조덕삼은 금산교회의 2대 장로가 되었다.

필자가 목회자들을 코칭으로 섬기다 보면 교회 장로님들이 아름답게 교회를 섬기는 이야기를 듣는다.

바로 ○○교회에서 시무 하시는 김 장로님은 교회가 자립하지 못해서 교회가 재정적으로 매우 어렵다. 그런데 장로님께서 매월 교회 재정의 3분의 2를 사비로 책임을 지신다.

교회 임대료며 목사의 생활비를 자신이 감당하면서 정말 겸손하게 장로로써 목숨을 바쳐 헌신적으로 목회사역을 돕고 계신다. 얼마나 아름다운가?

한국판 베드로인 김상태 장로님의 간증이다. 포항에서 횟집을 운영 하는데 한때 목회자를 인간으로 볼 때는 대접하는 것도 아깝고 변변치 않게 생각하고 보였다. 그리고 목사님이 돈 쓰는 것에 때로는 의심하고 부정적인 생각을 했다. 그로 인해 갈등도 있었다. 목사님에 대해 섭섭함과 갈등을 가지고 있을 때는 되는 일이 없었다고 한다. 7년 동안 사업이 완전 바닥을 쳤다.

그런데 목사님과 관계를 회복하고 회개한 뒤에 목사님을 배에 태우고 동해 바다 가운데로 나갔다. 바다 가운데 배를 띄워놓고 목사님께 축복기도를 부탁을 드렸다.

"하늘 문을 열기도 하시고 닫기도 하시는 하나님 한번 열면 닫을 자가 없으신 하나님 우리 김 집사님 정치망 속으로 동해 바다에 모든 고기는 다 몰아다 주시옵소서..."

하루 아침에 방어 떼 5천 마리가 떼로 걸렸다. 한방에 5억 6천 만 원이 들어왔다. 빚을 모두 갚았다. 그리고 밍크고래가 걸렸다.

아침마다 오징어가 가득 들어와 매일 퍼와도 끝없이 잡혔다.

꿈같은 일들이 일어난 것이다.

우리가 교회를 섬기면서 영혼을 구원하는 일에 초점을 잃으면 비 본질적인 것을 가지고 늘 옳고 그름과 시시비비에 빠진다.

교회는 영혼을 구원하기 위해 세우진 것이다.

교회 지도자들이 성숙하지 못하면 교회의 본질인 영혼구원에는 관심이 없고 늘 어둠에 잡혀 아군끼리 싸우게 된다. 많은 교회의 일꾼들이 우리의 진짜 원수가 누구인지 알지 못한 채 우리끼리 싸우다 소진해 버린다.

그래서 쓸데없는 일에 에너지를 소진해버리고 만다.

김상태 장로님은 그의 간증가운데 중직 자들에게 부탁한다.

주의 종의 마음을 아프게 하지 마라. 눈물빼지 마라. 정말 주의 종을 섭섭하게 하지 마라. 목사님 눈에 눈물 한 방울 흘리게 했더니, 하나님이 7년을 바닥치는 인생이 되게 했다는 간증이다.

주의 종은 하나님이 세우신다. 주의 종의 허물과 잘못은 하나님께서 알아서 하실 것이다. 세우신 이도 하나님이요 폐하시는 이도 하나님이신 것이다.

이후 조덕삼은 늘 기도하며 정성을 다하여 교회를 섬기면서 교회에 필요에 따라 자기 집 머슴인 이자익 장로를 평양신학교에 보냈다. 모든 공부에 필요한 경비를 조덕삼 장로가 대 주었다.

그런 조덕삼 장로의 호의를 입고 이 자익 장로는 평양 신학교를 졸업하고 목사안수를 받게 되었다.

그런데 더 놀라운 것은 조덕삼 장로는 이자익 목사를 금산교회 담임 목사로 청빙을 한 것이다.

조덕삼 장로는 한결같이 금산교회와 이자익 목사님을 잘 받들어 섬겼다. 이

자익 목사는 금산교회 담임목사로 목회를 하면서 대한 예수교 장로회 제 13대 총회장으로 당선 되었다. 우리나라 장로교 역사상 총회장으로 재임을 한 사람이 한 사람도 없었다. 그런데 이자익은 총회장을 세 번이나 지냈다. 이러한 입지전적인 사람을 키워낸 인물이 바로 조덕삼 장로였던 것이다. 조덕삼 장로는 한국 교회사에 오고 가는 세대 속에 좋은 롤 모델이 되었다. 이것이 바로 영향력이다.

그런데 이런 영향력은 어디서 오는가? 바로 주님처럼 섬기는데서 오는 것이다. 우리에게 주신 직분은 섬기라고 주신 것이다. 주님처럼 목숨을 다해 섬기는 자가 되라. 이런 자가 바로 영향력이 있는 자이다. 성경은 섬기는 자가 가장 큰 자라고 말씀하신다.

오늘날 한국교회를 섬기는 직분 자들에게 부탁을 한다. 하나님의 피 값으로 세운 교회를 위해 헌신하라. 헌신을 하되 주님처럼 겸손하게 섬기는 자가 되었으면 한다. 이런 마음의 태도가 주님이 주시는 태도이다. 세상적인 조직은 상하 관계이다. 그러나 교회 안에서 큰 자가 작은 자를 섬기는 것이다. 혹시 당신이 직분자라면 추호도 군림하거나 자신의 존재감을 나타내려 하지 마시기 바란다.

"그는 흥하여야 하겠고 나는 쇠하여야 하리라"(요3:30)

그 후 조덕삼과 그 자손들과 이자익과 그 자손들은 어떻게 되었을까? 하나님은 의인의 자손들에게 복을 주신다. 조덕삼 장로의 후손도 예수를 잘 믿어 하나님의 복을 받은 명문 가문을 이루었다. 그의 아들 조영호도 장로가 되었고, 조영호 장로의 아들 조세형 장로는 할아버지를 이어 삼 대째 금산교회 장로가 되었다.

그는 국회의원과 일본 대사를 역임한 믿음의 명문 가문이 되었다.

2005년 4월 19일에 대전 신학대학교에서 이 자익 목사를 기리는 출판 행사가 있었다. 그 자리에서는 조덕삼 장로의 후손들과 이 자익 목사의 후손들이 한 자리에 모였다.

그때에 이자익 목사의 손자인 이규완 장로는 조덕삼 장로의 손자인 조세형 장로에게 이렇게 말한다.

"우리 할아버지께서 주인을 잘 만났습니다. 만약에 우리 할아버지께서 주인을 잘 못 만났더라면 우리들도 없고, 우리 할아버지도 안 계셨을 것입니다." 라고 감사의 인사를 전했다.

하나님은 의인의 자손들에게 복을 주신다. 이자익 목사의 손자 이규완 장로는 독일에서 칼 수르해 대학교에서 고분자 화학으로 박사 학위를 받고 유성의 화학 연구단지에서 연구원으로 재직했고, 또 다른 손자 이규석은 목사가 되어 교회를 섬기고 있다.

참 주님 앞에서 멋진 삶이다.

그렇다 인생은 스토리가 있어야 한다. 믿음으로 한 시대를 살아온 스토리 말이다. 특별히 우리가 섬기는 교회 공동체 가운데는 언제나 우리를 감동시키는 스토리가 있어야 한다.

이제는 우리 차례. 우리가 한국교회에 더 멋진 롤 모델이 되어 교회를 섬겨 보자. 결코 후회함이 없을 것이다.

왜 그런가?

우리에게는 영원토록 살아계신 우리 아버지가 계신다.

우리의 생명을 걸만한 이 복음이 우리에게 있지 않은가?

우리에게는 영원히 흔들 수 있는 진리의 깃발이 우리에게 있지 않은가?

그리고 죽어도 사는 생명이 우리에게 있지 않은가?

우리는 정복자 보다 나은 자가 아닌가?

우리의 금생과 내생을 확실하게 보장해주는 주님이 있지 않은가?

그리고 우리를 너무도 진실하게 우리를 너무도 뜨겁게 사랑하시는 아버지가 계신지 않는가?

이제 멋진 믿음의 스토리를 만들어 가는 것이다.

어떤가?

이제는 우리 차례다. 당신이 어떻게 교회와 목회자를 섬겨나가는 가가 중요하다. 늘 은혜에 감사하며 정말 겸손하게 영혼들을 잘 섬긴다면 당신의 인생은 더욱더 빛나는 인생이 될 것이다.

교회 역사 속에 당신의 선한 영향력을 풀어 놓으시길 바란다.

 TIP

01. 당신은 자신의 권리를 포기해 본적이 있었는가?
02. 조덕삼 장로가 선거에서 떨어졌다. 그런 상황이 당신에게 주어졌다면?
03. 당신은 지금 교회에서 어떤 자인가?

EPILOGUE
에 필 로 그

사람은 누구나 완전하지 않다. 그래서 실수하기 마련이다. 한 시대 믿음으로 살았던 위대한 위인들도 모두 다 크고 작은 허물이 있는 자들이다. 우리와 똑같은 실수를 하면서 한 시대를 살았다. 그래서 인생은 한 사람도 열외 없이 예수 그리스도가 필요한 것이다.

죄로 인하여 벌거벗은 우리에게 주님은 당신의 옷을 입혀 주셨다. 범죄 한 아담에게 하나님은 짐승의 가죽옷을 입혀 주셨다. 이것은 훗날에 이 땅에 오셔서 십자가에서 당신의 생명으로 우리를 속량하시고 벌거벗은 우리에게 은혜의 옷을 입혀 주실 예수 그리스도의 예표인 것이다.

"… 예수는 하나님께로 나와서 우리에게 지혜와 의로움과 거룩함과 구속함이 되셨으니"(고전1:30)

예수는 우리의 모든 것이 되셨다. 우리의 지혜와 의로움과 거룩함과 구속함이 되셨다. 그러므로 우리는 은혜로 사는 자들이다. 사람은 모두 예수를 믿고 거듭나야 한다. 무엇이 거듭나야 하는가? 바로 사람의 영이 새롭게 거듭나야 한다. 사람의 영이 거듭난 자를 바로 성경은 새로운 피조물이라고 한다.

내 인생의 실수 노트를 찾아라!

　새로운 피조물은 하나님과 똑같은 생명으로 내 영이 거듭나는 것이다. 새로운 피조물은 영이 거듭난 것이다. 내 영의 본성이 바뀐 것이다. 죄인의 본성에서 하나님의 본성으로 바뀐 것이다. 생명의 본질이 바뀐 것이다. 그래서 거듭난 영은 이제 하나님의 의가 된 것이다. 우리의 거듭난 영이 의롭게 된 것이다. 그러므로 이제 예수 믿고 거듭난 사람들은 보통 사람들이 아니다.

　왜 그런가? 하나님의 생명을 가졌기 때문이다. 하나님의 생명은 죽음이 없다. 저주가 없다. 가난이 없다. 질병이 없다. 그래서 우리를 새로운 피조물이라고 한다. 지구상에 이런 종족이 유사 이래로 없었다. 오직 예수 믿고 거듭난 영이 바로 의로운 자들이며, 이들이 바로 세상의 빛이다. 이것이 오늘 예수 믿는 자들의 정체성이다.

　엄청난 일이다. 이것은 영적인 혁명이다. 감각적인 영역이 아니기 때문에 감각적으로 잘 느껴지지 않는다. 이런 정체성을 가지고 이제 세상을 살아야 한다. 그렇다면 예수 믿는 자들은 어떤 자들인가? 우리는 상황을 바꾸는 자들이다. 이들은 이미 승리한 인생이다. 이들은 정복자보다 나은 자들이다. 이들은 주님의 영광이요 승리의 트로피다. 이들은 믿음으로 살면서 날마다 꿈같은 일들을 경

EPILOGUE
에 필 로 그

험한다. 이들은 예수님처럼 사람들의 실수를 정죄하지 않는다. 실수를 하면 기다려 준다. 연약해서 넘어지면 기다려 준다. 손을 잡아서 일으켜 세워준다. 마치 어린 아이가 태어나면 오줌을 못 가린다. 그러나 성장하면서 점점 사람 구실을 하게 된다.

영적인 영역에서도 마찬가지다. 사람은 영이다. 혼을 가지고 몸 안에 살고 있다. 거듭난 영혼은 남녀노소를 막론하고 영의 본성이 하나님의 생명으로 바뀌었다. 그러나 성장하는 과정 중에 많은 실수를 하며 성장을 한다. 그래서 기다려 주어야 한다. 한 영혼이 영적으로 성장하고 성숙해지면 예수 안에서 자신이 어떤 자라는 것을 발견하게 된다. 예수 안에서 내가 누구인가? 내가 어떤 자인가? 내 자신의 정체성을 발견하면 꿈같은 인생을 살게 될 것이다.

믿음은 위대한 것이다. 왜 그런가?

벌거벗은 위인들은 수많은 실수에도 불구하고 믿음 안에서 자신의 정체성을 발견하고 멋진 인생을 살아갔다. 그렇다. 인생은 누구나 실수하면서 산다. 세상이 어둡고 우리가 죄 가운데 살아가기 때문이다. 그래서 우리의 생각, 성격, 성

내 인생의 실수 노트를 찾아라!

품, 습관적으로 우리는 실수하면서 산다. 그럼에도 불구하고 실수를 반복하지 않으려면 예수 안에서 내가 누구인가? 라는 분명한 정체성을 알아야 한다. 예수 안에서 내가 무엇을 가졌는가? 그리고 내가 무엇을 할 수 있는가? 분명한 내 자신의 정체성을 인식하고 산다면 우리는 날마다 꿈같은 일들을 경험하면서 살아갈 것이다.

당신은 어떤 자인가? 바로 하나님과 똑같은 생명을 가진 하나님의 자녀이다. 생득권적으로 당신은 엄청난 유산을 하나님께로부터 받은 자이다. 이제 당신은 죽음도, 저주도, 질병도, 가난도, 당신과는 상관없는 하나님의 생명을 가진 새로운 피조물이다. 이것이 바로 당신의 정체성이다.

당신은 이미 승리한 자이다. 당신은 영원한 생명을 가졌다. 당신은 노후뿐만 아니라 예수 안에서 당신의 영원한 삶은 보장이 되었다. 당신은 죽음도 이미 이긴 자이다. 그러므로 당신은 어떤 상황에서든 그 상황을 바꾸는 자이다.

EPILOGUE
에 필 로 그

당신은 더욱더 빛날 것이다. 당신은 승리자이며 정복자보다 나은 자이다. 당신은 하나님께 엄청난 상속을 받은 새로운 피조물이다. 우리 날마다 승리를 선포하며 여러분이 가진 것을 믿음을 선포하라. 당신에게 꿈같은 일들이 일어날 것이다.

늘 책을 쓰고 나면 많은 아쉬움이 남는다. 필력이 턱없이 부족한 자가 또 한 권의 책을 아쉬움을 남긴 채 탈고를 한다.

*Iris Garden*에서
이 영철 목사